言必称

希腊还是中国

（上）

丁 舟◎著

北京日报出版社

图书在版编目（CIP）数据

言必称希腊还是中国. 上 / 丁舟著.— 北京：北京日报出版社，2015.9

ISBN 978-7-5477-1750-9

Ⅰ.①言… Ⅱ.①丁… Ⅲ.①文化史－研究－古希腊②文化史－研究－中国 Ⅳ.①K125②K203

中国版本图书馆CIP数据核字(2015)第205717号

出版发行：北京日报出版社
地　　址：北京市东城区东单三条8-16号 东方广场东配楼四层
邮　　编：100005
电　　话：发行部：（010）65255876
　　　　　总编室：（010）65252135-8043
印　　刷：北京缤索印刷有限公司
经　　销：各地新华书店
版　　次：2015年9月第1版
　　　　　2015年9月第1次印刷
开　　本：710毫米×1000毫米　1/16
印　　张：23.25
字　　数：360千字
定　　价：65.00元

序

科学历史观指导下的万里路和万卷书

一次远游，引发一场关于世界和人生的深思考，并催生出洋洋洒洒大作，我能想起的另一个例子，是达尔文和小猎犬号。

把达尔文和名尚不见经传的本书作者丁舟拿出来并列，似乎有些拉大旗作虎皮的嫌疑，但前者对后者的思想的确是产生了重要影响的。作者的通过理性选择的社会进化观点，就是达尔文基于自然选择机制的生物进化论在人类社会的引申。

即便是受过严格学术训练的学富五车且名扬天下的学者，提出一个新的社会理论，试图发现历史发展规律，对包罗万象的人类历史作出大一统的解释，都是很危险的。客串历史学家的多面手科学家戴蒙德和他的《枪炮、病菌与钢铁》就遭到不少诟病，被冠以地理决定论的大帽子。对一个自谦“没有受过学术方面的专业训练”、以“历史读后感和随笔集”的方式、“不涉及专业考证论述”但不小心指点了历史的作者，更是如此。从这点来说，本书作者的勇气很值得激赏。历史不是谁的禁脔，完全是可以指点的。指点对了，启发同代及后人。指点错了，大家一起争鸣辩论便是。

把观点先搁置一边，我们就不得不为作者深广的世界地理和历史知识赞叹了。作者旅游过的希腊和罗马自不必谈，对世界其他主要区域（当然包括中国）的历史和地理，作者也如数家珍，娓娓道来。万里路和万卷书的互补，在作者身上得到了极好的体现。即便不完全赞同作者的观点，书中展示的丰富知识也值得我们阅读此书。

有深厚的人文知识并对历史发展有自己一套见解的学者或非学者作家，并不在少数，但令作者与他们区别开来（也因而显得珍稀）的，是作者对科学的推崇。三观之中，世界观最为重要，此观不正，其他两观很容易就歪到爪哇国去了。没有比科学更正的世界观了。作者三观很正，所持史观为科学历史观，在大方向上我视之为同道。这也是我愿为本书作序的重要理由之一。

以科学看待人类历史，就很容易以一种超然的态度俯视之，不被感性的民族情绪影响，把自己的母国放在整个人类大历史背景下，与其他地区纵横对比，持比较历史的方法，以期归纳出超越个性特色的普适规律。本书的题目《言必称希腊还是中国》就透露出这种思路。书中许多章节，如《海洋文明对决大河文明》《师出同门的国王腓力和谋臣商鞅》《欧亚大陆两端的罗马帝国和汉帝国》《阿尔卑斯山和秦岭淮河》《欧洲城堡多，中国长城长》等也是如此。作者不被民族情感左右理性思考，在涉及古代中西航海技术对比的几篇文章中体现尤其明显。作者不仅描述了西方航海与现代科学诞生之间的关系，还以逻辑和事实戳破了“中国古代曾是海上强国”的肥皂泡。这是很容易招惹民族主义情绪高涨人士的忌恨的，也体现了作者发自理性的勇气。类似的还有《“技术领先世界”的宋朝总受欺压》一节，对“宋朝技术领先世界”的说法进行了有力的驳斥。

民族主义的反面，是妄自菲薄的历史虚无主义。作者也没有掉入这个陷阱。在《从小地理到大地理的古今同型》一节中，作者对“希腊模式”（分权／独立模式）和“中国模式”（集权／统一模式）进行了对比剖析，指出两者各受自身的地理环境影响，各有优缺点，不能简单地厚此薄彼，人类未来可以同时从两种模式受益。我平素不甚喜集权大一统模式，但从作者的条分缕析中，有所触动。

作者既然秉持科学历史观，对科学技术进步在历史发展中的重要推进作用自然应该浓笔重彩，深入剖析。事实也正是如此。技术进步是此书的一条主线，尤其在近现代的部分。作者用大量史实向我们展示在科学指引下，技术进步在短时间内为人类社会带来了翻天覆地的变化。

自从接触了西蒙及后来的卡尼曼等人的行为心理学及行为经济学研究发现，再结合自己多年参与批判宗教、哲学及中医的论战经历，我深刻认识了人类内禀的愚昧，对“理性人”“理性选择”等字眼很是敏感，所以在看到作者社会进化的理性选择观点（详见《自然选择下的理性选择》一节）时，自然不免戴上了有色眼镜。经仔细阅读及与作者的交流，我发现应该先摘下有色眼镜。作者了解西蒙的研究，在《人口优势和人口陷阱》一节中提到了西蒙的“有限理性管理人”，并解释道“这里的理性是指在利益驱动下，受能力和环境限制所能达到的有限理性，不能等同于科学意义上的理性。”这提法在我看来仍有些乐观。要是我，会半开玩笑地把“有限理性”换成“非理性”。当然，这是个博大而沉重的话题，需要无数人进一步的探讨。对理性乐观总是一件好事。

本书所涵盖内容甚为广泛，此序所涉及不过冰山一角。更多精彩内容还等读者诸公自己去开卷。当然，作者初出茅庐，一出手就是长篇，书中疏漏自然难免。读者诸公在阅读时也该不吝指正，与作者共同提高。

太　蔟

2015 年 7 月

目 录 *Contents*

引 言

“言必称希腊”的来历

希腊在我的脑海里是一个内容丰富、充满魅力的国家。

对于世界，中国人了解最多的是那些强国，比如美国、俄罗斯、英国、法国、德国、日本等。因为其综合实力强，文化影响力大，在世界范围内做的事情多，同时和中国总有故事发生，因此新闻就多。别的国家在信息中通常是配角，尤其是小国更难保持高曝光率，除非发生大事，才被关注一下，事过之后渐趋平淡，继续甘当配角。

除了强国就是热点地区，比如以巴、两伊、阿富汗。因为经常扯旗放炮、暴力血腥，所以比较吸引眼球。不过多年看下来，也有些迟钝，感觉新闻性越来越差，真是对不起那些舍生忘死的记者们。

另外就是邻居的信息多一些，比如朝鲜半岛、印度、越南等等。重要性虽差一些，但也不能忽视，因为有国境线，而且有些还没划清楚，不时会有小问题。俗话说远亲不如近邻，中国在国际上没有什么远房亲戚，基本上是独苗一根，所以与邻为善就显得很重要。

除非专门找资料阅读了解，大部分国家的信息都支离破碎，有的简单到只听说过一种动物、一座城市、某种习俗或某种矿产，有的干脆除了国名，什么也不知道。更有甚者，连国名也不知道，要不是开奥运会有个入场仪式，这些国家和地区好像并不属于地球，似乎只是为了参加盛会，特地更改球籍，临时从外太空赶来的。当然这只能说明我知识有限，那些默默无闻的国家并不会因为我的无知而受到影响。

希腊算是比较特殊的一个国家。它离中国很遥远，但是有一种呼之欲出的感觉，非常有立体感，而且丰满。我已经想不起自己知道的有关希腊的第一条信息是什么了，觉得有可能是《伊索寓言》中的某个故事，例如《狐狸和葡萄》《农夫和蛇》《龟兔赛跑》等等，不过当初并没有和希腊这个国家联系上。

后来知道了希腊神话、希腊雕塑、希腊科学家，觉得这个国家了不起，跟自己的祖国一样伟大。再后来又知道了所有这些关于希腊的信息都要加一个“古”字，才明白这一切都是很久很久以前的事了，跟现在没有直接关系。一看地图，又发现这个国家这么小，便有些瞧不起了。小孩子的性格有些好斗，总觉得谁大谁厉害。从地图上看苏联，面积超大，就觉得有些忌惮；看美国，面积差不多，就觉得可

◎《龟兔赛跑》，19世纪。

以较量一下。“苏修”“美帝”都是很厉害的敌人，像希腊这样的小国家，肯定不是我们的对手。随着知识渐渐积累，我还了解到古希腊是西方文化的源头之一，希腊和土耳其有争端，希腊差一点也成为共产党执政的国家等等。最重要的当然是奥运会，全世界每四年举办一次，采集圣火在希腊，入场式希腊排第一位，总之地位极高。直到安排这次旅游，看了一些资料，便常常感叹，自己现在真是满脑子的“言必称希腊”了。

“言必称希腊”这句话在中国流传较广，因为它出自毛泽东的文章《改造我们的学习》。我首次听说这句话是初中学社会发展史时，老师在课堂上随意发挥带出来的，并未特意说明出处。前后文我已不记得，只是当时对希腊已经有模糊概念，“言必称某某”的句式又很有气势，所以就记住了。我念高中时学过这篇文章的节选，其中没包含这句话，倒是有一副对联印象较深：墙上芦苇，头重脚轻根底浅；山间竹笋，嘴尖皮厚腹中空。描写某类人，非常生动。后来知道《孟子·滕文公上》中有“孟子道性善，言必称尧舜”。毛泽东原来是借这个句式，创用了一句“言必称希腊”。

在抗日战争的相持阶段，延安开展整风运动。毛泽东连续作报告和写文章批判以王明为首的左倾错误，重点是批评教条主义和经验主义，其中就有《改造我们的学习》。细查一下，毛泽东在文中共四处提到“希腊”。

第一处说：“许多马克思列宁主义的学者也是言必称希腊，对于自己的祖宗，则对不住，忘记了。”这里明显是从理论知识背景方面指责王明们“言必称希腊”，只知背诵马列词句而数典忘祖。

第二处说：“有些人对于自己的东西既无知识，于是剩下了希腊和外国故事，也是可怜得很，从外国故纸堆中零星地捡来的。”这里特别指出很多中国共产党人不认真学习，不懂中国共产党的历史和鸦片战争以来的中国历史。

第三处是从革命斗争实践方面说的：“只懂得希腊，不懂得中国，对于中国昨天和前天的面目漆黑一团。”直接批评的对象是缺乏实际斗争经验的王明等人，间接批评的对象则是“共产国际”，指他们不谙中国国情。

第四处是说给延安干部听的：“不单是懂得希腊就行了，还要懂得中国；不但要懂得外国革命史，还要懂得中国革命史；不但要懂得中国的今天，还要懂得中国的昨天和前天。”

但在毛泽东做报告的1941年5月，希腊已经被纳粹德国占领，实在是没有什么好“言必称”的。文中的希腊，都是指古希腊。其实，王明们又何尝是“言必称希腊”的，不过是言必称某些马列著作的词句、言必称共产国际和苏联的指示。倒是马克思、恩格斯在论述中常常涉及古希腊，因为马克思主义产生在西方，而古希腊是整个西方学术思想的源头之一。从这个意义上说，后来自以为正宗的马克思主义学者却不知道或不懂古希腊的某些人，倒是有些数典忘祖的味道了。

以上所述，只是为了讲讲书名中“言必称希腊”的来历。

随着时代发展，“言必称希腊”已经可以意指“言必称西方”。不过近一百多年来，即使在各种外力的冲击下，“言必称中国”还是部分国人死守的底线。喧嚣中，两种“言必称”早就打起了擂台。近些年中国迅速崛起，世界风云变幻，两种“言必称”似乎全方位展开交锋，又成为全球的新现象。

如果将“言必称希腊”剥去各种是非曲直，回归历史常识，可能更有助于了解“言必称希腊”的来龙去脉，同理“言必称中国”也应如此。“不单是懂得希腊就行了，还要懂得中国。”毛泽东的话言犹在耳，提醒着后来人。今天还可以把这句话反过来再说一遍：“不单是懂得中国就行了，还要懂得希腊。”两句话各自表述的侧重点不同，是因为针对的对象不同，其实可以来个“合二为一”或“兼容并包”。

古人视“读万卷书、行万里路”为难事，现代人受惠于科学技术，只要有兴趣，寻常百姓也是可以“读万卷”（古代的一卷书抵不上如今的一篇长文章）和“行万里”的。此次有幸去希腊旅游一趟，在亲身感受希腊和古希腊的过程中，自然会不时联想到现在和过去的中国，头脑中展开了一幅以中国和希腊为东西双轴的历史画卷。寻踪世界文明的轨迹，令我感触颇多，也不禁在冲动之下，集思成文。全书以历史年代做主轴，借助旅游景观、时政新闻、读书心得做衔接。有兴趣的朋友，我们相约同行。

第1章

文明初始

● 1.1 四大文明古国是怎么论的

北京直飞雅典的航班很少，假期不好安排，于是订了从意大利罗马转机再飞雅典的机票。在罗马旅游之后，我搭上希腊奥林匹亚航空公司的飞机，告别亚平宁半岛，向雅典飞去。航程1000公里左右，飞行一个半小时。临近雅典时，从飞机上望去，下面多为山地和丘陵，也有一块块整齐的农田。海水湛蓝，城市中的房屋星罗棋布，看不出有特别之处。但是一想到这里是雅典，代表着古希腊文明，不由得内心升起一股崇敬之情。

古希腊文明对后世影响巨大，评价多为溢美之辞，少有贬斥之语。相对于其他古代文明的许多争论和评价差异，古希腊文明更像是一个“德智体美劳”都表现不错的“五好少年”，受到大部分地球人的高度赞扬。可是对于这样一个灿烂的古文明，我却知道得很晚。因为我从小受的教育是“世界上有四大文明古国，埃及、巴比伦、印度和中国”，很遗憾，没有希腊。

现代汉语词汇中有很多“四大”，比如“四大发明”“四大名著”“四大美女”“四大菜系”，甚至文学中有“四大名捕”“四大恶人”等等。四大文明古国在我少年时的脑海里就像武侠小说中的四大武功高手一样，越老内力越深厚，功夫也就越高。自己的祖国能位列其中，自然是很光荣的事情。可是随着时间推移，这个

◎右图：埃及的胡夫金字塔及狮身人面像，建造于公元前26世纪；左图：古希腊德尔菲遗址出土的青铜雕像驭者（局部）。

◎两河文明中阿卡德帝国统治者的青铜头像，制造于公元前23世纪。

概念产生了问题。我逐渐发现中国与其他三国相比，在年代上有些差距，而跟古希腊更接近。为什么不说“五大文明古国”呢？

四大文明古国的说法如果言之凿凿也无所谓，可是此说却有些含糊不清、欲说还休。“书上说”“一般说”之类的提法游走于官方和民间，具体的来龙去脉不太清晰。其实此说最早出自西方，因为以天朝自居的中国不可能对历史形成这样的认识。在19世纪，欧洲历史学者把古希腊文明单列，而将两河、尼罗河、黄河、恒河四个都诞生于河流旁的古文明地区归为一类（当时印度河文明尚未被发现），合称“four major early civilizations”，直译为“四个主要早期文明”，简称“四大文明”。后来此说传入国内，由近代著名学者梁启超（1873 ~ 1929）最先用中文提到“古文明祖国有四”，即四大文明古国。

戊戌变法失败后，梁启超流亡日本，于1900年1月30日午夜写长诗一首，名为《二十世纪太平洋歌》。梁启超提出人类文明经历三个时代：第一是“河流文明时代”，第二是“内海文明时代”，第三是“大洋文明时代”。通读全诗，可以发现这是一首抒情诗，用词并不严谨，而且由于作者的知识局限，可以说错误不少。

关于四大文明古国，诗中是这样写的：

> 支那印度邈以隔，埃及安息（侯官严氏考定小亚细亚即汉之安息，今从之。）邻相望（地球上古文明祖国有四：中国、印度、埃及、小亚细亚是也。），厥名河流时代第一纪，始脱行国成建邦。

文中“侯官严氏”是翻译家严复。读完这几句可以知道，所谓“四大”的中文来历，其中小亚细亚用安息代替，明显是为了词语能入诗。但“汉之安息”是西亚古国帕提亚，地域主要是现在的伊朗，年代较晚。小亚细亚是现在土耳其的亚洲部分，也有早期文明，而与古巴比伦有地理间隔，后者在两河流域。梁启超将地中海文明（古希腊）归入第二纪，同类型还有波罗的海、阿拉伯海和黄海、渤海。第三纪先是大西洋，20 世纪则该到太平洋了。

◎印度河文明中摩亨佐·达罗的城市遗址，兴起于公元前 25 世纪前后。

梁启超的分析如果泛泛而论不能说全无道理，尤其是最后关于太平洋世纪的畅想还很有前瞻性，比现在的提法早了 100 年，但也有很多内容不准确。比如中国的渤海、黄海地区，直到清末也并未形成“内海文明”，不过是“河流文明”的延伸，所以梁启超的概括综合分析起来值得商榷。梁启超作为学者，看到国家积贫积弱、受到列强凌辱，希望能尽快改革、变法图强，写诗抒怀明志、激励国人，令人感动。更有甚者，学者冯友兰在 1946 年《西南联大纪念碑文》中写道：“盖并世列强，虽新而不古；希腊罗马，有古而无今。惟我国家，亘古亘今，亦新亦旧。”作为纪念抗战胜利的文章，置于当时环境之下，今日读来，依然让人热血沸腾，但是如果仔细品味，冷静分析，总觉得结论有点不伦不类。

好话谁都爱听，“四大文明古国”名号响当当，还力压西方一头。国家孱弱之际，类似的观点很多，也需要这样的精神食粮。不过此说虽广为流传，出处却少被提及，个中缘由颇为微妙。除了在学术上的不严谨之外，诗中用“支那”一词来代指中国，可能是大家不愿引用的主要原因。

支那一词为梵语，指中国，被音译的日本汉字借词使用，当初没有贬义。中国古代讲到国家概念时多用国号，如汉唐宋明，并无涵盖所有朝代、广泛使用的特定词汇。19 世纪中叶以后，慢慢用“中国”一词专指国家全部领土，不做他用。可是同时，由于日本近代对中国的巨大影响，所以“支那”一词也广泛使用，否则绝不会出现在梁启超的诗中。另举一例，1929 年 9 月 27 日，上海《申报》误登毛泽东病故的消息，民国元老柳亚子信以为真，因此写了一首诗：“神烈峰头墓草青，湖南赤帜正纵横。人间毁誉原休问，并世支那两列宁。”他还在诗末注明：“两列宁，孙中山先生和毛泽东同志。”柳亚子是爱国诗人，也以“支那”一词入诗，可见当时这种用法流传甚广。但是此后不久，九·一八事变爆发，中日关系交恶升级，待到抗日战争，两国视同水火。此时中华民国立国多年，已惯用“中国”一词，但日本依然用“支那”称呼中国，就明显带有贬义，后来变成侮辱的称谓。直到现在，支那一词依然敏感，日本官方已经不用。两国民间吵架时，一边“中国”立刻变成“支那”，另一边则以“小日本”“倭寇”等词语对应，并不吃亏。

国家的概念古今不同，不能用现在的理解来硬套。因此有观点认为应该用古文明地区来表述人类早期文明，而慎用“国家”一词。事实上除了古埃及之外，其他古文明早期都很难被称为单一国家，比如巴比伦就根本无法涵盖两河文明。两河文明是一种习惯说法，也称作美索不达米亚文明。实际上这一古文明地区除了两河流域，还包括约旦河流域，西方也统称为“新月沃地”（新月沃地的概念也可以涵盖埃及尼罗河流域，甚至扩及至古希腊地区）。印度和中国因为后来延续时间长，各种表述中容易对早期历史强行使用国家的称谓，已成习惯，不好改变。不过应该认识到，这只是后来习惯的一种反向延伸。在国内，四大文明与四大文明古国经常混用，其实前者的地域意义更强，与后者的国家概念有明显区别。而从梁启超起，就用现代的国家概念来理解古文明，这就与史实严重不符了。

从考古发掘资料来看，以出现文字为标志，人类早期文明的诞生地有六处，分别为两河流域（楔形文字）、尼罗河流域（象形文字）、印度河流域（印章文字）、爱琴海周边（线形文字）、黄河流域（甲骨文）、恒河流域（古梵文）。现在除印章文字外，其他文字大部分已能辨识。其中印度河文明与古印度恒河文明由于中文表述接近，地域有重叠，极易发生混淆。其实这是两种古文明，因为时代差异，又找不到可靠的联系证据（它们之间的关联度只能推测），所以考古学上是独立成章。不过在讲述整个印度历史时，由于地理关系，加上这两个古文明又前后出现，所以广义的古印度文明也可以包括印度河文明。

六大古文明地区都是人类文明的摇篮，此后的故事，主要从这里展开。

●1.2 上下五千年是怎么算的

近几年中华大地掀起一股祭祀热潮，多位传说中的人物强势登场，黄帝、炎帝、女娲、大禹等等。各地建大雕像和大广场，搞大活动，名曰“增强民族认同感”。文化搭台、旅游唱戏，本无可厚非，如果劳民伤财、事关腐败则得不偿失。祭祀活动有一定的文化价值，但是借此宣扬大汉族主义，却非常危险。几年下来，干巴巴的祭祀活动应者寥寥，功效远不如几场天灾。举办者还经常发出一个强烈暗示，如果不参与或者轻视祭祀，炎黄子孙的光环就要被摘掉，如果反对，更是数典忘祖。挟人文始祖号令天下，中华文明上下五千年一定不能毁在我辈手中，只惊得一批草民无所适从。

小时候读过一套书叫《上下五千年》，第一本开篇是这样写的：我们伟大祖国有非常悠久的历史。按照古代的传统说法，从传说中的黄帝到现在，大约有五千年的历史，所以通常叫作“上下五千年”。

这一“传统说法”和“通常叫作”不会早于20世纪初，因为古人不会有此意识和兴趣，时间跨度也不够。“五千年”之说最早出自哪里不好确定，最为有名者相传是孙中山于1912年初写的《黄帝赞》：“中华开国五千年，神州轩辕自古传。创造指南车，平定蚩尤乱。世界文明，惟有我先。”这篇祭文是否真为孙中山撰写尚有疑问，因为《孙中山全集》中未收此文，而同期孙中山倒是写过祭明太祖朱元璋文。但是“五千年”之说借《黄帝赞》传播甚广，如今陕西黄帝陵立有该

◎现立于黄帝陵的孙中山《黄帝赞》碑刻，为今人集字，原文来历不明。

◎ 1912 年 2 月 15 日，孙中山等人谒祭明朝开国皇帝朱元璋的明孝陵。

祭文的孙中山集字石刻。祭文充满豪情壮志，不过以现在眼光看，内容并不客观。尤其最后一句“世界文明，惟有我先”，基本属于极端民族主义用语，不应得到认同。可是回到当时情况，完全可以理解。因为在清末民初，革命党人为实现推翻满清的目标，在准备军事斗争的同时，也在文化领域掀起了一股崇拜黄帝的热潮。

祭祀黄帝的活动古已有之，不过规格与受重视程度并不高。从陕西黄陵县黄帝陵的历史遗存稀少，与某些名山封禅和祭孔活动无法相比，以及文人士大夫的诗文中少有提及，可以明显看出这一点。但在清朝末年，随着政治上反清、思想上疑孔，中国传统文化中具有崇高地位的经学犹如自由落体，其宣扬的核心价值观受到严重冲击。在寻找替代品的过程中，借古立新是常用的手段，于是黄帝被隆重推到前台，也确实起到了积极作用。鲁迅在 1903 年的诗作《自题小像》中有“我以我血荐轩辕”句，是当时部分知识分子心态的真实写照，而五千年之说就是在这一时期因为讨论纪年问题而带出的一个副产品。

辛亥革命之后，清帝退位，民国建立，采用民国纪年，中国台湾地区至今依然沿用，但也兼用西历。大陆地区在1949年之后只采用西历，也就是通常所说的公历或阳历。现在纪年问题看似非常普通，可是古代采取何种纪年却为头等大事，关乎正统与叛逆，用错了就是谋逆大罪。所以，要推翻满清，就要确定新的纪年。既反对代表君权的年号制，同时也反对康有为等维新派主张的孔子纪年，于是革命党人提出了黄帝纪年。

当时有好几种黄帝纪年的具体年份确定方法，最多相差达200多年。1905年宋教仁根据《皇极经世》等典籍，推定黄帝纪年为公历年+2698年，并在中国同盟会机关报《民报》（实际是政论月刊）创刊时以此纪年，后来革命党多采用宋教仁的说法。其考证方法大致如下：尧元年为甲辰年，经考证相当于公元前2357年。尧以上共有五帝，其中黄帝在位100年、少昊金天氏84年、颛顼高阳氏78年、帝喾高辛氏70年、帝挚9年，共计341年，因此黄帝即位之年应为公元前2698年。

从考古角度看，此中荒诞之处不必多言，因为当时的革命者毕竟不是考古学家。他们对社会有更新的认识，不等于对古史有更多的知识，即便反对满清，也多要借用神话传说和术士之言。为了行文简单明了，宣扬大汉族主义，又采取四舍五入之法，创出“中华文明上下五千年”之说。其实黄帝并非传说里中国历史的起点，之上还有神农、伏羲等等。不过黄帝时代的传说，包括发明指南车、仓颉造字，已经符合当时世界所公认的一些文明标准，所以才选取黄帝做始祖。如果标准有变，革命者还能继续上推，搞出个盘古纪年也不奇怪。

由于辛亥革命胜利，黄帝纪年便在短时内占据了上风。1911年武昌起义之后各省相继自治，一些新成立的军政府纷纷使用黄帝纪年，以表示拥护共和，甚至有的地方还在作废的清朝纸币上加盖黄帝纪年以便继续流通。孙中山就任中华民国临时大总统时，宣布将黄帝纪元4609年11月13日，即1912年1月1日作为中华民国元年元旦，并同时废止黄帝纪年。黄帝纪年因太过繁琐，在完成历史使命后，迅速退出历史舞台。但是“五千年”之说已被广泛认可，流传至今。

即使按照革命党人的计算，也要到2302年才够五千之数。不过在政治上四舍五入并不过分，有时候把一说成十，甚至是百也是允许的。当时中国的史前考古并没有全面展开，不可能提供早期文明的有力证据。由此可见，五千年之说完全

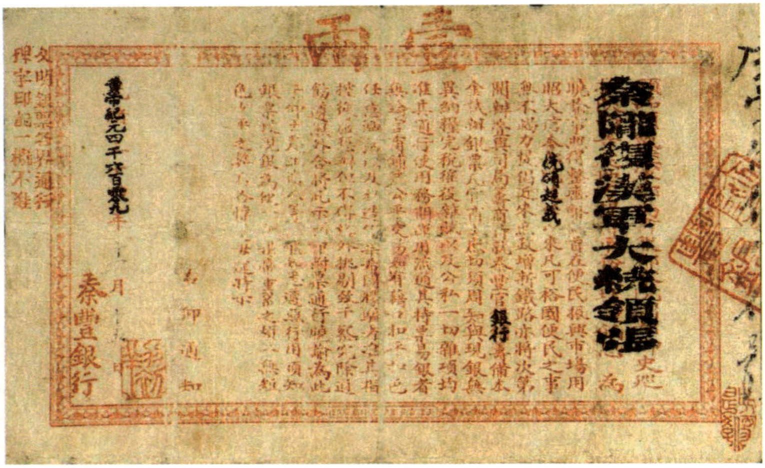

◎宣统辛亥年（1911 年）陕西官银钱号壹两纸币，背面左侧加盖有“黄帝纪元四千六百零九”。

是出于政治需要。此后进行的一系列考古发现，才逐渐支撑起关于中国文明起源的讨论。但是因为先有一个出于政治需要的结论，后有证据，结果越讨论越乱。有人主张五千年太短，有人主张五千年过长。公理婆理一番激烈交锋，那么到底哪种说法更有根据呢？

在考古学中，关于早期历史，与文明相对应的是文化。这组文明和文化的定义相对严格，专业性较强，与今天常说的文明和文化的概念有一些差别。文化指尚未发明文字，总体发展水平比较低的时期，属于新石器时代，有别于旧石器时代。通常认为新石器时代有三个基本特征：制造和使用磨制石器，不同于旧石器时代的打制石器；发明陶器；出现农耕（包括畜牧）。文明指发明文字以后的时期，初始称为农业文明，之后还有工业文明。另外，划分的标准还有出现城市和青铜器等，但一般公认以文字出现为标准。文字的前身是符号，如果只考察个例，二者的差异不大。但文字对数量有要求，必须组合在一起能够表意，这是社会成熟的标志，是人类最重要的技术发明之一。从此信息和知识可以被固定，摆脱了口口相传的局限和缺憾。中国大地上的很多历史遗存，如仰韶、红山、良渚等，有非常精美的陶器和玉器，尽管它们距今都在五千年以上，但是只能称为“文化”，而不称为“文明”。

中国最早的文字现在只能断代到商朝，算是进入严格意义上的文明史。其实只要采用和世界其他地区同样的标准，哪怕是只算到商朝，即中国文明史距今只

◎河南新郑裴李岗出土的新石器时代的打磨石器：石磨盘和石磨棒。

有约3600年，也不必大惊小怪，甚至觉得低人一等。距今7000年的黄河仰韶文化、6000年的北方红山文化、5000年的南方良渚文化，都很灿烂辉煌，与之后的文明史连成一体，所有这些祖先留下的丰富遗存足以让后代永远自豪。而且历史中文化与文明的划分只是一种人为标准，是以考古学为依据，是学界公认的标准，不应掺杂政治需要和民族情感，否则所有的比较将失去意义。“上下五千年”已经成为流行说法，指文化史太短，指文明史偏长，两边不靠。要改也不容易，注意使用的场合就是了。

对于中国上古史的认识，历史学家顾颉刚（1893～1980）的观点精辟独到，核心是“层累地造成中国古史”观，简单摘录如下：

> 古史是层累地造成的，发生的次序和排列的系统恰是一个反背。……有三个意思：第一，可以说明“时代愈后，传说的古史期愈长”。周代人心目中最古的人是禹，到孔子时有尧、舜，到战国时有黄帝、神农，到秦有三皇，到汉以后有盘古等。第二，可以说明“时代愈后，传说中的中心人物愈放愈大”。如舜，在孔子时只是一个“无为而治的圣君”，到《尧典》就成了一个“家齐而后国治”的圣人，到孟子时就成了一个孝子的模范了。第三，我们在这上，即不能知道某一

◎河南殷墟出土的甲骨文，标志着中国历史从文化时代进入文明时代。

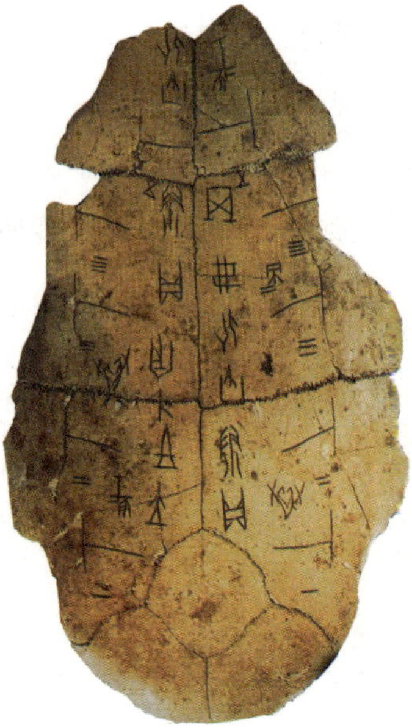

> 件事的真确状况，但可以知道，某一件事在传说中的最早的状况；我们即不能知道东周时的东周史，也至少能知道战国时的东周史；我们即不能知道夏商时夏商史，也至少能知道东周时的夏商史。

为了从古史中分出信史与非信史，顾颉刚还提出要打破四项非信史的基本观念:

（1）打破民族出于一元的观念；

（2）打破地域向来一统的观念；

（3）打破古史人化的观念（即指把神话中的古神古人都“人化”）；

（4）打破古代为黄金世界的观念。

顾颉刚的观点发表于1922年，受到学界重视。虽然部分不完善之处至今仍有争论，但诸多原则不仅适用于中国史，也适用于世界史。人类文明史中因有丰富的遗存和史料，胡编乱造的范围被逐渐缩小，信史与非信史逐渐分离，不过“层累地造史”活动并未停止。大千世界，各派立场不同，层累的方法与内容出现分歧，形成不同认识。而由于考古挖掘不能提供历史全貌，造成传说和真相在情感的干扰下发生互换。在扩展知识的同时，不免产生越来越乱之惑。“五千年来，中国如何如何”的句式，今天的国人耳熟能详。从最初的政治需要扩展至文化需要，经过层累内容愈加丰富，可惜说起来豪情万丈，细究起来破绽百出。但是近百年的考古研究至今难以动摇五千年之说，因为中国依然面临着和百年前某些相似的困境，而祭拜黄帝、认祖归宗，至少能为海峡两岸关系和全球华人凝聚文化认同继续发挥作用。

只有遵循统一的方法和标准，脚踏实地的研究，平和严谨的讨论，远离神话影响和政治因素，才能回归理性，尽可能勾勒出历史的本来面貌，否则只会自寻烦恼。上下究竟几千年其实并不重要，因为最终令人着迷、甚至陶醉的是历史的真相，而非历史的幻象。

1.3 画地为牢的古文明

从北京飞罗马航程8000多公里，约11个小时，跨7个时区。我是第一次如此长距离飞行，之前还特意拿出地图，用直尺标出路线，看看可能经过哪些主要城市。结果乌鲁木齐、塔什干、第比利斯、伊斯坦布尔都在直线附近，与古丝绸之路比较相合。我还感慨，东汉使臣甘英出使古罗马，未能如愿，如今科技发达，半日可到。

谁知飞机起飞不久，我发现自己犯了一个严重的错误。飞行路线在显示器上标示是一条上凸的弧线，第一个大城市是乌兰巴托，顺次经过伊尔库茨克、新西伯利亚、叶卡捷琳堡和基辅。亚欧洲界穿越乌拉尔山脉，与我原先设想完全不同。细一琢磨，才恍然大悟。地图是平面投影，为了照顾实际应用，有一些误差。因为地处北半球，所以北京和罗马间的飞行直线在平面图上反而成了上凸的弧线。而我原先设想的直线实际应该是一条下凹的弧线，明显绕远了。古人的国际交往为什么不走距离更近的直线呢？看看经过的城市就明白了，因为纬度较高，气温较

◎北京至罗马的飞行示意图。下面的直线是平面地图投影，实际是弧线。上面的弧线是飞行线路，实际是直线。

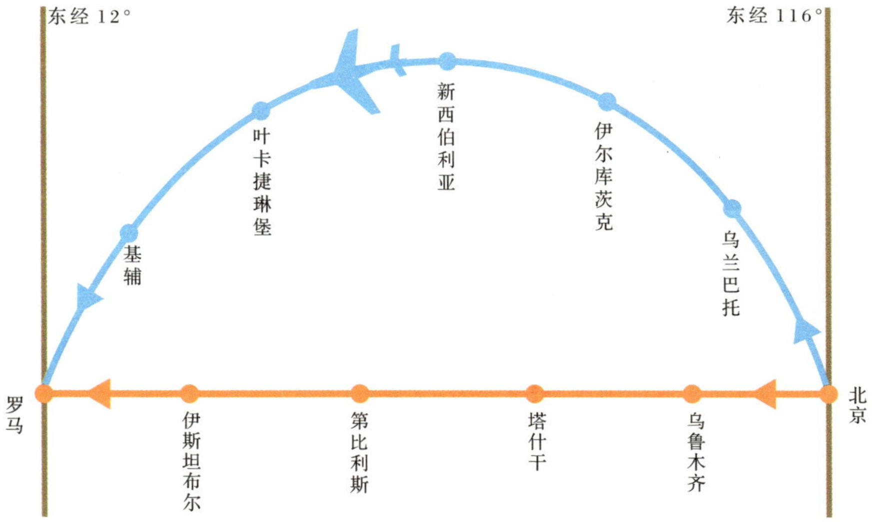

太低，没能产生早期文明。

罗马和北京都不是古文明的发源地，而是后来的重要继承者。罗马的纬度约41°，北京约40°，非常相近。顺着这条纬度线向下，拉出一个平面，几个位于古文明地区的城市接连出现：雅典（38°）、西安（34°）、巴格达（33°）、开罗（30°）和德里（28°）。这些城市并不都是各自古文明的最早核心区，但可以视为坐标。几个古文明地区的东西范围呈扇形，差不多以北京和罗马为东西两端，宽约八千多公里，南北主要在北纬25°～40°之间，长约一千多公里。从地图上可以看出横向排列的特征明显，而且西密东疏。在这样一个区域内，相较于世界其他地区，能够集中诞生人类早期文明，并且都集中在北半球，是与地理环境密切相关的。

地球分为七大洲、四大洋，三分陆地、七分海洋。北半球40%陆地、60%海洋，南半球20%陆地、80%海洋。物种的生存很大程度上受地表温度影响，相对而言，高温有利于物种生存。地球上纬度决定温度，绝大多数物种首先在低纬度地区孕育，而此后的生存空间要看各自的造化。在生物多样性方面，低纬度地区占有绝对优势，但在中纬度地区，后进化出的哺乳动物具有一定优势，人类就是其中一员。纬度差别、海陆差别，都会造成物种分布的南北差异。人类是在陆地生活的中型哺乳动物，在北半球繁衍扩大的几率更高。

与非洲、美洲相比，欧亚大陆的东西长度非常明显，其中下部主要在北纬25°～40°之间，再加上北非，组成了一条超长的人类生存走廊。大约250万年前，最早的人类出现在赤道附近的东非某地区，经过迁徙，更广阔的活动区域却在欧亚大陆和北非。诞生之地与兴盛之地并不一致，表明二者所需的环境有差异。现代人的直接祖先智人，大约在15～20万年前也最早出现在东非某地，6万多年前走出非洲，在1.2万年前最后一次冰河期结束时，几乎到达除南极洲以外的所有大陆。

陆地虽然宽广，但是人类大量繁衍还是集中在欧亚大陆和北非地区。因为这里除了温度适宜，与人类生存配套的动植物也比其他大陆多，而且同样横向分布广泛，数量大，易识别。一年四季，变化分明，既促进了人自身的进化，也促使人的觅食活动出现重大变化。人类选择经常食用的植物（谷物和豆类）和动物（狗、

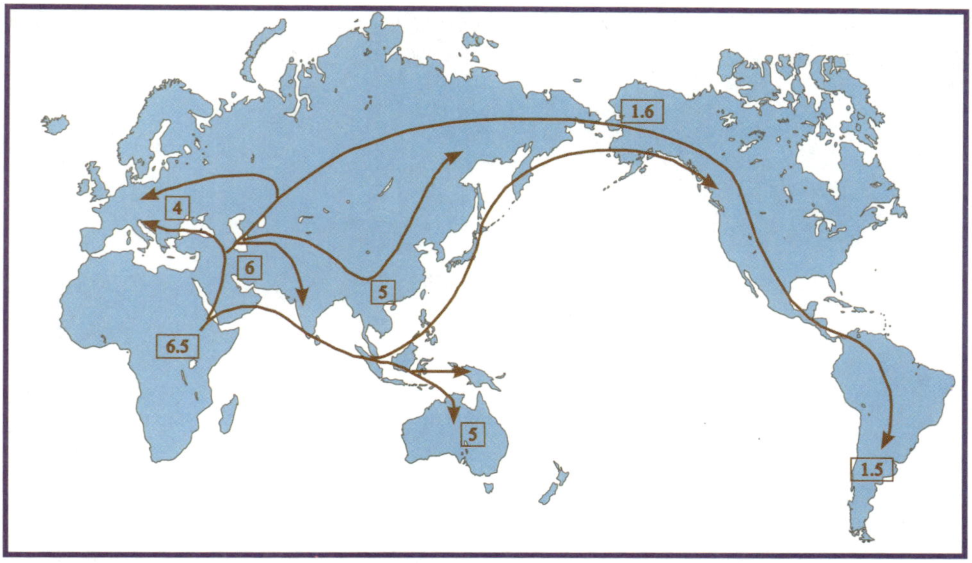

◎智人的迁徙路线（图中数据单位：万年前）。

羊、猪、牛、马等），尝试进行栽培和驯化，一旦获得成功，可以在地理条件相近的区域快速传播，叠加效应非常明显。生存能力的提高不仅造成人口数量增长，同时个体寿命延长。人类活动地域的扩张，为早期文明的诞生提供了基础。

石器时代末期，公元前9000年左右，在新月沃地出现了人类最早的定居点。随着火的应用、农业栽培、动物驯养、陶器金属器制造、房屋建造等一系列技术成熟，在语言的基础上终于诞生出文字，从此标志人类进入文明时代。而这一切，

◎两河流域的楔形文字。

◎贝希斯敦铭文，刻于公元前522年，上面刻有古波斯文、新埃兰文和楔形文字，1835年被发现，因此破解了楔形文字。

在早期只属于欧亚大陆和北非地区。

古文明的出现时间不同，相互间的影响也不同。新月沃地凭借某些更为突出的优势，约在公元前3200年率先开启文明先河。最早是苏美尔文明，随后古巴比伦、亚述、赫梯、新巴比伦等文明先后或同时登场，直至公元前539年，波斯的居鲁士大帝占领巴比伦，终结了历经两千多年的两河文明。由于其后该地区划归波斯，所以相比其他古文明，两河文明有一个比较明确的终点。两河文明不是通常用一个词如“巴比伦文明”就能概括的，其历史之复杂，超出一般人的想象，因此在研究上困难最大。除了研究古史的资料缺乏等普遍因素外，就是由于两河流域有多个王朝先后或同时存在，表现出更加复杂的多元性。这是其他文明地区早期所不具备的。

古埃及文明与两河文明几乎同时登场，开始于约公元前3100年，结束于公元前332年亚历山大东征。也有学者出于研究角度的不同，将其下限定为公元前30年屋大维击败政敌安东尼和埃及艳后克里奥帕特拉。古埃及可以分为早期王朝、古王朝、中王朝、新王朝几大时期，中间有部分过渡时期，也可以算上希腊化时代的托勒密王朝。古埃及留下的遗迹众多，建筑体量庞大，文物丰富精美，再加上年代久远，因此具有先声夺人的气势，在视觉效果上可以排第一位。

◎古埃及的象形文字。

◎罗塞塔石碑制作于公元前196年，刻有古埃及象形文字、当时的埃及俗体文和希腊文，因此破解了象形文字。

◎印度河流域的印章文字，刻有动物或其他图案，至今无法解读。

印度河文明不见于历史文献记载，完全由于考古发掘而为世人所知。1921 年发现哈拉帕，1922 年发现摩亨佐 · 达罗，后来还有一些地区陆续被发现。因为它们都处于印度河流域，所以被称为印度河文明，现在都在巴基斯坦境内。印度河文明的起源可能与两河文明有关，主要留有较大型的城市遗址和丰富的印章文字，兴盛于公元前 2500 ~ 前 1700 年，灭亡原因不详，与古印度文明的联系也不清楚。从印度河文明分析不出对后世的影响，它更像是一个沉默的过客，来去匆匆，空悬于历史之中，只留下背影让后人揣摩。

古印度文明出现在公元前 1500 年左右，一支雅利安人来到印度河流域的旁遮普地区，与当地土人融合，后又向东扩展到恒河流域，逐渐发展壮大。雅利安人创作吠陀文献，诞生吠陀文明（早期古印度文明也称吠陀文明），建立种姓制度，将人分为四等，分别是婆罗门、刹帝利、吠舍和首陀罗，还有最低等不入流的贱民。经过列国时代及外敌入侵等复杂局面后，公元前 321 年（一说 324 年）孔雀王朝建立。公元前 3 世纪中叶左右，阿育王时期统一北印度，结束了古印度的列国时代。

古希腊和中国的古文明诞生时间与印度恒河的古文明时间相近，也各有特色。

● 1.4 古希腊文明另有其源

如果按照时代顺序游览，希腊的第一站应该安排去克里特岛。欣赏宫殿遗址和精美的壁画，追忆亦真亦幻的神话。宙斯变身公牛诱惑欧罗巴，生子米诺斯当国王战胜雅典，迷宫中的恶牛吃掉童男童女，英俊的忒修斯在美丽的公主帮助下宰牛后收获爱情，国王爱琴误以为儿子忒修斯已死，跳海自尽，从此那一片海叫作“爱琴海”，而我曾经误以为是“爱情海”……

可是去克里特岛有些麻烦，只能放弃。第一站从纳夫普里翁出发，经过梯林斯，去了迈锡尼遗址。

遗址范围并不大，也就是一座小村庄的规模。除了那座闻名于世的狮子门，其他地方看不出所以然。大小不同的石头按照规则堆码排放，看了介绍，才知道这里是房屋，那里可能是宫殿。看了复原图，也觉不出到底有何伟大。这当然是外行人的一般感受。看了博物馆的藏品，会好一些，但是依然没有震撼的感觉。

◎精美的米诺斯壁画，可以看出受埃及壁画头侧、眼正、肩正风格的影响。

哪怕是后来在雅典的国家考古博物馆，看到相传可能是阿伽门农的金面罩，也只是印证了书上的图片而已。

天空晴朗，烈日当头，参观过程中几乎无处躲藏。放眼四周，全是荒凉的丘陵，只零星生长着一些低矮的灌木和小树，这样的自然环境要想文明大发展实在困难重重。我暗想，自己发现了迈锡尼文明灭亡的秘密，估计就是被太阳暴晒所致。参观行将结束，我躲在一处围墙遗址背阴处乘凉，看见两名西方人，可能是母女关系。女儿手捧一册希腊旅游手册，细声慢慢朗读。母亲带黑色墨镜，一手持盲杖，一手抚摸墙壁，仰头仔细聆听。这是令人感动的一幕，我真想用相机拍下来，可是觉得不礼貌，也不想打扰这份阅读历史的宁静。而我自己的感受，可能要试着重新思考了。

欧洲文明的源头一般是从公元前3000年克里特岛的米诺斯文化算起，大约公元前1800年产生线形文字，在前1600年左右文明达到高峰，随后逐渐衰落，主

◎刻在泥板上的爱琴海文明线形文字A（上）和线形文字B（下）。

要原因可能是附近锡拉岛的一次火山爆发。迈锡尼承接克里特的火种，在希腊本土开始孕育发展，主要存在于公元前1600～前1100年，其统治范围包括现在的整个希腊南部地区，后被北方外族多利安人毁灭。至此，古希腊进入黑暗时代，直至公元前8世纪左右开始复兴，公元前5世纪达到鼎盛。

因为考古发掘成果的先后顺序，欧洲人了解自身早期文明要比了解古埃及和两河文明晚。19、20世纪是世界考古史的黄金时代，肯定一去不复返了。考古工作者通过努力和科技进步，对人类祖先的了解摒弃了荒诞的传说，虽然不解之谜依然很多，但是已经基本改掉了异想天开和胡说八道的坏毛病。19世纪初的欧洲英法两强国在奥斯曼帝国的领土上开展考古工作，或通过战争掠夺文物，或收买当地官员取得发掘权，和在中国的所作所为一样。不过抛开道德层面的谴责，他们取得的成绩有目共睹。成果一项项公布，在欧洲大陆掀起了东方热。但是骄傲的欧洲人随之发现，这些文明全是“劣等民族”祖先的产物，而且时间要比当时已知的古希腊文明早，那么欧洲文明的源头是否会更早，又在哪里呢？此时出现了一位考古奇才。

德国人谢里曼（1822～1890）坚定地认为荷马史诗所描述的故事有真实的历史背景，所以在小亚细亚的西部开始挖掘工作。他于1873年发现了他认定的特洛伊古城，同时发现大批珠宝，并将其偷运出奥斯曼帝国。当地政府对此大为恼火，禁止谢里曼继续工作。于是他转战希腊，并于1876年成功挖掘出迈锡尼文明，成果震惊欧洲。由于迈锡尼的地理位置，完全可以理解当时欧洲人油然而生的自豪感。故事还没有结束，1898年奥斯曼被逐出克里特岛后，1900年英国人伊文思（1851～1941）在该岛发掘，发现了米诺斯文明。欧洲人又高兴了一次，因为文明产生的时间又被提前了。

克里特和迈锡尼合称爱琴文明，与后来的古希腊文明相连，但是出现了另一个问题。由于克里特和迈锡尼出现时间比两河和古埃及文明晚，地理上又接近，明显受到后者影响，因此其原生性受到一些质疑。比如迈锡尼具有代表性的狮子门和金面罩，与两河和古埃及更有血缘关系，而与后来的古希腊文明似乎距离很远，这些都是爱琴文明的复杂性所在。只能肯定，由于地域相同、血缘相近、时间顺延，某些文化遗传在起作用，因此将爱琴文明和古希腊文明视为一体并不为过，也可以统称为古希腊文明。但是从大范围看，古希腊文明和爱琴文明应该属于同地异类。比如克里特和迈锡尼曾经发明和使用过线形文字，却与古希腊文字毫无关联。另外，尽管它们的商业成就经常被后人称颂，不过从考古遗存及社会发展脉络来看，明显有夸大的嫌疑，与后来古希腊强大的商业实力并非同一路径。更为重要的是，古希腊文明确实另有其源。

◎左图：迈锡尼遗址的狮子门；下图：公元前14世纪左右赫梯王朝时期的狮子门，位于小亚细亚，今土耳其境内。门已经坍塌，两边雕有狮子。

◎上图：迈锡尼遗址出土的金面罩；左图：埃及法老图坦卡蒙（公元前14世纪）的金面罩。

与其他古文明伴随大河诞生不同，古希腊地区是个例外。在其繁盛时期，城邦较为密集的区域有三大块，由西向东分别为亚平宁半岛南部和西西里岛、巴尔干半岛、小亚细亚半岛西部。在这样一片地域中，没有一条大河，平原少、山地多，有的只是绵长的海岸线、星罗棋布的岛屿和湛蓝的大海。早期古希腊人也是靠采摘和渔猎维持生活，后来增添了农业，分别形成依靠山地、平原、沿海生产生活的三种部落。迈锡尼文明就是部落混合的产物。但是由于缺乏较先进的农业，随着人口增长，在内战和外族入侵后，衰落是必然结果。

三人行，必有我师。在古文明扎堆的地方，总有值得学习的内容。古希腊早期受东方古埃及和两河文明的影响非常明显，称为“东方化”时期。但由于自然条件差异，渔民不可能向农民学到更多的知识和经验。一方水土养一方人，古希腊人只能另辟蹊径，通过学习、吸收、创新，开创具有本地特色的发展道路，他们最主要的老师是地中海东岸的腓尼基人。

腓尼基在中国名气不大，但在西方却青史留名。因为资料显示，它对古希腊的影响要远远大于爱琴文明。腓尼基人生活在地中海东岸，即今天黎巴嫩和叙利亚，地处新月沃地的西端，是两河文明的延伸地区。腓尼基人在公元前16世纪同古埃及已有广泛的贸易。有传说称腓尼基的船队曾经绕行非洲一圈，尽管并不可信，但是腓尼基人的其他故事也足以让人赞叹。他们掌握了当时最优秀的造船术与航海术，精通商贸，并制定规则，建立海外殖民地。在两河流域的众多古文明中，别看腓尼基体量不大，却占有重要地位。

腓尼基人的文字尤其值得一提。由于社会发展，文字作为一项技术发明，可以在短期内迅速出现，然后在长期内逐步演化和完善。早期文字产生的直接动因可能多是宗教、政治需求，所以内容多为祭祀、占卜、神祇、王室生活及与之相关的活动记录。在这一点上，埃及的象形文字和中国的甲骨文最有代表性。楔形文字相对丰富，有很多商业内容。腓尼基人唯利是图，不愿意受繁琐的束缚，在楔形文字的基础上创造出简洁的音标文字，更加便于记录账目和从事商贸，后来被古希腊人吸收改进，成为欧洲所有字母文字的原型。如果仅从商业角度看，腓尼基人的文字在技术上更先进。

但是腓尼基人的生存地域太过狭小，产出很少，只能依赖商贸，而贸易额中转口贸易比重大，因此长期受制于亚述、波斯等农业帝国，难以发展壮大。所以腓尼基人虽富但不强，独立性很差，在亚洲的领土难有作为，反倒是后来在非洲的殖民地迦太基上演了一段荡气回肠的传奇，不过最终都消失在罗马帝国的版图中。腓尼基人的这些长处都是由后人发掘和肯定的，在古希腊和古罗马的著作中，他们则通常被描述为奸商和强盗。因为曾经长期是商业对手和政治敌人，最后的胜利者只能这样书写历史。

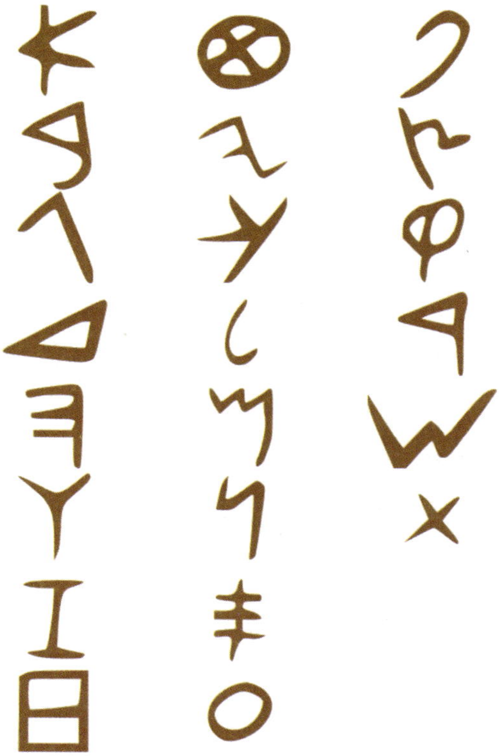
◎腓尼基人的字母表，共有22个字母。

古希腊人主要向腓尼基人学习航海和商贸，但却没有可供交换的商品。希腊地区土地贫瘠，耕地面积少，如果只种粮食作物连自己都养活不了，迈锡尼就是前车之鉴。而且古埃及和两河地区也不需要粮食，所以古希腊人因地制宜，最终开发出油橄榄、葡萄等经济作物，通过深加工，榨成橄榄油、酿出葡萄酒，行销地中海，换回所需的商品。从此古希腊打开了财富之门，在文明之路上大踏步前进，并且青出于蓝而胜于蓝，超越腓尼基人，拥有了独立性。

其实所有的古文明在早期都很难说是完全孤立的。后世由于牵扯太多的政治或感情因素，造成认识混乱，在文明的血统论里挣扎。像比较宠物狗似的严格判断谁更纯种更聪明，实在没有必要。造成困惑的问题主要有两方面：（1）如何理解在较大的同一地域中，彼此关联性较弱的不同古文明出现更替；（2）如何理解某地域强势文明的异地传播及其影响力的扩散。

不妨将目光上溯。据科学发现，现在的人类都是从东非某地的智人逐渐发展而来，足迹逐渐遍布世界各地，期间出现过很多人种。约3.5万年前左右，黑种人（尼格罗人种）、黄种人（蒙古人种）、白种人（高加索人种）相继出现，并在新石器时代取得生存优势，成为今天人类的主流。地球上除南极洲之外，都有早期人类活动。至于具体的行进路线和过程，科学家做出过种种推断和假设。从非洲到亚欧比较简单，从亚洲到美洲和大洋洲复杂一些。人类的原始路线图，大致与早期文明的诞生过程相同，并显示出彼此的关联。欧亚、北非集中爆发，虽然各自都可以独立成章，但是从地域远近关系看，又可以分成三部分。两河、古埃及与古希腊文明有一定的关联，印度河和恒河文明有关联，中国古文明相对独立。其中前两大部分也有一定的关联，而中国还是独立。不过应该认识到，这种划分的独立性是相对的，而关联性是绝对的。只不过在文明早期，关联性表现不明显，即使亲疏有别，也缺乏详实的资料。

1.5 海洋文明对决大河文明

从比雷埃夫斯港到米克诺斯岛需要 4 小时，差不多到达爱琴海东西方向的中点位置。客船在海上航行，不时掠过一些大大小小的岛屿，有很多是小到没有任何经济价值的。但是爱琴海的所有岛屿在古希腊时代可能都有名字，其中很多只起到航标的作用，在看似无序的海面上，划出一条条清晰的航路。即使夜晚来临，部分有人居住的岛屿用灯火可以起到灯塔的作用，加上星星指引，深夜也可航行。风浪来袭时，还能尽快找个岛屿躲避，避免人员和货物损失，安全保障程度很高。这种地理条件在人类早期文明阶段是独一无二的。

我曾经坐客轮从大连到天津，横渡渤海，凭栏远眺，天水茫茫，浪涛滚滚，往来船只少见，孤独感顿生，和在爱琴海上航行完全是两种感觉。爱琴海属于地中海，渤海湾是中国地理条件中比较接近地中海的区域。梁启超在诗中将中国的黄海、渤海与地中海并列，就是看到了其中的相似性。实际上，地中海在大自然中特别另类。它受欧亚非陆地四面环抱，仅在西端开了直布罗陀海峡一个小口与大西洋相通，是世界上最大的陆间海，更像一个大湖。波罗的海与地中海最为相似，不过纬度高、面积小、岛屿少，只能后程发力。

爱琴海是地中海中较平静的一处，东西宽约 300 公里，面积 21.4 万平方公里，平均水深 570 米，有 2500 多个岛屿。古代船只多依靠风力、水流和人力行进，船速不固定。如果假定平均时速为 5 公里，也就是一般成年人的步行速度，那么横穿爱琴海需要 60 小时，两天半左右。如果再慢一些，算作三天，也就是说从雅典到米利都两大古希腊经济中心的货物在途时间需要三天，相当于现在完成一次国际远途贸易。如果风力、水流配合，再加上人力将更快。这种速度以及相应的海运成本，是当时的陆地交通难以企及的。

恶劣的自然条件是隔绝人类交往的最大障碍。渤海东临太平洋，受辽东半岛和山东半岛环抱，海峡最窄处从旅顺到蓬莱约 100 公里，面积 7.7 万平方公里，平均水深 18 米，淤泥浅滩多，有 30 多个岛屿。中国东周时期的齐国也是当时的经济发达地区，与朝鲜先民早有海上往来，但交往频率，与爱琴海无法相比。抛开其他因素不论，水浅浪大与水深浪小是两地最大的区别。为了生存，渔民与商人都是具有冒险精神的群体，但如果蹈海喂鱼的概率太大，人们还是会掂量掂量的。时至近现代，清淤建港，巨轮穿梭，小小的渤海湾居然建造了十几个大型港口，才有了繁忙的景象。

人类早期文明时期能够触及的海域，从渤海沿太平洋、印度洋一路数来，黄海、东海、南海、孟加拉湾、阿拉伯海条件都类似。波斯湾与红海条件略好，但还是比不上爱琴海。由于古希腊文明的特殊性，因此有观点将古希腊文明总结为海洋文明，并将其他地区统称为大河文明。这种对比非常流行，甚至延伸至近现代史。不过，也有走火入魔的观点将对比引向极端的对立，几乎可以用惨烈来形容。但是，差异真有那么大？真是水火不相容？这莫非就是文明冲突论的起点？

早期文明诞生于大河之旁，是一个基本常识。西亚的幼发拉底河和底格里斯河、埃及的尼罗河、印度的印度河和恒河、中国的黄河，这些大河流域面积广，支流多，物产丰富，土地肥沃。人类在经过漫长的采摘和渔猎生活后，逐渐在一些河谷地区种植粮食、饲养家畜，开始定居生活，为文明的出现提供物质基础。随着人口增多，人们努力提高作物产量，增强生存能力。但是如果土地肥力下降或河水泛滥及改道，人们则被迫转移，需要寻找新的定居点。

细分一下可以发现，两河、尼罗河、印度河的稳定性较强，改道的情况极少，泛滥也有一定规律，容易掌握，这些条件是这三个区域文明出现较早的一个重要原因。而黄河与恒河则稳定性较差，经常无规律地泛滥成灾，人们经常被迫迁徙，所以文明出现较晚。造成这种差异的原因，除了各自特殊的条件，如地质、地貌、海拔、纬度、日照、气温、降水、动植物分布外，很可能与河流的流向有关。从地图上可以清楚地看出，前四条河流的干流中下游地区基本呈南北流向，支流少、流域面积相对较小，而黄河与恒河则呈东西流向，支流多、流域面积广。河流受纬度和日照影响，降水和融雪情况有差别。南北向河流的干流与支流丰水高峰期基本一致，劲往一处使，所以造成中下游定期泛滥。而东西向河流的干流与支流丰水高峰期不同，各自发力，方向也有差异，所以造成河水无规律泛滥，甚至频频改道。所以时至今日，南北向河流的自然灾害次数一般远少于东西向河流。

以尼罗河和黄河为例比较河流的稳定性，可以看得更清楚。尼罗河发源于赤

◎幼发拉底河、底格里斯河、尼罗河、黄河、印度河、恒河的示意图，可以看出河流中下游地区纬度和经度的差异。

道南部东非高原上的布隆迪高地，全长6670公里，穿越纬度达35° 左右，下游自阿斯旺以下1000公里几乎没有大的支流。尼罗河每年6至10月定期泛滥，人们暂住高处。10月以后，洪水消退，淤下新的土壤。在这些肥沃的土壤上，人们栽培农作物获利颇丰。这样的规律较早就被古埃及人掌握了。由于可耕地众多，还形成上下埃及，都城也在上游的底比斯和下游的孟菲斯之间轮换。

中国的黄河发源于青海巴颜喀拉山北麓，全长5464公里，跨越纬度为8° 左右，中间还包括一个突兀的“几”字形弯折，中下游支流众多，河网密布。由于穿越黄土高原，黄河还是世界上含沙量最大的大河，经常造成河道淤积。再加上干支流水量丰水期有时间差异，所以黄河中下游的泛滥几乎毫无规律可循，更严重的是河水还要改道，上演神龙摆尾。中国先民受惠于黄河，同时也很受罪，想找一个能长期安居的地方非常困难。所以，中国早期文化遗址遍布黄河中游的干流和支流，分布广泛，但存续时间都相对较短。印度恒河流域也有相似情况，没有积累，难成大器。相比之下，两河和尼罗河的早期文化遗址则比较集中，以致进入文明时代后，两河流域密集到城摞城、脚踩头的程度，造成至今如何断代的难题。尼罗河流域相对宽松，展现出城挨城、肩并肩的面貌，如今建筑遗迹的排列令人叹为观止。

中国至商朝时期情况有所变化。商朝一共500多年，前200多年共迁都6次，还是老样子，水患可能是主因，另外也有战乱和土壤逐渐贫瘠等其他原因，直至盘庚迁都殷墟安阳后，才踏实下来。安阳地处平原，离太行山脉较近，距黄河较远。这一带气候温暖、降水充足，植被茂密、动物众多，附近的漳河及小支流水情稳定，适合农业生产和狩猎，可以建城长期定居。商朝的农业水平在此期间得到提高，先民掌握了整治土地、引水灌溉等一系列技术，度过了王朝的后半段，留下了精美的青铜器和辉煌的甲骨文。照此推断，甲骨文只能出现在商朝的中后期，而以文字判定的中国文明史恐怕又要缩短了。

关于夏朝如何定性一直折磨着中国人，总希望能在遗址中发现文字。但是，商朝前期的情况都不明朗，直到后人继承前人经验，加上自己多年的积累，才觅得安阳这块风水宝地，稳定安居，所以夏朝人创造文明的难度可想而知。因此，很可能只有夏朝文化，而没有夏朝文明。但愿有考古奇迹发生，尽管概率很低。

通过对比可以看出，在欧亚大陆和北非地区，黄河和恒河文明的出现晚于两河、尼罗河文明，但都属于同一种类型，与腓尼基和古希腊的成长过程明显不同。不过，利用海洋并不等于可以无限夸大海洋的作用，将其与大河对等。腓尼基和古希腊在生存上难以做到自给自足，毕竟人类无法饮用苦涩的海水，生活生产主要还是在陆地，即使捕鱼也要靠陆地制造船只。只是交通和商贸借助于海洋，由此再引出军事、政治等诸多方面与内陆不同。古希腊背靠两河和古埃及两颗大树好乘凉，没有它们，古希腊文明不可能单独孕育。正因为依附性太强，才会产生对其文明原生性的质疑。由此推论，传说中沉没的亚特兰蒂斯（大西岛），无论

◎河南偃师二里头遗址中陶器上的一些符号和青铜带翼铃。因遗址年代与文献推断的夏朝纪年大体一致，所以二里头文化被认为属于夏文化。

是在地中海还是大西洋，都不可能产生过文明昌盛的奇迹。

文明的诞生要以物质生产为基础，所谓的海洋文明不能独立存在。将海洋文明和大河文明引向对立并不足取，甚至连它们的称谓都值得商榷。具有开拓和创新精神是对海洋文明的最大赞许，但作为论据却似是而非，忽视海洋环境的复杂性，却得出了独享人类共性的结论。可是，没有开拓创新精神，文明何以诞生？而且从经济地理的角度看，地中海只是一个湖，周边的生存难度并不高于经常泛滥或造成干旱的大河。南太平洋诸岛早有人类居住，那是真正的被大海包围着，复活节岛上的巨人石像也让人叹为观止。但那里的社会进程极为缓慢，犹如活化石一般，难觅文明的踪影。所以，利用海洋不过是农业文明或工业文明时期的补充部分，很难算是一种独立的文明形式。人是陆生哺乳动物，海洋只是人类拓展的活动空间，而非严格意义上的生存空间。如果将海洋文明和大河文明换成咸水文明和淡水文明，其中的荒谬之处会更加明显。如果海豚进化为高等智慧生物，与人类竞争，倒是可以称为“海洋文明”。

否定了海洋文明的说法，大河文明的说法同样会被否定，也不必再创造“小河文明”“湖泊文明”“井水文明”等称谓来对应。因为即使有大河，也不一定诞生文明，例如幼发拉底河和底格里斯河只能算是中等河流，比它们长的河流很多，但是其中一些河流周边至今还荒无人烟。淡水只是文明诞生的必要条件，而不是充分条件。相比之下，农业更像是充要条件，所以把人类的早期文明统称为“农业文明”比较准确。在强调共性的基础上，再具体问题具体分析。把问题化简为繁，除了自找麻烦，说不定还会自取其辱，而关于文明的讨论似乎从来都是如此。

● 1.6 先抹橄榄油，再饮葡萄酒

在纳夫普里翁小城的晚餐是这次旅行中第一次正经吃饭，之前的进食都在奔波中完成。小城没有中餐馆，只能吃西餐，我对此极不适应。除了工作原因，我很少吃西餐，不是不能吃，而是不爱吃。偶尔和喜欢吃西餐的朋友为此争论到激烈时，几乎能导致文化决裂。为了抬杠，我甚至会将麦当劳、肯德基奉为最好吃的西餐，而这种说法无疑是对正宗西餐的最大侮辱，祸及欧洲饮食文化。如果退一步，我会说到了欧洲，入乡随俗，也许就会喜欢西餐。可是当我今天坐在环境如此纯正的地方，一顿饭吃下来，依然找不到感觉，甚至起了反作用。一盘糊里糊涂的热菜、一碟沙拉、几片面包、一杯啤酒，除了那杯和全世界其他地方差异最小的啤酒之外，对几样菜我的味觉都不能给出好的评价。看到别的游客吃得津津有味，我只能用水土不服来解释。

另外让我更感觉不爽的是，一共花费 21 欧元，折合人民币 210 元，这要在北京能买 21 碗炸酱面，够我吃好多天的。我感叹自己还是穷，要是特别有钱，来欧洲旅游绝不以住五星级宾馆、坐豪华游轮为荣，而是带上一个中餐厨师团队，今天炸酱面，明天饺子，后天烙饼，大后天……想到此，我都流口水了，胃里的东西似乎也变成了炸酱面。一种特殊的东西文化交流就这样在我的肚子里进行着。我还听朋友说过，在国外对中餐也不能抱有太大期望，因为很多菜都明显加入了西餐的味道。我对此能够理解，就像国内其他地方的川菜馆，为了照顾本地人的口味，经常会少放点辣椒，但招牌还是要强调正宗的。

吃完饭，盛沙拉的碗中只剩下一枚橄榄和少许橄榄油。我之前嚼过一颗橄榄，没有感觉，这颗就放弃了。橄榄体积小，在我看来属于“食之有点味，弃之不可惜”的小食品。中国也有橄榄，但名气并不大。中国和希腊的橄榄是同一品种吗？有什么差异呢？

实际上，中国和希腊的橄榄还真不是一回事。中国的橄榄属于橄榄科橄榄属，主要产于福建，广东、台湾等省也有种植。果实色青，可食用，味道甘涩酸，算是五味杂陈，所以有“爱像青橄榄”之说。而希腊的橄榄标准名称是油橄榄，属

◎橄榄（上）和油橄榄（下）。

于木樨科木樨榄属，广泛产于地中海沿岸。油橄榄果实除食用外，最重要的经济价值是可以榨橄榄油。中国台湾作家三毛作词的歌曲《橄榄树》中所写的，就是这种油橄榄树。这首歌曲是电影《欢颜》的插曲，在华语地区广为传唱，经久不衰。抒怀她和西班牙丈夫的一段生活，因为油橄榄在西班牙也广泛种植。“还有还有，为了梦中的橄榄树，橄榄树，不要问我从那里来，我的故乡在远方。”如此凄美的场景，令多少痴男怨女寄托情思。因为中国也有橄榄树，很多人不清楚其中的差别，就将歌曲中的油橄榄当作现实中的橄榄。三毛作词时可能是有意忽略，因为如果在歌词中加入“油”字，这首情歌就没法唱了，油乎乎的爱情谁能忍受？但希腊的油橄榄中如果没有油，那影响可就大了。

油橄榄的栽种食用最早在公元前3500年的克里特岛，逐渐扩展到爱琴海沿岸，之后是整个地中海沿岸，主要在北纬35° ~ 45° 之间的气候适宜地区。橄榄油在西方有“液体黄金”等诸多美誉，功效很多，因此油橄榄是重要的经济作物。现在西班牙、意大利是橄榄油生产大户，希腊仅占1/10左右。橄榄油近些年也进入中国普通家庭，引领时尚健康潮流，听说评价是“凉拌最好，炒菜不香”。相比于在中国的拌凉菜功能，古希腊人可是将橄榄油的作用发挥到了极致。除食用外，宗教祭祀、美容养颜，能用的地方和场合一个都不能少，太挥霍了。连参加比赛的运动员也浑身涂抹橄榄油，展示其健美的身材。橄榄油对于古希腊人来说，自用只是一方面，最重要的作用是出口，同其他经济体进行商品交换。

与油橄榄具有同等地位的经济作物是葡萄，产品不是葡萄干，而是葡萄酒。

近些年，国内葡萄酒销量大增，长期饮用能软化血管的功效也为人所知。从宴会用酒转入寻常百姓家，成为佐餐酒。以前的糖水葡萄酒也被纯正的葡萄酒取代，不仅质量提高，还打造出一些民族品牌。饮葡萄酒是一项很时尚和有文化内涵的活动，非常强调品牌、产地、年份，饮用时要注意场合、时间、举杯的手法、入口的仪态等等，讲究很多。总之，会喝葡萄酒与能喝葡萄酒是不同档次的问题。葡萄酒从欧洲大量进口，几百元到几万元，国人也见多不怪。在欧美，顶级葡萄酒的身影甚至出现在知名拍卖会上，一瓶几万美元也是常有的事。

葡萄原产于近东，后传入地中海周边。两河和古埃及最先掌握葡萄酒的酿造技术，不过规模较小，仅供上层享用。古希腊人因地制宜，培育出优质品种，改进了各种相关技术，在地中海北岸逐渐向西传播。现在的法国、意大利等依然是葡萄酒生产大国。在早期的葡萄酒产业链中，栽培技术、贮藏技术比酿造技术更为重要，否则不能满足大批量生产和远距离运输的商业要求。古希腊人用特制的土罐装载葡萄酒，销往各地，因质量上乘，成为新宠。古埃及贵族对古希腊的葡萄

◎古希腊陶瓶上绘制的饮酒场面。

酒非常痴迷，每年用大量的谷物进行交换，以便它能及时出现在法老的宴会上，而古希腊人的餐桌上则出现古埃及生产的粮食。这就像今天法国的葡萄酒出现在中国的宴会上，而同时中国的商品，比如廉价的服装、玩具出现在法国人的家庭中一样。

酒是全人类的最爱，酒精对神经的刺激和麻醉作用能让人获得深入心灵的快感。中国古人早期通过谷物和水果自然发酵，享受粮食酒和果酒，一般不超过20度，和现在的啤酒相仿，能够多饮不醉，所以古籍中记载有些人酒量惊人。这些酒由于储存和运输限制，商业范围不大，多是自产自销。元明之际，蒸馏酒技术成熟，乙醇含量可达45% ~ 65%，而且解决了存储和运输问题。白酒的商业化和名气同步增长，至今，酒文化的大旗漫天飞舞，似乎不一醉方休，都对不起祖先。不过，随着居住、工作条件改善和礼仪观念进步，白酒的重要性正在下降，危害性越来越为人所知。高度酒已经不符合时代潮流，不仅消耗大量粮食，酒桌英雄变身酒桌狗熊的滑稽场面，也越来越遭到耻笑。

油橄榄和葡萄可能是人类最早大规模种植的经济作物。与单纯为了生存的粮食作物不同，经济作物让人类的生活变得更加丰富多彩，与手工业、商业结合后，在农业社会焕发出无限的活力。中国的桑树、印度的胡椒也是同等重要的经济作物。经过一道道工序点“木”成金，当它们变身为丝绸和香料，就具有了某种魔力，甚至出现了以它们的名字命名的商道：丝绸之路和香料之路。

● 1.7 青铜器熔点低，陶器可塑性强

希腊国家考古博物馆位于雅典市中心，馆藏丰富，集中了希腊境内诸多珍贵文物，是世界著名博物馆之一。该博物馆的类型与中国的陕西博物馆相似，藏品属于某一特定区域，而不像大英博物馆或卢浮宫，拥有大量外国艺术品。

旅游中参观古希腊遗址经常让人黯然神伤，看着断壁残垣和肢体残缺的雕像，仿佛灾难就发生在昨天一样，容易引发感慨。如此辉煌的建筑，怎么就倒塌了呢？如此灿烂的文明，怎么就消失了呢？幸好博物馆的文物大多完整、精美，即使残缺也有部分修复，摆放整齐，说明详尽。经过现代人的处理呈现在现代人的面前，拉近了时空的距离，给人感觉反而轻松一些。

在一尊青铜雕像前，我停下脚步。雕像与常人等高，略带斑驳锈色。这尊雕像男性裸体，肌肉健硕，头转向左侧，头发胡须清晰，双目中空，原有的镶嵌物已经遗失。左臂前伸，手指前方，右臂弯曲，手掌微攥，可能抓有投枪或鱼叉类武器，做投掷状。两腿平直，双脚呈丁字步开立，与肩同宽，右踵微微抬起，重心似乎正在前移。整个雕像静中有动，无比威严。介绍说雕像是宙斯或波塞冬，发现于雅典附近的埃维亚岛，铸造于公元前 460 年，那正是击败波斯后古希腊最鼎盛的时代。古希腊石雕闻名世界，艺术水准后人难以超越。我之前孤陋寡闻，没想到青铜雕塑也如此精湛，情不自禁想摆个同样的姿势模仿一下，迅即被工作人员制止。被告知合影可以，不许摆姿势。我刚退到一边，有新到的游客重复我的做法，也马上被制止。看来守护这尊雕像的工作人员比较忙，我猜想这种约束可能是出于某种尊重。

木头和石头都是人类在石器时代的主要工具材料。这种“木石前盟”远胜于后世杜撰的“金玉良缘”，也是一切技术的基础。木头虽比石头更加轻便和随意，可惜实物不易保存，所以未能获得“木器时代”的称号。进入农业文明后，人类开始使用铜。作为矿产，铜储量大、分布广、易开采、熔点低，加入锡后成为铜锡合金，硬度有提高。由于铜锡合金起初金光闪闪，氧化后表面会出现绿锈，所以俗称青铜。青铜器的广泛制造和利用是人类早期文明的一项重要技术成就，欧

◎上图：宙斯或波塞冬的青铜雕像；右图：四川三星堆文化遗址出土的青铜立人像，人像高 172 厘米，铸造于公元前 1000 年左右。

亚多地都有遗存，中国也是其中的佼佼者。传说中的禹铸九鼎已不得见，目前所知世界上最大单体青铜器后母戊大方鼎铸造于商朝晚期，重量达 875 公斤。中国古代工匠还发明了失蜡法，能够铸造出造型奇特和纹饰精美的青铜器。秦始皇陵出土的铜车马组合器，号称“青铜之王”，工艺之复杂，令人叹为观止。不过中国青铜器以实用器物为主，鼎鬲匜盘等锅碗瓢盆居多，也有编钟

◎后母戊方鼎。

等打击乐器，偶有人像，多为小型。中国四川三星堆文化遗址远离中原，有大型人物青铜器出土，宗教色彩浓厚，面部比较夸张。相比之下，古希腊的青铜像虽然也是神灵，但是更像人。

青铜不仅用于铸造神像或者钟鼎等日常用具，还主要用于制造武器装备。青铜在古希腊被制成盔甲、盾牌和剑矛，在中国被制成戈、剑、弓箭的箭镞。相比于其他青铜物品的差异，武器装备方面东西方比较接近，因为战争的内容都是相似的。大量制造武器，需要大批技术熟练的工匠，这体现出国家和地区的综合实力。铜器原料除青铜外，还有黄铜（铜锌合金）、白铜（铜镍合金）、紫铜（纯铜）。不过古人的冶炼技术刚刚起步，合金配比还在摸索之中。某些少量元素的添加并非有意为之，而是由于提纯水平不过关，所以也没有必要过度夸大古人的冶炼技术。

博物馆中除石雕和青铜器外，还有大量陶器。古希腊陶器色彩主要是红黑相间，粗看与中国仰韶文化的陶器类似，不过图案更为丰富复杂。陶器大者近一人高，

◎古希腊陶瓶。

直径半米以上。器型多种多样、千奇百怪，近乎“只有想不到、没有做不到”的地步。

古希腊的陶器作为一个专题与中国的瓷器研究一样，非常复杂。时间跨度、地域分布、流派演变、工艺创新、商贸流通、居家使用等等，全都可以进行细致入微的研究。古希腊早期陶器的器身也只描绘简单的几何或动物纹饰，同世界其他地区无异。后来工匠们掌握了把黑色颜料绘于瓶身的技艺，开启了黑红相间的时代。类似于中国的青花瓷，两色之间创出无限天地，将万物汇于其中。

瓷器是中国艺术的瑰宝，工艺精益求精。明清时期还创造出彩瓷，不过年代较晚，是农业文明后期的产物。古希腊陶器独步天下，不在于实用方面更结实或者器型更大，而是瓶身描绘的内容。生产、商贸、航海、战争、神灵、祭祀、运动会、戏剧、音乐、婚姻、家居等等社会风貌、世间百态尽情展现。古希腊陶器的绘画肯定有艺术加工，不过几乎起到了照相的功能，全景记录了一个时代。中国瓷器上的图案以纹饰居多，有些也绘有人物，但内容主要是表现吉祥富贵或传统故事，过于程式化，很少有真实的社会场景。这种差别不是制造陶器和瓷器的技术不同，也不是时代的不同，而是文化的不同。

◎元青花鬼谷子下山图罐。

陶器在人类生活中发挥过重要作用，现代社会依然还在使用。它是人类最早制作的器物之一，在新石器时代得到充分发展，与木材、石头、动物骨骼等制成的器物相比有很多优点，最大的优点是可塑性强，原材料取之不尽。人们可以根据需求不同，按照自己的意愿，制作不同形状、风格、用途的器型。陶器有可能是人类历史中最容易的一项发明，很多儿童都具有在游戏中将泥巴捏成器物的天赋。陶器经过早期的自然风干硬化，到后来的烤火脱水硬化，在各个古文明地区几乎都是独立完成的。

在世界各地的人类早期遗址博物馆中，陶器是必有的展品。但这些展品如果没有特殊的造型或工艺，对于普通观众而言就会非常乏味，没有新鲜感。古希腊的陶器制作逐渐形成了特殊的风格和工艺，在人类相对暗淡的陶器艺术中成为可与青铜器、金银器比肩的奇葩，不仅在经济领域做出过巨大贡献，并且在文物史料方面艳冠群芳，真让人钦佩。

1.8 造船下海，不只为捕鱼

在比雷埃夫斯港有一个海事博物馆，我原以为里面有很多古代船舶的介绍，可是进去一看，有些失望。馆中关于古希腊的内容很少，只有几艘模型和简单说明。主要展品大多为近现代，尤其是希腊独立战争期间，同奥斯曼帝国的海战介绍最为详尽。我只好转变思路，顺着参观下来，觉得也挺有意思，不过与初衷相差较远。

船舶起源于水中的漂浮物。制造独木舟、芦苇船、皮筏都是人类涉江过海的早期尝试。尼罗河三角洲舒缓的河道与地中海平静的海面，富余的物产与周边地区贸易往来的需要，还有丰富的芦苇资源，都促使古埃及人在造船方面最先起步。公元前 3200 年，古埃及人开始将纸莎草芦苇做成船，后来船体逐渐变大，还加上了帆。这可能是人类最早使用风能的记录。芦苇船一般只能使用几个月，虽然寿命短，但由于材料资源丰富、造价低，所以使用的历史很长。古埃及人努力将船造得更大一些，以提高功效和用途，不过芦苇是草本植物，难堪大任。后来古埃及人利用前期积累的经验造木船，功能大为加强。再后来为防止货物被抢和能够去抢货物，又开始制造战船。古埃及人的海上强势地位直到腓尼基人的兴起才被打破。

古埃及因为物产丰富，并不需要过分依赖海洋，造船和航海技术因此发展缓慢乃至停滞。而腓尼基人主要以海洋贸易立足，生存的动力迫使他们对于造船技术有执著的追求，不能有丝毫懈怠。于是，腓尼基人对地中海的控制力逐渐增强，到公元前 7、8 世纪时，他们的货船载货量最大，战船战斗力最强。不过腓尼基人和周边的竞争还不是你死我活的，而是带有一种在竞争中尊重彼此利益、共同发展的味道，说不上和谐，但也不惨烈。

古希腊人在学习的过程中逐渐崛起。他们比腓尼基人有更大的动力和优势提升造船水平。广阔的地域、众多的人口、各个城邦之间通过海洋密切的交往、巨大的货物运输量、重要的经济利益，尤其是后来波斯帝国的威胁，这一切都让古希腊人对于造船达到近乎痴迷的地步。因为每一处细小的技术提升，都可能带来巨大的利益，甚至关乎生死存亡。三层桨战船的发明是最突出的例证。

◎雅典卫城的三层桨船雕刻。

货船主要靠风帆航行，为了提高载货量，船身较为宽大。相反，战船虽也有风帆，但战时则收起。为提高机动性，船体狭长，依靠水手划桨。当时的主要攻击战术有两种，一种是撞击对方船体或撞坏对方船桨，因此在船首安装有凸出的撞角，由古埃及人首先使用。另一种是接舷战，就是两船靠近或靠紧后，船上士兵通过手执武器攻击对方。前一种战术强调速度、灵活，后一种战术希望能装载更多的士兵。两种战术需求既矛盾又统一，因此能够达到最佳平衡点的战船就是最好的战船。

◎根据古代文献和古船碎片复制的一艘三层桨战船在海中航行。

由于材料和技术的限制，当时的船身最长只能达到30 ~ 40米。为提高战斗力，只能在船的宽度和高度上寻求突破。腓尼基人制造的单层桨战船，能安排50名左右的水手和士兵，技术领先，后来又提升一步，发明出双层桨战船。古希腊人为维持海上优势，发明了三层桨战船。在不降低太多速度的情况下，可装船员达200人左右。这种战船在希波战争中发挥出决定性作用，一举奠定了古希腊在地中海的霸主地位。古希腊人在当时的技术条件下，将战船的制造水平提升到极致，并将这种影响一直延续到罗马帝国时期。

古希腊人对战船的追求，充分体现了武器的攻击性、防御性、机动性三者如何平衡，才能达到最佳效果。之前各地的军事发展都着重于对战士本身或在战术层面争取做到三要素的平衡，古希腊人前进一大步，延伸至大型武器设备，与后来的坦克发展极为相似。

中国船舶的制造历史也很久远，甲骨文中就有“舟”“船”等字，部分地区也有实物出土。中国有关早期船舶的文献较少，《越绝书》是记载春秋时期吴越历史的重要典籍。虽然关于成书年代、作者、内容真伪历来颇有争议，但书中有关吴国战船分类的内容应该不假。其中的“突冒”可能就是装有撞角的战船，楼船是体形较大、可多载士兵的战船。吴越地处现在中国的江苏、浙江两省，古时河湖分布密集，远胜今日。两国交锋，水战必不可少，战船水平与数量应为当时中国最高。但是，与古希腊相比有很大不同，仅“水战”与“海战”的名称就有差异。因为空间的狭小、陆战的便捷都会制约中国战船的发展。

比雷埃夫斯位于首都雅典的西南部，港口西侧停放客轮，有几艘体量非常庞大，估计是类似泰坦尼克号的豪华邮轮。港口东侧让我大开眼界，港湾内停满各种小型游艇，密密麻麻。有些地方不是一排，而是好几排，几乎整体连成一片。当日阳光充足，白色的船体浮于海面，随风微微摇曳，时而几只海鸟掠过，更映衬出一派奢华壮观的景象。明星富豪开船出海，狗仔队紧紧相随，八卦新闻图片出笼，皆源于此。

现在中国一些沿海城市在开发海洋旅游业，例如海南岛、山东青岛。但是要想达到比雷埃夫斯的规模和经济效益，估计有难度。因为不仅是经济发展水平的问题，还关系到地理因素。地中海像一个大湖，全年大风大浪的时候较少，一年四季皆可出海，类似比雷埃夫斯的港口很多。而中国的海岸线面对太平洋，无风三尺浪。发展大型游轮尚可，要搞这种颇具浪漫色彩的私人游艇，会有很多困难。成本计算不好，效益将打折扣，不过浩瀚的太平洋给中国也提供了其他一些好处。

中国的上海港在2008年的货物吞吐量为5.8亿吨，位居世界第一。估计在未来一段时期内，还能保持世界第一的位置。1843年上海开埠，至今不过170多年。得益于中国的发展和世界贸易的繁荣，上海港跃居世界第一，成为国际经济重心从大西洋向太平洋逐步转移的标志。当年五口通商，其他四地为广州、厦门、福州、宁波，多年后上海能够拔得头筹，主要是凭借地理位置。中国当今的主要经济带有两条，分别是沿海和长江，形成T字型，而上海正处在节点，因此成为中国第一有必然性，成为世界第一则是中国经济整体提升的结果。

比雷埃夫斯现在是希腊最大的港口，旅游业不过是其中的一部分。它不仅是陆地铁路干线的终点站，还是连接各岛之间海上交通的中心枢纽，在希腊经济中占有重要地位。因希腊经济总量较小，该港的世界排名不会靠前。但是比雷埃夫

◎比雷埃夫斯港的某处小港湾。

斯也曾经是世界第一大港，不过那是两千多年前的事了。

希波战争后，雅典成为古希腊城邦的领袖，盛极一时，经济地位傲视地中海。比雷埃夫斯距离雅典不足 10 公里，港深水阔，能同时停靠大量船只，是重要的商港和军港。可以想象当年的场景：在以三层桨战船为首的雅典海军护卫下，众多的商船承载着货物，从地中海各处纷纷驶来。它们来自现在的西班牙、意大利、黑海沿岸、土耳其、叙利亚、埃及、利比亚、突尼斯，到港后卸下雅典需要的谷物、金属矿产、牲畜、皮革、木材等原材料，也有毛毯、香水、衣料、纸莎草纸等加工品，另外还有大量的奴隶。商人们通过讨价还价，离开时在船上装满雅典生产的橄榄油、葡萄酒、青铜武器、陶器，甚至还带走体积最大的商品——战船和商船。古希腊其他城邦的贸易额没有雅典大，但是它们的港口也很繁忙。小亚细亚的米利都、伯罗奔尼撒的科林斯、西西里的叙拉古都是名列前茅的大港口。另外还有罗德岛、提洛岛这样地理位置优越的中转站。遥想公元前 5 世纪，世界其他海洋还在沉睡的时候，东地中海已经被唤醒。千帆竞渡、百舸争流，好一派欣欣向荣的景象，与今日世界相差无几。

1.9 货币的用途和利润的来源

希腊钱币博物馆规模不大，也许是因为展品小，不需要太大的场地。流连其中，会产生一种重回古希腊的冲动，奇妙的感觉来自这些小小的银币。既然拥有欧元可以来欧洲，似乎拥有这些货币就可以去古希腊。无奈空间能易换，时光难倒流。博物馆藏品中，很多钱币是窖藏出土，保存完好，光亮如新。只有旁边摆放的、曾经盛装它们的陶罐显示出岁月的痕迹，像一个忠诚的仆人诉说着历尽千年、劫后余生的经历。而真正的主人却浑然不觉，依然沉浸在受人尊敬的荣耀中，只不过地点从集市搬到了博物馆。

古希腊货币主要用银制造，极少数城邦也用过铜。公元前 6 世纪雅典附近发现的大银矿，成为雅典城邦的重要财富，制造出的大量银币，为提高商业水平发挥出巨大作用。古希腊银币制作精美，举世闻名。通常是两面都有图案，或神像或动物，尤其打制人像的传统延续至今，为许多历史人物保留了相貌。古希腊很多城邦都打制自己的银币，各具特色，彼此的成色、重量趋同，便于流通。雅典城邦的主币非常有代表性，直径 25 毫米左右的不规则圆形，重 17 克左右，单位是 4 德拉克马（古希腊货币单位）。正面是雅典城邦守护神雅典娜的右侧面像，戴头盔，杏眼圆睁，端庄典雅。背面是一只猫头鹰，身体侧立，转头正视，憨态

◎希腊钱币博物馆中窖藏出土的陶罐和银币。

可掬。猫头鹰左侧有三片橄榄叶和一弯残月，右侧是古希腊文“雅典”。传说猫头鹰是雅典娜的守护鸟，帮助夜间传递消息，也是智慧的象征。残月是纪念公元前480年的萨拉米斯湾海战，当时月亮的位相处于残月状态。猫头鹰在中国俗称“夜猫子”，叫声难听，民间视为不祥之物，没想到在古代雅典居然地位崇高，还被打制在货币上，流传千古。中国的猫头鹰们只能感叹生不逢时、生不逢地了。

◎雅典城邦的银币。

古希腊钱币的形制明显与现代大部分国家的硬币相似，而同时期中国的钱币上没有图像，全是文字，而且形制差异极大。中国在东周形成了分散的货币体系，主要是铜铸币，楚国地区有少量切割黄金作为货币使用的遗存。中国东部少银矿，未能铸造和使用银币，是一个缺憾。春秋战国时期，各国纷纷铸钱，有刀币、布币、圜钱、蚁鼻钱等。刀币源于兵器，布币源于农具，圜钱源于纺轮，蚁鼻钱源于海贝，放在一起，就像小孩子玩过家家的玩具。这些钱币与古希腊钱币相比，完全是另一种风格。其中齐国的刀币铸造精良，古朴大器，非常有名。不过由于钱币形状不一，币值不一，给交易造成不便，犯了大忌。后来秦灭六国，统一货币，铸秦半两。中国钱币才定型为圆形方孔钱，直至清末。

货币是一般等价物，俗称为钱。“钱不是万能的，但没有钱是万万不能的”，“挣钱是为了活着，但活着不一定是为了挣钱”，这些话常被引用。不过在没有货币的年代，都无从谈起，因为世上本没有钱，只不过人越来越多，社会越来越复杂，商品交换成为必须，才有了钱。

货币起源于较为复杂的商品交换，准确的时间很难确定。因为早期的一般等价物同时也是商品，即使起到货币的作用，如果缺乏资料，也很难证明。中国关

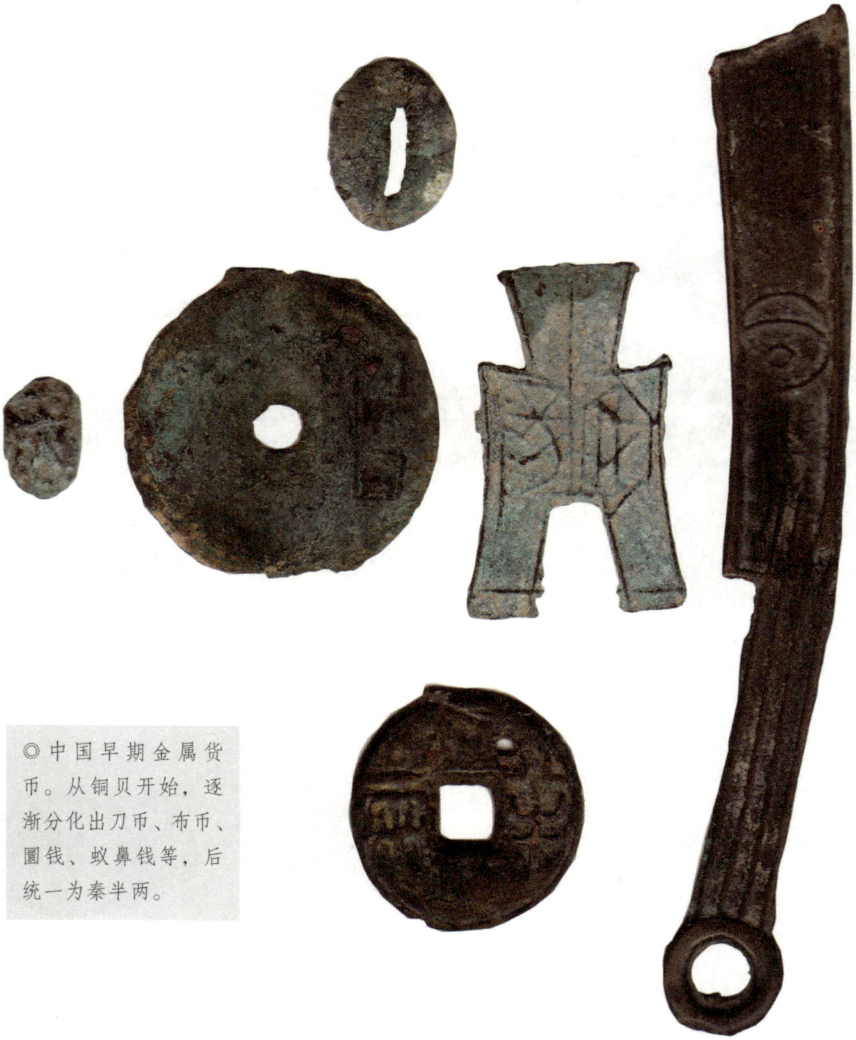

◎中国早期金属货币。从铜贝开始，逐渐分化出刀币、布币、圜钱、蚁鼻钱等，后统一为秦半两。

于财富的字多含“贝”，甲骨文中就有“贝”字，但是并不能肯定商朝的贝有货币功能，因为作为装饰品的贝价值也很高，可以代表财富。除了天然贝外，还有仿制的骨贝、铜贝、包金贝等。西周时生铜已经是重要的支付手段，因此部分铜贝应该具有货币功能，而且出土数量很多。

两河流域和古埃及早期有用贵金属支付的记载，但都是计重使用，没有严格意义的货币遗存。世界最早的贵金属货币出现在公元前 7 世纪小亚细亚的吕底亚王国，材质是一种天然金银合金，俗称“琥珀金”，压上印记，按照统一的标准

◎左图：出土于公元前14世纪埃及一个洞穴中的部分白银窖藏，切割痕迹明显，可用于支付，但还不是标准货币；下图：吕底亚打制的金银币。

重量使用。吕底亚的钱币铸造技术向东西传播，影响到波斯和古希腊。吕底亚也被认为属于古希腊，其实更准确的说应该是处于东西过渡地区，公元前546年亡于波斯。古印度的货币最早出现在公元前5世纪左右，是打制银币，明显受到西亚的影响。

货币的功能很多，通常认为有价值尺度（计价）、流通手段、贮藏工具、支付手段。各种功能间有明显的内在联系，很难独立显现。其中前两种功能最重要，简单表述就是交易各方都认可货币的价值，能方便完成交易，而后两种功能的商品属性依然很重。早期人类在经过长期实践后发现谷物、布帛等作为一般等价物会腐烂消亡，不利于交换的稳定性和长期性，而金属有长生不老的特性，于是先后不约而同都选择金属作为主要货币材质，最常见的就是金银铜。

金属是人类继木材、石材后开发的主要材料，其中金银铜铁重要性靠前。这是四种神奇的金属，与人类生活息息相关。下面是介绍四种金属物理属性的简表。

	金	银	铜	铁
密度（g/cm^3）	19.3	10.5	8.9	7.8
硬度（摩氏）	2.5	2.5～3.0	3.0	4.5
熔点（℃）	1064	961	1083	1535

另外金银铜铁在自然界的存量从少到多，耐氧化性从高到低。因此依据珍稀度和光泽度体现出的单位价值从高到低，一直延续到今天。通常情况下，绝不会见到某人戴一圈锈迹斑斑的铁质项链来炫耀，罪犯也不会带上金质脚镣。

由于有天然金的存在，加上过于耀眼，黄金是人类最早发现的金属之一。黄金硬度低、产量少，在生产中实用性很差，早期除了做装饰品，并无太多其他用途。大自然中缺少天然铁，熔点又高，所以发现最晚。不过铁的硬度高、产量大，适于制造兵器和工具。炼铁在古代属于高技术，很多技术难题一直到现在还在精益求精。银铜居中，银靠近金，铜靠近铁。铜是最早大规模应用的金属，当炼铁技术成熟后才在生产领域的很大范围内被铁替代。铜后来主要用于制造生活器具和铜币，和银相似，但是值低。

金银铜在元素周期表中排在同一列，化学性质相似，都是制造钱币的好材料。黄金量少，大额支付和贮藏功能显著。银铜量大，可以大量制造钱币，发挥出重要的计价和流通功能。有观点说，圆形方孔钱表明中国古人对天圆地方的理解和认识，此说过于牵强。古今硬币多为圆形，只是为了照顾手感，便于码放和清点，并无深意。古希腊人打制圆形银币，并不表明他们认为地球是圆的，尽管也有个别人这么认为。中国铜钱有方孔是因为中国制钱工艺为浇铸，而其他地区多为打制。浇铸铜钱时，边缘流淌铜液不匀，易产生毛刺，不便使用，必须锉边，而中间留一方孔，用方形金属条或竹木条贯穿，固定铜钱，以提高挫边效率，所以才会有“掉进钱眼儿”等中国特有的修辞方式。

货币制造，古希腊主要用银，中国主要用铜，各自货币体系独立时看不出太大差异。区别是古希腊的银币在中国可以作为贵金属流通，而中国的铜币在古希腊很难起到货币作用。这种区别对后世的影响可能超出一般人的想象。

货币的诞生带出利润的产生，不仅强化了私有制，而且逐步将人类社会的各种物品、利益货币化，甚至包括道德和灵魂。利润就是价差，由收入减去成本（包

◎上图：古希腊制造钱币示意图，下图：《天工开物》中铸钱图，铜钱和人的比例有些不协调。

括税费），看似简单，但是从古至今争议不断。最大的矛盾在于生产本身不产生利润，只有通过商品交换、货币买卖才能产生利润，并且由商人首先获得，再流向其他经济层面。这让很多生产者、思想家、统治者忿忿不平，成为社会的主要问题之一。商人的经济地位在历史中普遍较高，相反社会、文化地位很低，大部分的贬义词都可以扣在商人头上。文学家对商人口诛笔伐，当权者对商人爱恨交加，经常是欲除之而后快。商人凭借利润拥有财富，功劳很大却不被历史尊重，是一件很有趣的事情。不过在早期的商品交换中，因为没有货币的参与，所以利润不明显，商人还处于雏形阶段。

一般认为，当人们的收获在满足基本物质需求后，对于多余的物品便产生了交换的意愿。事实上在此之前，也就是还没有多余物品的情况下，人类就应该有交换行为。这是由生产单一性与需求多样性之间的矛盾造成的。如果一位天才能够自己生产从土豆到登月飞船之间的所有产品，还能从事文学和音乐创作，满足所有的物质和精神需求，那么他根本不需要交换。当然这不可能。相对于生产而言，人类的需求实在是难以捉摸，几乎是无限的，广义上根本无法量化。这与经济学中可量化的需求不同，所以这对矛盾还可以表述为生产的有限性和需求的无限性。

人类最早的物品交换发生在原始部落之间，是商品交换的前奏。比如农耕部落和渔猎部落，粮食换野味，目的是猎奇、调剂口味、荤素搭配，缺少商业追求。在当时的条件下，很难判定等重的黄金和粮食进行交换，到底谁赔谁赚。与现在儿童间的物品交换类似，有些在今天看来非常离谱的商品交换曾经都很正常。后世闹饥荒或打恶仗的年份也会出现同样情况，不过要将其视为特例。

随着社会分工，游牧业和手工业出现，商品的数量和种类逐渐增多。尤其是手工业者必须进行商品交换，否则会饿死。但是由于生产力还很低下，交换量占生产量的比重很低，手工业也只处于萌芽状态。通过贸易往来完成的商品交换，缓解了生产单一性和需求多样性之间的矛盾，将资源和产品在人类生活中重新分配，提高了生产效率，促进了社会进步。

进入早期文明后，生产力提高，区域内部的交换变得更加频繁，甚至还出现国家级别的商品交换，例如在两河文明内部、两河与古埃及之间。但是这两个地区的产品结构比较相似，除了土特产和部分手工业商品外，不能提供更多的差异化商品。这一时期基本为易货贸易，总量小、品种少，所以不需要、也就没能产生广泛流通的货币。

在货币被贸易活动逐渐采纳之后，利润便无中生有，站在了聚光灯下，成为商业活动的主角。“无利不起早”，“苍蝇也是肉”，对利润的追求成为商人的遗传基因，并转换为社会前进的巨大推动力。起初能量很小，但是当古希腊人加入后，平淡的局面被彻底打破，人类再也不能回避利润的光辉和阴影了。

古希腊人以贸易立国，商品大量出口，橄榄油、葡萄酒、陶器都是支柱产业。现代人也会用到这三种商品，但在消费支出中比例很小，甚至很多人对此都没有需求。不过当时它们都是货真价实的高附加值商品，享誉地中海。其他地区的人对这些商品梦寐以求，尤其是统治阶层和富裕阶层。通过商品交换，古希腊的商人积累了大量物资和财富，社会地位很高。商人们遵守契约，利用市场规律，分工合作，分配利益。各城邦都有自己的强项，能做到以销定产。所获利润，除了流向军事、政治、艺术领域外，也向生产技术环节输血，大搞研发。比如陶器，原料不过是黏土，而经过加工，化腐朽为神奇，卖出了黄金价。

中国在春秋战国时期得益于生产力的提高、分工的细化、交通的改善和大诸侯国政权的相对稳定，逐渐出现较为频繁的商贸往来，形成过较为发达的商品经济，金属货币的大量使用是最好的例证。许多诸侯国的都城都是商业中心、人口密集，还形成了商人阶层。只是因为缺乏数据，否则可以排出中国最早的富豪榜。春秋时越国人范蠡化名朱公，辞官下海经商致富、携美女西施归隐太湖的故事千古流传，比陶渊明式的淡泊清高更令普通民众向往。不过商人的政治地位并不高，只是贵族的附庸。从司马迁《史记·货殖列传》中看，当时交易的商品以地域特产为主，缺少大规模生产的高附加值商品。商人和商品的差异不仅折射出中国早期商业和古希腊的不同，也反映出社会的不同。

如果通过商业活动进行的分配能完全解决生产和需求的矛盾，历史的进程将变得非常简单，但结果并非如此。货币和利润的出现导致社会财富增加，反而加剧了不公平现象的泛滥。对此，人们还得长期依赖另一种更古老的分配方式。它更有文化内涵，人类对其恨之入骨，却又津津乐道，史书记述着墨最多，想到未来又担惊受怕。它不像商业有买有卖，和气生财，而是有攻有守，暴力获益。这就是军事战争。

1.10 波斯帝国的扩张和古希腊人的抵抗

从雅典到德尔菲的路程较远，初始的一段路多为低矮的丘陵，平缓处被开辟成农田。还未到收获的季节，农作物花花绿绿，非常好看。突然，导游起身指向汽车右边，说那边是马拉松湖，再远处是马拉松平原，进行过马拉松战役，流传下了马拉松比赛……车内引起一阵小骚动，各国游客都在用本国语言简单地表达着对马拉松的了解和理解。

现代体育比赛多源于游戏和军事训练，并无特殊的纪念意义。马拉松长跑有些与众不同，是专门为纪念公元前 490 年马拉松战役胜利而设立的。据说胜利后一位士兵从马拉松跑回雅典，说了一句“我们胜利了。”然后力竭倒地而亡。如果让全世界人民投票选举“你所知道的历史故事”，这则传说估计能排第一。因为它是一个没有传播障碍的故事，而且在举办马拉松比赛时被每每提起，比什么高尔夫球起源于牧羊人、乒乓球是餐桌网球之类的故事更吸引人。从小到大，我听说过无数次。

这则故事不见于希罗多德的《历史》，可能另有来源。42 公里 195 米的比赛长度在 1908 年伦敦奥运会才定下来，是从起点温莎城堡到终点运动场王室包厢的距离，并非从马拉松战场到雅典中央广场的距离，后者经测量约 40 公里。报信士兵说话的内容也有多个版本，尽管有以讹传讹的成分，但更能说明人们对故事的喜爱。人类渴望胜利，听到“我们胜利了”，肯定是一个振奋人心的时刻，例如 2001 年中国赢得奥运会举办权的一刹那。

希波战争的起因是波斯帝国的扩张。这个帝国大有来头，而且香火不断，变着花样存续至今。

现代的埃及人、伊拉克人和古文明的联系并不紧密。相比之下，伊朗人却是当今历史最悠久的民族之一，比伊斯兰教的历史长得多，因为伊朗人自诩为古波斯人的正宗后裔。公元前 844 年波斯首次出现在亚述国的记录中，之后传承有序，文化绵延，一直是西亚地区和伊斯兰世界的另类。波斯是古希腊人的叫法，指伊朗南部的波西斯地区，后泛指伊朗高原地区，所以今天的词语中就有了波斯帝国、波斯语、波斯人、波斯猫等等。伊朗人似乎不喜欢这个称谓，1935年改名伊朗（波斯语意为雅利安人之乡）。原因可能是“伊朗”一词的出现早于“波斯”，在20世纪的民族主义大潮中，使用越古老的称谓，越能增强民族自豪感。再加上伊朗文化不限于伊斯兰文化，伊朗人又以自己的悠久历史为荣，总想在伊斯兰世界称雄，而波斯一词随着国家衰落，已经含有贬义，所以才改旧换更旧。辛亥革命前后，中国也有类似的复古举动，看来文化底蕴深厚的国家都会这样做。

波斯人居于伊朗高原的西南部，公元前7世纪初阿契美尼德成为领袖，其家族延续统治。当时波斯人势力还很弱小，臣服于由米底人建立的国家。居鲁士二世（前590～前529）雄才大略，整合部族，迅速强盛，建立阿契美尼德王朝（前559～前330），公开反叛米底王国，并于前550年将其吞并，前546年灭吕底亚王国、前539年灭新巴比伦王国，其他小国纷纷臣服，结束了两河地区长期混乱的局面。

◎波斯帝国的金币和银币。

两河地区是古文明中的早熟孩子，成长最早，打架最早，消亡得也最早。当其他地区还在一心一意谋发展的时候，这里已经频繁出现战争，并导致政权更替。可能是受到地理基因的遗传影响，该地区到现在还常年战火纷飞。有人说“如果中东地区和平了，世界也就和平了。”此言有一定道理，因为其他热点地区问题的复杂性与中东地区相比，实在是小巫见大巫。不过以历史的眼光看，当年的乱算得上是进步的标志，现在的乱是落后的标志，有些区别。

两河流域的政权更替非常频繁，下面列个简表。

	时间	替代者
苏美尔	前 3200？～前 2300？	阿卡德
阿卡德	前 2334～前 2154	古蒂
乌尔第三	前 2112～前 2004	埃兰
古巴比伦	前 1894～前 1595	赫梯
赫梯	前 1650？～前 710	亚述
亚述	前 1700？～前 605	新巴比伦、米底
新巴比伦	前 626～前 539	波斯

以上所列是一些疆域比较大的王朝或国家，腓尼基、犹太等小国未列入。亚述还可以分为三段：古亚述、中亚述和新亚述。其中的间断时期为乱世。事实上该地区的统一力度长期很弱，直到波斯人到来。

两河流域相比于其他古文明地区拥有幼发拉底河、底格里斯河两条河流，以现在的地理知识看，都称不上是大河。不过规模适当，古人更容易尽早开发和利用，不像黄河和恒河早期要想充分利用，困难重重。两条河流同时存在，非常难得，再加上约旦河，等于农业规模可以成倍扩大，为促进文明发展提供了三台发动机。也许正因为如此，该地区出现了带有早熟性质的乱象。苏美尔时期与古希腊相仿，众多城邦林立。随后阿卡德帝国、古巴比伦帝国、亚述帝国、新巴比伦帝国依次登场，别看规模小，但是有模有样。相比之下，古埃及显得安逸平静，军事力量薄弱，社会进程缓慢，还曾经被亚述占领过。

由于战争频繁，武器制造技术充分发展，赫梯人的铁器、亚述人的战车和弓箭都是厉害的进攻性武器，陆地战斗形成多兵种配合，所有这些后来都被波斯人继承。两河流域经过两千多年的开发，土地肥力下降，有些地区出现沙化，人口众多，内乱不断，实力渐衰。当波斯人从伊朗高原冲杀过来后，顺利成为了新的王者。

两河流域的早熟也促成了波斯帝国的早熟。波斯帝国的生产、军力异常强大，奉具有一神论思想的琐罗亚斯德教为国教，修养生息外加侵略扩张，盛极一时，并于公元前 525 年吞并埃及，同时还向东进至中亚。经过几代君主开疆拓土，建

◎大流士一世时期，苏撒宫殿中的弓箭手彩砖壁画，现藏于法国卢浮宫。

立了历史上第一个地跨欧亚非、可与后世相比的大帝国，不仅面积广阔、人口众多、成分复杂，更重要的是能够实施比较有效的控制和管理。波斯帝国是第一个重量级的中央集权制国家，颠覆了以往小打小闹的局面，开创了历史新纪元，在生产、军事、政治、艺术等方面都留下珍贵的文化遗产。此后所有帝国的兴衰史都可以看成是波斯帝国的翻版。

现在，两河地区和波斯帝国的大量考古资料和珍贵文物都在欧美国家。出于传统和现实的原因，西方人对波斯帝国评价不高，根源可以追溯至希波战争。

希波战争（前 492 年 ~ 前 449 年）是一场时间跨度很大的综合战争，历时近半个世纪。常被人提及的是公元前 490 年发生的马拉松战役，前 480 年发生的温泉关战役、萨拉米斯湾海战。战争过程是波斯扩张，古希腊抵抗、获胜，波斯失败、撤退。公元前 449 年双方签署《卡利亚斯和约》，战争结束。

波斯君主经过居鲁士二世、冈比西斯二世、大流士一世、薛西斯一世几十年的经营，依靠强大的军事实力，已经占领了亚洲的小亚细亚、两河流域、伊朗高原及周边地区，非洲的埃及和欧洲的色雷斯，综合国力达到鼎盛。希腊城邦中的亚洲部分已经归属波斯，继续向西占领希腊半岛是一个必然选择。尽管过度扩张，必然失败，但失败未到来之前，波斯帝国也要勇于尝试。

马拉松战役失利后，波斯又准备了十年才卷土重来。古希腊未被占领的城邦放弃成见，同仇敌忾，组建联军抵抗。起初，波斯军队海陆并进，一切都很顺利。战争的转折点是萨拉米斯湾海战，相比于马拉松和温泉关战役，这场海战的技术含量极高，但艺术性略差。温泉关战役中的勇士，被后人反复加工提炼，已经成为艺术经典。古希腊诗人西摩尼得斯（前556？～前468）曾写下著名的《温泉关凭吊》："旅客，请你带话去告诉斯巴达人，我们在此长眠，遵从了他们的命令。"

◎《列奥尼达在温泉关》，大卫，19世纪初。

斯巴达三百勇士的牺牲鼓舞了当时的人，但还是无法扭转战局。陆地交战中，古希腊联军节节败退，雅典城也被主动放弃，大块领土仅剩下伯罗奔尼撒半岛，已经到了生死存亡的紧要关头。波斯海军的实力不差，还有腓尼基人帮助，尤其是战船数量远超古希腊海军。古希腊人将战船集中于萨拉米斯湾，诱敌深入，利用对环境的了解和三层桨战船的技术优势，击败波斯海军，实现了惊天大逆转。波斯军队功亏一篑，随后遭遇连续失败，古希腊的亚洲城邦得到解放。古希腊人野心渐起，反侵略波斯，未获成功，随着城邦内部矛盾加深，只好作罢。

希波战争完整地展现了战争的各个层面，能被后人熟知，得益于古希腊历史学家希罗多德的记述。希罗多德虽为古希腊人，对波斯也承认其伟大，并非一味贬低，其历史记录的客观性可见一斑。希罗多德推崇民主，视波斯为专制帝国，认为雅典城邦的强大和兴起归功于民主制度。抵抗侵略一般都被视为正义的战争，而希波战争由于雅典等城邦的民主制度，又多加了一道更为正义的光环。更有好事者从“古希腊人的胜利”得出“民主制度必胜”的结论。此论一出，激荡全球。希波战争是第一例证，萨拉米斯湾海战的效用置于显微镜下，被放大了无数倍。

萨拉米斯湾位于比雷埃夫斯港西南不远处。我登船远眺，突然想到如果战争的胜负结果对调，会怎么样呢？因为在惊心动魄的描述中，古希腊获胜具有一些偶然性。“历史将被改写”是一句耳熟能详的话，关键问题是能改写到什么程度。难道就能证明“民主制度必败”吗？难道历史的进程就是翻牌赌大小吗？

● 1.11 缺少正义的古希腊内战

雅典市中心有一处海拔 150 米左右的山丘，高于四周平地 70 ~ 80 米。山丘及其上面的一组建筑，统称卫城，是不能错过的景点。因为名气太大，导致我上山时几乎怀着一种朝拜的心情。来到山顶，游人如织，外加骄阳似火，反而令我恢复了平静。卫城古时是包括宗教、军事、行政等功能的要地，现在是抒情怀古的好地方。站在山顶，环视雅典，可以远眺比雷埃夫斯港和大海，虽不能“登泰山而小天下”，也与“登东山而小鲁”差不多。

建筑群中帕台农神庙规模最大，不仅是卫城的标志，甚至是希腊的标志。该神庙在古希腊遗址中是保存较好的。顶部虽多处已经坍塌，但是留有很多石梁，所以整体依然健在。

◎历尽沧桑的帕台农神庙。

◎帕台农神庙内用黄金和象牙装饰的木质雅典娜神像示意图。

帕台农是雅典娜的别名。传说海神波塞冬和雅典娜争夺这座城市时，宙斯决定，谁能给当地人一件有用的东西，城市就归谁。波塞冬送了一匹战马，被认为是战争的象征；雅典娜送了一株油橄榄树，被认为是和平的象征。人们爱好和平，结果城市归雅典娜，同时她成为雅典的守护神。雅典城市的名称就来自雅典娜。

雅典人为庆祝在公元前 449 年结束的希波战争，于前 447 年开始建造帕台农神庙，前 432 年才彻底完工，极尽奢华，代表了古希腊建筑的最高成就。建筑师伊克梯诺和雕像制造者菲迪亚斯都因此而名垂青史。除了帕台农神庙，很多其他建筑也在同期拔地而起。它们共同组成的卫城建筑群，向希腊诸城邦展现了雅典的荣耀与权威。当时的雅典，艳冠群芳，如日中天。著名诗人品达罗斯（约公元前 518 ~ 前 438）的残篇中曾这样赞颂："敞亮的都市，冠以紫罗兰之冠，受诗人之钟爱，汝为希腊之保障，雅典啊，你的声名万世流芳！"帕台农神庙成为雅典的象征，其中雅典娜神像的光辉照亮了整个古希腊，犹如后世美国的自由女神像一样尽享殊荣。

神庙一直受到雅典人的精心呵护。无奈江山改姓，神仙要换，基督教来到后，木质雅典娜神像被移走。5 世纪中叶，神庙改做基督教教堂；1458 年奥斯曼人占领希腊，又改做清真寺。主人换来换去，神庙的局部也必须改来改去，由于拥有使用价值，所以一直得到修缮。灭顶之灾发生在 1687 年，威尼斯与奥斯曼作战，炮火击中神庙内的一个火药库，炸毁范围较大，失去了修复的意义，始被废弃。19 世纪初英国人额尔金将神庙遗留的大部分雕像搬走，运至英国，现存大英博物馆。希腊独立后，19 世纪下半叶开始修复神庙，断断续续，直到今天都没有完工。

帕台农神庙的前世今生非常清晰，诞生于雅典的全盛时期，成为雅典民主制度的丰碑。此后多舛的命运和希腊同步，作为正义的化身为古希腊文明添加了浓重的悲情色彩。只可惜这些不是历史的全部，帕台农神庙不能免俗，也有阴暗面。因为给神仙盖房子是要花钱的，工程越大，耗费越多，更何况当时雅典城邦工程项目众多。夺取霸权后的雅典放弃和平、极度膨胀、奢靡腐化、四面树敌，结果联盟内外民怨沸腾。神庙建成的第二年就爆发了伯罗奔尼撒战争，对手是以斯巴达为首的伯罗奔尼撒同盟。帕台农神庙的建设周期几乎就是两场战争的间歇期。为纪念一场战争的结束，却导致了另一场战争的开始，这不是历史在开玩笑。从此雅典一路走衰，神仙难救，与波斯帝国的命运别无二致。按照中国民间堪舆家的说法，估计是帕台农神庙破坏了雅典的风水。

斯巴达并不实行人们欣赏的民主制度，而是贵族寡头统治，这在历史中很常见。成为今人眼中希腊城邦的异类，是因为斯巴达几乎全民皆兵，依靠军事立国。其经济基础是自给自足的农业，由奴隶种植，手工业和商业极不发达。斯巴达人生活俭朴，对军事以外的事情几乎无欲无求，漠视艺术、建筑、文学、哲学等。它的盟邦很多，其中也有实行民主制的，或因利益关系紧密，或因地理位置接近被迫，或因不愿受雅典同盟压迫，而与斯巴达结盟，可见政治制度的异同并非它们结盟的主因。斯巴达热衷军事和外交，帮助盟邦打仗，同时也收保护费，以维持其军事力量。

斯巴达人军事训练的故事广为流传，至今还被津津乐道。不过现在流行的时尚是学习雅典，已经少有国家公开宣传要向斯巴达学习各种不人道的做法，这与一百多年前有些不同。当时受压迫的国家要理解雅典的民主是一件非常困难的事情，而要理解斯巴达的军事强大却非常容易，所以斯巴达精神备受弱国弱民的推崇。在中国就曾经流行过斯巴达式的军国民主义。教育家蔡元培（1868 ~ 1940）留给国人的印象是温文尔雅，他改造北京大学提倡“思想自由，兼容并包”。可是在早期，为了救国，他却鼓吹暗杀清政府政要，希望以此唤醒民众，并且身体力行，制毒药、造炸弹。他留学德国后，效法斯巴达，力主军国民教育。另一位奇人“变色龙”杨度（1874 ~ 1931）曾公开宣扬学习斯巴达。为应和梁启超的《少年中国说》，杨度作《湖南少年歌》，诗中云“……中国如今是希腊，湖南当作斯巴达。中国将为德意志，湖南当作普鲁士。诸君诸君慎如此，莫言事急空流涕。若道中华国果亡，除非湖南人尽死。……”杨度是湖南人，他的后辈同乡毛泽东估计也读过这首诗。蔡元培和杨度对斯巴达的了解均来自在德国和日本学习期间，而后人对于斯巴达的了解主要得自古希腊留下的一些记载，其中历史学家修昔底德（前 460？ ~前 400？ ）的著作《伯罗奔尼撒战争史》最受人关注。

希波战争胜利后，雅典城邦的力量空前壮大，奴隶制经济、自由贸易、军事霸权、民主政治和思想文化臻于极致。公元前 478 年提洛同盟的成立使雅典的领袖地位更加巩固。希腊城邦逐渐形成了以雅典和斯巴达为首的两派，也有不结盟保持中立的城邦。在没有共同外敌威胁的情况下，两个同盟对利益的争夺一触即发。较大规模的战争终于在公元前 431 年爆发，打打停停，经过苦战，于公元前 404 年结束，雅典同盟战败。

关键战役于公元前 415 ~前 413 年间发生在西西里岛的叙拉古，雅典大军横渡爱奥尼亚海西征，希望切断西西里岛对斯巴达的海上物资支持，但是犯了与波斯人当年相同的错误——劳师远征，后勤不足。叙拉古在盟友的帮助下，取得大胜，雅典海陆军几乎全军覆没。这场在军事上并非决定性的战役，却引发了一系列严重的后果。雅典为补充战船和兵源，不仅曾经被迫铸造镀银的铜币以应对财政危机，还对同盟城邦横征暴敛，慢慢导致众叛亲离。而斯巴达则打出自由、自主的旗号，得到越来越多的支持。雅典代表压迫，斯巴达代表解放，人心向背决定了战争结果。雅典被迫结城下之盟，服从斯巴达的领导。

对于希腊诸城邦而言，这是一场惨烈的内战，没有真正的胜利者。战争中斯巴达为了获取军事优势，还向波斯出卖小亚细亚的利益。战后斯巴达又反悔，与波斯零星交战。最重要的是斯巴达也不是一个好的领导者，公元前371年被底比斯城邦击败后，影响力大减。此后古希腊各城邦分歧更加严重，内耗不断，整体经济、军事实力持续下滑，为灭亡埋下伏笔。

伯罗奔尼撒战争爆发的原因并非民主政治与寡头政治的不同而引发对立，相反是因为二者对利益无限追求的相同才导致冲突。因为一般采取与希波战争不同的标准，所以道德层面难以给出评判，也不会有人得出“民主制度必败”的结论。事实上，波斯、雅典、斯巴达到底有多大区别呢？帕台农神庙及卫城与那些歌功颂德、劳民伤财的建筑又有多大区别呢？

◎雅典卫城建筑群复原示意图。

● 1.12 一支雇佣军的远征变成远逃

2009年6月30日，驻伊拉克美军战斗部队全部撤出伊拉克城镇，退入军营，伊拉克的日常保安工作交由当地军警负责。这被美国视为重大进步。已经进行6年之久的伊拉克战争，各种重大胜利和重大进步非常多，只是离和平安宁依然遥远。北部的库尔德人实际已经自治，将来如果提出建立独立的库尔德斯坦，势必又是一枚影响地区安全的定时炸弹。美国出兵伊拉克的理由是防止独裁政权的大规模杀伤性武器扩散，成立与否莫衷一是，最终目的含有石油利益，却是天下皆知。强者爱财取之以道，只要做得圆满，可以文过饰非，何况美国一直带有正义的光环。可惜流年不利，疲兵耗饷，最后能体面撤退已经是最好的结局了。

两千多年前，曾有一支古希腊远征军在库尔德一带厮杀，最终无功而返。军队的统帅之一叫色诺芬（前431？～前354？），还是一位文学青年。他回到希腊后，按照当时流行的风格，添油加醋，写过一本回忆录《远征记》。书的历史价值不如希罗多德和修昔底德的巨著，不过《远征记》至少在兵法上对后人有所警示：水土不服，兵家大忌。“水土不服”不单只自然条件，还包括其他社会内容。

色诺芬出身于富有的雅典家庭，曾拜苏格拉底为师，反对民粹式的极端民主。苏格拉底被处死后，色诺芬对雅典深恶痛绝，远征归来，投入他所崇拜的斯巴达国王阿格西劳斯麾下，与雅典作战，结果被雅典判处流放（类似现在的缺席审判）。色诺芬对此并不在意，潜心著书立说。公元前365年，斯巴达和雅典联手反对希腊北部新崛起的城邦底比斯，雅典解除了流放令。色诺芬依然对民主政治不满，不过落叶归根，晚年回到故乡。

◎色诺芬

色诺芬多才多艺，著述颇丰，总体

水平一般，续写的《伯罗奔尼撒战争》被指为狗尾续貂之作。幸运的是，他的大部分著作都留传下来，并因年代久远，所以只言片语都有历史价值。色诺芬的人生经历非常丰富，可贵之处在于能剔除道德评判，尽量还原历史原貌。例如那次远征，既非侵略，也非抵抗。一支一万多人的古希腊军队以雇佣军的身份出征，雇主是波斯王子小居鲁士。

波斯国王大流士二世去世前后，古埃及人反抗波斯统治，获得胜利。波斯王子埃及总督阿尔塔薛西斯二世回国继位，对弟弟小居鲁士产生不信任，将其派往外省。小居鲁士谋划起兵夺位，四处招兵买马，其中包括一支由古希腊多个城邦士兵组成的雇佣军。虽然杂牌，但是战斗力并不差，都是有身份的人，同时也是带着自家装备准备上战场挣钱的亡命之徒。在一般的理解中，似乎古希腊、波斯势不两立，但事实更遵循“有钱能使鬼推磨”的真理。公元前401年，雇佣军从希腊长途奔袭到波斯腹地，一路上因军饷问题还和小居鲁士闹过别扭，最后终于和波斯国王的主力军队在巴比伦平原的库纳克萨展开决战。出乎意料，军队还没有深入战斗，就获悉小居鲁士已经战死疆场，顿时方寸大乱。雇主没了，继续战斗已无意义，只好撤军。历尽千辛万苦，第二年剩下六千多士兵回到黑海之滨，远征结束。

《远征记》一共七卷，第一卷末尾小居鲁士战死，后六卷都讲述撤退的故事。所以细究之下，书名叫《远逃记》更合适。这次不成功的雇佣军远征毫无历史影响，要是没有色诺芬的记述，不会被后人过多关注。但是一场军事上缺乏亮点的战争并非全部暗淡，色诺芬这支雇佣军的远征行为，貌似简单无效，其实更能体现出战争的本质，正是其亮点所在。

战争起源的时间比商品交换要早，因为它是从打猎演化而来。一群人要捕杀一头猛兽，武器的发明、配备，人员的分工、协调，进攻、防御的转换，意志、品质的弘扬，无不体现出战争的基本内容。虽然战争形式与打猎相似，但因战争是在人与人之间进行，所以社会定位不同。打猎是一种生产方式，战争是一种分配方式。战争过程对于资源总量而言，没有生产，只有消耗；但是与商贸能创造利润类似，战争能赢得战果。将对方的一切占为己有，再进行分配，可以满足胜利者的需求，并且比商贸看上去更加简单易行。从古至今，所有的强者可以不喜欢商业分配模式，但是都钟爱军事战争分配模式，不仅对外，对内也是如此。而

◎ 19 世纪欧洲人绘制的非洲原始部落猎象图。

政治所展现的分配功能，其实只是商业和军事分配功能的提升和综合，并不能单独发挥作用。由此也可以看出，军事应该与生产和商业同属于经济活动，但在习惯上，经济通常并不包括军事，会将战争单列出来。

人类进行的战争，不外乎扩张抵抗和内战拼杀两种不同的描述形式。为了掩盖血腥的残酷，交战双方虽立场不同，却坚持捍卫自己一方所坚信的正义。希波战争、伯罗奔尼撒战争及色诺芬的远征，上述三场战争总跨度不足 100 年，角色反复登场，似乎好人和坏人经常互换。数千年已过，如果用严格的相同标准去回顾这三场战争，正义与邪恶的分界线并不能像地球的经纬线一样，精准地刻画在历史中。因为从最基础的层面看，所有的战争都是相同的，都是利益之争。

有利才争，战事的起因相同，结束的理由也相同。与商贸相似，支出大于收入，买卖就不做了。无利可图争不下去时，战争必然结束。战争结束主要有三类形式：（1）败者退回、胜者不追，自然终止。色诺芬的经历属于第一类；（2）双方签订停战协议或条约，商定赔偿和今后的权利。条约是否平等，则很难定量。希波战争和伯罗奔尼撒战争的结束都属于第二类；（3）败者完全被占领或吞并，胜者通吃。古代强大的帝国都是这样诞生的。前两类结束方式因参与双方都未消亡，所以会留下同一战争各自表述的口舌延续。第三类败者被彻底淘汰，历史由胜利者来书写。中国历史中结束战争的主要方式是一、三两类，第一类还是第三类不能实现的情况下才出现的无奈选择，而第二类在中国的大历史中却很少发生。

春秋战国时期因为力量分散，做不到完全吞并，有很多订立盟约的例子。秦朝以后大一统是长期格局，立约一般只少数出现在和异族的对外战争中，汉唐都有。另外著名的几例，有1004年北宋与辽订立的《澶渊之盟》，1141年南宋与金订立的《绍兴和议》，都是军事弱势下签署的城下之盟。清朝，雅克萨之战后，1689年中俄签订的《尼布楚条约》，以及1727年的《恰克图条约》是极为少见的平等条约（对此也有异议）。自鸦片战争起，从一系列屈辱的条约至二战结束，中国人才慢慢理解和掌握以条约结束战争的方式，不过还是有很多人仍然保持血战到底的思维。

签约停战的一幕在西方历史中频繁上演，经常作为第一选择。主要是双方出于对商业利益的保护，因为通过军事上的妥协，确保商业分配与战争分配达到最佳平衡点，可以实现地区利益最大化。不过也不要迷信条约的效力，时局一变，便是废纸一张，结果造成战争频率极高，破坏力不断积累。中国历史总体是另一种面貌。由于缺乏平等意识，主张忠孝节义、绝不妥协，结果要么你死我活、国无二主，要么君君臣臣、天朝藩属。战争的首要目的是消灭对方、占领土地，获取最大资源。这种结束战争的方式阶段性破坏力大，回报是相匹配的长治久安，同样能在本地区实现社会利益最大化。而且不单是中国，许多地区，包括西方历史中的一些时段都是如此。比如色诺芬去世后大约二十年，亚历山大就是用《远征记》做参考资料，横扫波斯帝国，一路东征。

商业和战争两种分配方式在东西方并无本质差异，在表现形式上却有不同。虽然这些不同并非绝对，但至少基于表象和统计，能够明显感觉到区别，进而影响到双方的历史记述，再进而导致了近现代以来的一些争论。简单来说，在西方，战争中更充分体现商业特征；在东方，商业中则更充分体现战争特征。对于商业和商人、货币和利润、战争的起因和结束、军队的功能和职责，甚至对战俘的理解和态度都不尽相同。商业的非暴力性让大家还能冷静对待，而战争的残酷，则经常被扯上文明野蛮、人性善恶、爱好和平与否之类的说辞，彼此喋喋不休。事实果真如此还是另有原因？未来的商业和战争又会是何种面貌呢？

● 1.13　雅典民主的成长过程

雅典古代广场附近有一个小博物馆，参观以后我如梦方醒。这个古代广场可不简单，是民主制度的具体发源地之一。博物馆一个展柜中摆放着许多破碎的陶片，5、6 厘米大小，极不规则，显然是古希腊陶瓶破损后形成的碎块。每一个陶片上均刻有古希腊字母，看介绍得知是人名。原来著名的“陶片放逐法”在技术上就是陶片与人名的简单结合。

陶片（也曾用贝壳）放逐法是雅典民主中的一项重要制度，过程如下。每年春季召开一次公民大会，先讨论今年是否要实施陶片放逐，以清除公民之中危害或可能危害公民自由的人。假如某人或某几人被提名该清除，就再次召开公民大会。每个公民在陶片上刻下自己认为的危险人物。同一人名超过一定数量而且最多，此人即被判决必须离开雅典城邦 10 年。放逐期间不牵连家属，也不牵涉财产；期满之后回到雅典，恢复一切公民权利。陶片放逐法设立的初衷很好也有效，还

◎陶片放逐法使用的陶片。

被其他部分城邦效仿。它仅仅是古希腊诸多民主制度实践中的一项，举行的地点就是古代广场。

陶片放逐法是在雅典政治家克利斯提尼（前570？～前508？）的推动下设立的，与公民选举相对应，共同组成了雅典民主制度的基础。其核心理念是无论选举者还是被选举者，他们的政治责任必须建立在某个地区的公民身份上，而非某个氏族的成员身份上。即破除利益的血缘关联，强化地域关联。其目标之一是对政治人物在权限上加以限制，让好人无需超能力的好，让坏人避免超能力的坏。这样的理念和目标现在听起来很平常，但对于古代农业社会，简直就是天外飞仙。伟大的雅典是如何做到的呢？

古希腊由大大小小数百个城邦组成，每个城邦都是一个独立的城市国家。山水相隔的地理因素和独立自由的贸易往来，是形成城邦的主要原因，随之又形成了不同的政治制度。古希腊学者亚里士多德在《政治学》一书中对此有过专门论述，被后世奉为政治学经典。他将政体分为六种：君主（王政）、贵族、共和、僭主、寡头和平民（民主）。将前三种视为正宗，同时认为正宗也有一些缺陷，后三种是因前三种的缺陷而出现的不良变体。

从文字上准确理解这些政体的定义与区别，并不容易。其实从古希腊文转译到欧洲各国文字也不顺利，再传到世界其他地区更加困难。由于历史空白，所以翻译成本国文字一般要创造或借用词汇，还要重新定义。接下来再研究，和本国历史对比，界定相同与差异。如果还要从中去寻找本国落后的原因，就会更加乱套。但是也没有办法，这些都是欧美成功的秘笈，必须要学习，至于实践则苦乐自知。

王政与君主（强调血缘关系）的区别不大，一般将传说中大权独揽的圣人时期称为王政时期，与中国的三皇五帝相似，但古希腊总体缺少圣王一类的传说和实例。僭主是通过政变等方式夺得独裁权力的人，与王政对应。贵族制指由少数贵族实行统治，寡头制指由少数人实行统治。贵族强调世袭，寡头强调从草根混成精英后进入统治集团，差别并不大。亚里士多德看不上寡头，认为他们是暴发户。共和制是指权力机构和领导由选举产生，并有一定任期，民主制也基本相同，前者为间接选举，后者为直接选举。以上只是简单表述，进行复杂讨论的相关书籍众多。不过现实也证明，要想仅从字面和定义去寻找成功的捷径，无异于痴人说梦。

如果对古希腊的各种政治制度进行简化，主要只有三种：僭主制、寡头制和民主制。抛开道德倾向，就是个人掌权、极少数人掌权和大部分人掌权。选择何种制度，每个城邦并无定数，经常来回互换。在世界历史范围内看，三种制度中第一种最为普遍，但名称各异，现在一般称为“君主制”或“帝制”。例如中国的皇帝掌权，但是并无僭越之嫌。第二种也常见，几股势力并存，协商共治，例如在游牧部落。古希腊的过人之处是孕育、存在过第三种。今日世界普遍认为民主制是古希腊政治制度中最好的，而其中最有代表性的就雅典城邦。

雅典地区在公元前3000年就有人类居住，公元前1000年前后，地理优势显现，人口增多，以氏族部落为基础的贵族统治逐渐成型。贵族阶层拥有最好的土地和重要的职位。至公元前6世纪左右，因手工业和商业发展，新兴阶层出现，与传统靠土地吃饭的贵族产生矛盾。同时因土地兼并，贫苦农民常因无力偿还债务而沦为奴隶。一系列的社会矛盾激化、突出，政治上的争权夺利已经不可避免，但还未到兵戎相见的地步。作为妥协的产物，此时政治家梭伦适时登场，任执政官，被多方赋予改革的大权。

梭伦（前630？～前560？），贵族出身，家境一般，当政后着手改革。改革涉及经济、政治、法律等诸多方面，重中之重是经济。铸造标准货币，制定新的财富评价体系，搞活流通，鼓励橄榄油、葡萄酒、陶器等制造业技术改进，扩大生产和出口，积累社会财富，充分发挥商品经济和商业分配的作用。同时颁布法令，加强政府分配的功能，赎回被贵族多占的土地，解放被奴役的公民，增加中产阶层的政治权利，使民主制度初见规模。梭伦改革的影响不限于雅典，也惠及古希腊其他地区。

梭伦为后世所有的改革者，而非革命者树立了典范，核心是适度和妥协。既要解决问题，促进社会发展，又要避免社会动荡、引发暴力。即使所有人可能都不满现状，但是所有人的不满都在可以容忍的范围内，同时要建立解决引发不满问题的合理机制。这是政治的最高境界，体现出政治家的智慧。

梭伦的改革比较成功，再加上其人格高尚，不贪恋权力，还是一位诗人，所以后世评价极高。但在当时，梭伦完成改革目标之后，却被抱怨声包围。贵族感到利益受损，平民希望平分财富。梭伦试图使所有人都满意，结果所有人都不满意。

这样的结果看似是历史的笑话，却是活生生的现实。

政治家遭遇不满是职业问题，对此不必大惊小怪。与思想家相比，二者的成败评判标准有质的不同。思想家勤于思考，路见不平，嘴说笔录，可以传世。说对了，属于时代的良知、灵魂，即使错了，罪不至诛，至少出发点是好的。不过思想家总有讨巧之嫌，更别说其中滥竽充数、缺乏因果逻辑的妄人了。而且很多思想过于超前，当时无法进行实践，后世一朝成真，就能享尽高瞻远瞩的殊荣。相比于思想家的不计成本、漫天要价，政治家则截然相反，只能就地还钱、按需出价。但即使殚精竭虑，谨小慎微，也是出手必伤人，实干就可能遭骂。因为所有的政策都会有一定的副作用，而每个人的内心思想独立，总会有部分人觉得利益受损。相比于人们神化了的那么多思想家，政治家的历史待遇确实很糟糕。梭伦位列圣贤尚且如此，更何况后人。

由梭伦改革引发的不满造成雅典一度很混乱，要摆平乱局，靠民主制度难以实现，一位经常被有意无意忽略的重要人物又适时登场了。僭主庇西特拉图（前6世纪初~前527），一位独裁者，一位军事强人。他的政治生涯很坎坷，几起几落后，获得几派势力的支持，在公元前546年，率领自己的军队进驻雅典，从此掌握大权，直到去世。

庇西特拉图为了维护梭伦改革的成果，采取强硬手段打击贵族势力，扶持农民和工商业者，让他们获得相应的政治地位。将银矿和多项税收都视为国有，用于城邦各种重要公共开支，大搞基础建设、改善城市面貌，并在文化和政治领域加大投入；对外则遵循和平政策，广结善缘。庇西特拉图去世时，雅典在希腊城邦中综合实力还不是最强的。但正是因为他打下的坚实基础，尤其是对军事发展的前瞻性，令雅典在日后得以成就霸业。不过出于大部分人对政治及独裁的天生反感，温柔的梭伦都要遭到各种诟病，更不会善待霸道的庇西特拉图了。但是也有人独具慧眼评价道：“僭主庇西特拉图的时代是个黄金时代。”说此话的人就是亚里士多德。

庇西特拉图死后，其子希庇亚斯继位，雅典继续保持繁荣。后因内外综合原因，他被推翻赶跑。出于对父子两代僭主专制的厌恶，雅典开始了克利斯提尼的民主改革，进行得比较顺利。希波战争期间，地米斯托克利、西门两位将军先后担任领导者。他们在取得胜利的同时，将雅典的综合实力推向高峰。不过此二人因军功过大，有当僭主的嫌疑，都遭到陶片放逐，离开雅典。

经过百余年的铺垫，至伯利克里（前 495？～前 429）时期，雅典凭借先进的生产技术、丰厚的商业收入、强大的军事实力、合理的财富分配、超强的国际地位，促使奴隶制民主制度日臻完善。20 岁以上的雅典男性公民均可参加公民大会，以此为基础，五百人会议、陪审法庭、十将军委员会、执政官等等均由公民大会直接或间接选出。公开投票或秘密选举，方式多种多样。总之现代民主社会的诸多政治制度都可以在雅典找到源头。

从梭伦到伯利克里形成的政治链条堪称完美，其成果充分体现在伯利克里于公元前 430 年一次阵亡士兵葬礼上的著名演讲中。其中说道：

> ……我们的制度之所以被称为民主制度，是因为城邦由大多数人而不是由极少数人进行管理的。我们看到，法律在解决私人争端的时候，为所有人都提供平等的公正；在公共生活中，优先承担公职所考虑的是一个人的才能，而不是他的社会地位，属于哪个阶级；任何人，只要他对城邦有贡献，绝对不会因为贫穷而湮没无闻。我们在政治生活中享有自由，日常生活也是如此，当我们的街坊邻居为所欲为的时候，我们不会因此而生气，也不会相互猜疑，互相监视，甚至不会因此而常常给他们难看的脸色，尽管这种脸色不会对他们造成实际的伤害。我们在私人关系上宽松自在，但作为公民，我们是遵守法律的。……一言以蔽之，我们的城邦是全希腊的学校。我认为世界上没有人像雅典人这样，在个人生活的许多方面如此独立自主，温文尔雅而又多才多艺。……

◎对雅典公民大会选举产生的行政人员分派工作的公示装置。

◎伯利克里在公民大会上发表演讲，远处为帕台农神庙。

这篇演讲词被记录在修昔底德的《伯罗奔尼撒战争史》中。考虑到它是出自一位执政官之口，是对当时社会情况的客观描述，而非思想家、宗教人士、政治狂人的梦想或臆造，那么雅典民主制所达到的高度，对于后人而言只能用高山仰止来形容。同时，它又如清泉般滋润着所有人的灵魂，抒发出“虽不能至，然心向往之”的赞叹。

雅典民主的成就不容否认，但是也迷惑了后人。如果它真的非常优秀，应该笑傲江湖、天下无敌，应该受到其他城邦的顶礼膜拜，并被疯狂复制。不仅是斯巴达，甚至波斯、古埃及都应向它学习。对于遥远的中国，只能自恨生不逢地，无缘得见。但历史是严肃的，理想往往不能照进现实，伯利克里执政后期的飞扬跋扈常被人遗忘。即使是这篇演讲，因发生在伯罗奔尼撒战争的次年，其实换一个角度就可以视为强弩之末下的盛世悲音。后来发生的一切都事与愿违，以雅典为代表的古希腊民主制度之花只演绎出刹那芳华，便迅速凋谢在岁月的尘埃中，引发后人多少叹息，嗔怨历史无情。其实芳华逝去的理由并不复杂，因为古希腊的民主制度只是看上去很美。

● 1.14 亚里士多德理性的目光

希腊国家考古博物馆中有很多精美的石雕人像展品，其中有些只有躯干，有些只有头部，给人身首异处的印象。这类雕像和中国很多佛造像的命运相同，或因政治动荡，或因文物倒卖，都遭受过人为破坏，形成现在的样子。古希腊还有一种只雕刻头像的创作形式，也可以扩至胸像或半身像，沿袭至今。而在中国，即使犯人死后都希望留个全尸，截取部分躯体进行艺术创作，肯定属于大不敬。

展品很多，不能逐一仔细欣赏。有一件为双面雕像，初以为是某个神仙或妖怪。一看介绍是亚里士多德，令我非常诧异，不明所以。后来才知道双面像也是古希腊雕刻的一种形式。这尊雕像只是复制品，原作估计是在亚里士多德去世后不久完成的。尽管是复制品，年代也很久远，因为复制于罗马帝国初期。

亚里士多德可能是我最早知道的古希腊学者，不过最初的面目是“反动学术权威”，和中国“罪恶”的孔老二几乎属于同类。伽利略比萨斜塔实验（并非事实）、马克思批判形而上学，矛头都指向他。此后慢慢、慢慢了解，他有很多、很多“某某家”的称号，是一位非常伟大的人物。

亚里士多德（前384～前322）出生于希腊北部的小城斯塔伊拉，靠近马其顿。其父是马其顿国王（亚历山大的祖父）的御医，家境富庶。在当时，医生属于世袭职业，亚里士多德可能从小受过医学方面的专业训练，不过由于父亲去世较早，他没有继续学医。公元前367年，他被亲戚送至雅典的柏拉图学园，师从柏拉图并讲学，一待就是20年。柏拉图去世时，雅典掀起一股反马其顿浪潮。亚里士多德可能因为有马其顿背景，故离开雅典，开始了长达12年的游历。其中最著名的段落是受马其顿国王腓力二世之邀，当了亚历山大3年的老师。公元前335年他回到雅典，开办了一所学校。因为他经常带领学生，在树丛间一边散步，一边教学，极为浪漫雅致，所以获得了“逍遥派”的称号。公元前323年，亚历山大去世，雅典又掀起反马其顿浪潮，他再次离开，来到埃维亚岛的哈尔基斯，第二年去世。

亚里士多德在自然和社会两个领域均有成就，包括物理学、化学、生物学、心理学、政治学、伦理学、历史、文学理论、修辞学、逻辑学等诸多学科，因此也被定位为人类第一位科学意义的百科全书式人物，后人难以比肩。借用鲁迅评《三国演义》中诸葛亮的“智近于妖”，亚里士多德算是真人版的“智近于仙”。要想令人信服地描述亚里士多德，恐怕不易，因为他既古老又现代、既特殊又普世，时空穿越感极强。希腊化和罗马帝国时期，他声望极高；中世纪前期被基督教抛弃，却被伊斯兰教请了过去；十字军东征后又被基督教请了回来，从此步步高升。其后的大体情况是，亚里士多德地位高的国家，通常就过得春风得意，反之则过得灰头土脸，而其他古董级的历史人物却没有这种魔力。已经去世两千多年的人，还能成为试金石，说明亚里士多德的现实意义不容小觑。

在古希腊的整个学术活动中，亚里士多德并不是简单的集大成，而是复杂的承上启下，这与古希腊形成的教育体系密切相关。古希腊城邦林立的同时，学派林立，一些大学者非常热衷于建校收徒授课。毕达哥拉斯、柏拉图、伊壁鸠鲁、斯多噶（芝诺创立）等学派都极具影响力。师生间的传、帮、带、创效率显著，苏格拉底、柏拉图、亚里士多德三人的辉煌链接在世界史中恐怕无出其右。而亚里士多德的名言“吾爱吾师，吾更爱真理”，对教育的诠释更是一语中的。其中

◎约8～11世纪伊斯兰教中描绘的亚里士多德授课场景，不过换成了阿拉伯装束。

◎苏格拉底

柏拉图学园是教育史中的梦幻篇章，西语中“科学院”一词就源自柏拉图学园的希腊语称谓。柏拉图学园的生命力极为顽强，要不是公元529年被东罗马帝国皇帝为推行基督教而关闭，估计至今仍可招生。以柏拉图学园为代表的古希腊教育并不仅仅是作坊式的师徒传授，而几乎可与今天接轨，因为众多现代教育的理论和制度皆源于此。

◎柏拉图

古希腊的学术在早期受到过两河和古埃及以及腓尼基的影响。不过从梭伦时代开始，独立性彰显。作为一个大单元，其时段不限于古希腊的繁荣时期，还包括希腊化时代、罗马帝国早期。这样一个社会大发展、文化大繁荣、学术大爆炸的时期并非古希腊所独有，几乎在同一时段，中国春秋战国的诸子百家、印度列国的沙门思潮一样风起云涌，被西方学者并称为“古典文明时代”，对各自地区后来的发展都起到过某种定型作用。相似的场景应该是所有古文明地区的必经阶段，两河流域和古埃及估计也曾出现，可能因为时间较早，又缺乏系统资料和有效传承，所以对后世没有产生太大影响，而让位于另外三个古文明的后发地区。

◎亚里士多德

学术发展的内在动力是人本能的求知欲望。因为原来在各地居于主流知识体系的各种巫学已经不能满足社会发展的需要，所以促使人们去探索更多的未知。不过在古代，求知如果上升到学术层面是一种特权，主要属于已经解决温饱的精英阶层，而且还多是不被商业、军事、政治困身的闲人。古希腊、古中国、古印度当时都已经出现了这样一个社会阶层，因此学术大发展是一个必然结果。尽管三者有各种各样的交集，某些相似点的成就高低也不好妄下结论，但是以今天的视角观察，古希腊学术所涉及的范围和复杂程度要远大于古中国和古印度。泰勒斯、毕达哥拉斯、赫拉克利特、芝诺、希罗多德、苏格拉底、德谟克利特、希波克拉底、修昔底德、柏拉图、亚里士多德、伊壁鸠鲁、欧几里得、阿里斯塔克、阿基米德、埃拉托色尼、托勒密等等，均为古希腊的学术精英，在各自的领域都是大名鼎鼎。在这些人物中，有一个比较容易发现的特点，就是古希腊诞生过很多科学家。在学术上，他们是一批可以和哥白尼、伽利略、牛顿直接对话的人。

早期科学并不是以一项独立的内容被收入社会知识体系。比如中国古代有关科学的内容散见于经史子集之中，要经过后人筛选，“古代科学家”的称号也是

◎表现阿基米德被罗马士兵杀害前情景的古代镶嵌画。

后人所封。世界很多地区与中国情况类似，但古希腊前进了一小步，将科学归入哲学，还起了一个单独的名号，称为“自然哲学”。按照今天的理解，自然哲学是广义的物理学，不含数学。广义的物理学是用科学方法研究大自然现象及规律的学问，包括天文、生物、物理、化学等，而用“科学”一词替代“自然哲学”是19世纪的事情。所以牛顿的《自然哲学之数学原理》，虽是现代科学的里程碑著作，但是因为书名过于古老，有些别扭。按照现代习惯可以译为《物理学之数学原理》，或者依据书的内容直接译为《力学原理》。

将古希腊的数学成就单独挑出来观察，它几乎完成了初等数学作为一个学科的完整构建，要想再前进一大步，则要等到牛顿和莱布尼茨创立微积分。古希腊非常重视数学的证明，知其然还要知其所以然，比如毕达哥拉斯定理。当然也有很多不能证明的问题，比如尺规作图中的三等分角、立方倍积、化圆为方等难题，直到高等数学出现才被证明不可行。而这些当时不能解决的难题同样显示出提问的高水平。还有托勒密王朝时期的欧几里得，被尊为“几何之父”。其著作《几何原本》居然能被作为教材延续千年以上，现代的几何教学课本只是对该书的重新编排和进一步完善。

古希腊学术的复杂性不仅表现在自然领域，社会领域也是一样，只是与古中国、古印度相比，表现没有自然领域那么突出。对于三者的学术差异，不应该得出古希腊人更聪明、更勤奋的结论，否则将陷入种族论或血统论的泥潭，而学术的价值取向才可能是导致学术成就差异的内在原因。如果简单概括，中国的诸子百家服务于诸侯称霸，不论儒墨法杂，多倾向于学以致用，即便老庄的出世无为也是对致用的一种反动。印度沙门思潮的兴起是因为反对婆罗门教的专制，沙门的本意是“息心、修道”，各派本质上和婆罗门教的追求基本一致，多倾向于学以修心，帮助高种姓进行精神统治。其中中国也有修心之学，例如推崇君子的正心修身，印度也不乏致用之学，例如种姓制度的完备理论。

古希腊的学术也有致用和修心的追求。例如柏拉图曾经去一些城邦宣传自己在《理想国》中阐述的治国理念，和孔子（前551～前479）周游列国的行为一样，连失败的结果都一样。另外也有很多学者都非常强调学识包括诗歌、音乐，与个人内心修养的关系。但是古希腊还有另一种更为突出和独有的学术追求，正如亚里士多德所说:“真正的求知,是为了求知而求知。”学术居然与致用、修心都无关,也就是从某种程度上说,除了满足好奇心,几乎一无是处。这恐怕在古中国和古印度少有人能理解。古希腊人对此没有只停留于文字游戏,而是身体力行,真出现了很多“为了求知而求知”的人和事。以此为基础,古希腊的学术充满怀疑精神,不仅没有受制于已知的束缚,还质疑、修正、扩充已知来获取新知。要将所有知识都放在学术的手术台上进行解剖,对高高在上的圣人和经典,也应一视同仁。

导致三大古文明地区学术差异的深层次原因,可能是各自不同的综合社会环境,与生产、商业、军事、政治等方面都息息相关。受制于各种局限,古希腊的知识内容不可能过于超前。但是不计较利害、只追求真相的过程,却催生了一种科学方法:古希腊的逻辑学。逻辑学最能展现人类理性成熟的一面。亚里士多德把逻辑视为一切学术的方法,并创制三段论,经过演绎推理,取得很多成果。正确熟练运用逻辑,能够提高思考效率,可能是亚里士多德在多领域有所斩获的一个重要原因。古中国和古印度也曾发展过各自的逻辑学,分别称为“名辩学”和“因明学”,但是很难应用于“为了求知而求知”,与古希腊的逻辑学相比,充斥着胡搅蛮缠,明显不成熟。后来逻辑学的发展,世界只留下古希腊一脉,其他均被淘汰。比如今天中国人研究讨论儒学或佛学,并不会采取孔子或释迦摩尼的逻辑思维方式,而是亚里士多德式的。

学术价值取向的差异除了导致研究方法的差异,还造成知识分类的差异。中国古代的知识分类有天地人三才或经史子集四部等方式。以今天的视角看,非常混乱,逻辑性极差,已经没有人再对新知识做这样的归类。亚里士多德的另一项伟大成就是定义了一些概念,对已知世界的事物进行界定,对各种知识进行学科分类,这项工作无疑具有极大的超前性。后来几经周折,现在世界通行,只是不断扩充、深化。今天,尽管亚里士多德的知识内容大多已经作古,但是他的知识分类方法却得到沿袭。这项功绩可能只属于他一个人,对此只能理解为,人类拥有共同的知识宝库,而管理知识宝库只有一套可行的规则。许多人都曾经当管家、定规则,结果亚里士多德的尝试最为高效和成功,后辈无需再做大的改动,修修补补即可。对于全人类而言,这样的人物出现一位已经足够,最终殊荣落在了亚里士多德身上。

古希腊的学术成就是人类的共同财富，但是因为后来社会发展水平的局限，这份好成绩注定在很长一段时间内难以为继。即使在古希腊时期，它们也只能被包围在居于主流的巫学知识体系之中，并不时遭到神庙建筑中神仙的打压。许多优秀成果并不是独立成章，很难较为完整地呈现出来。

过于早熟的古希腊学术，伴随着人类最早一批具有理性思维的先贤，如一颗颗明星映亮了黑暗的夜空，指引着后来人前进的方向。亚里士多德也许是那个时代最亮的一颗。他并不强求知识的实用性，但是追求知识的真实性。他尊重前辈和同辈的积累，又承认自己的不足，更寄希望于后辈。所以博物馆中，他表情淡定、平静思考的双面雕像可以被赋予更深的含义：一面回首过去，一面远望未来，而一道理性的目光贯穿始终，审视着学术知识的点点滴滴。

1.15 不同的庙里住着神仙和祖先

古希腊现存著名的宙斯神庙遗址有两处，分别在雅典和奥林匹亚。令人奇怪的是两座神庙的正式名称都是奥林匹亚宙斯神庙，把我这个外乡人搞得有点糊涂。可能这是宙斯神庙的通称，都源于奥林匹斯山。

雅典的宙斯神庙位于卫城东南方向不远处的平原上，仅存16根20多米高的巨大科林斯式石柱和部分横梁。其中一根石柱倒在地上，能看出是由十多节石块叠加而成的。神庙体量庞大，长约100米，宽约40米，比卫城的帕台农神庙大很多。其建设周期极长，从公元前6世纪末立项，断断续续，直到132年罗马帝国皇帝哈德良时期才完工，共历时600多年。可惜好景不长，从3世纪开始就频遭破坏。那时古希腊地区已经衰落，没有实力修复。新兴的基督教禁止崇拜古希腊诸神，

◎雅典宙斯神庙遗址。

宙斯神庙沦为修建基督教教堂的石料库。边墙石材容易搬运，早被用尽。104 根石柱的大部分或自然倒塌，或人为破坏，风雨飘摇一千多年。如果不是直径近两米的大石块难以利用，再加上雅典一蹶不振，城市发展缓慢，估计到今天不会剩下什么了。

看到古希腊的断壁残垣，我总会不由自主地联想到北京圆明园的西洋楼遗址。二者年代相差虽远，但是命运有些相似。西洋楼是西风东渐后的产物，多用石料，只占圆明园总面积的极小部分，与中国古建多用砖木迥然不同。火烧圆明园之后，大面积的中式建筑灰飞烟灭。西洋楼景区历经各种劫难，包括采石搬运，还是留下了部分遗存。一堆乱石演变为圆明园的标志，供人凭吊。这一过程中，因为木石的材质差异，造成今人对历史产生了很多认识误差。

古希腊建筑一直受到极高的赞誉，但在技术方面，其实并无重大突破。柱式建筑人类很早就掌握，各地都有，古希腊主要沿袭古埃及和两河流域的传统。不过古希腊人凭借自己对美的理解，把石质柱式建筑的艺术水平推到极致，再配上精美的石雕，极易打动人心。问题随之而来，石质柱式建筑有一个硬伤，要想体量庞大，为了承重必须多立石柱或者加粗石柱。两种方法都会占用宝贵的内部空间，降低实用性和欣赏性。古希腊人力求突破，发现宽长比接近黄金分割可以少用石柱，并将早期粗壮的多立克柱式瘦身为纤细的爱奥尼亚柱式或更美观的科林斯柱式。种种努力在当时取得了一定的效果，但是时间一长，建筑照塌不误。相比之下，年代更为久远的埃及卢克索阿蒙神庙，由于更高密度地使用石柱，而且更加敦实，至今都保存较好。

古希腊的神庙建筑与两河流域、古埃及难分伯仲，但以此为核心，延伸的城市建筑群却独树一帜。除了各式住宅，还有许多公共设施，如观看戏剧的专用剧场、进行体育比赛的运动场等等。如果不是当时的建筑水平与现在存在巨大差异，仅凭名称，非常容易让人形成一些时空易位的错觉。

众多城市同步发展，这种现象在工业社会很常见。在一个经济上升的大周期，同一地域，一批城市可以在很短时间内完成各项建设，之后在面貌上归于平淡，修修补补即可，比如中国现在的城市化进程，不过因此也遭到千城一面、没有特色的诟病。其实建筑在艺术中是实用性最强的一种。大多数情况下，艺术性要让

◎埃及卢克索神庙，约建于公元前14世纪。

位于实用性及经济现实。由于在同等技术条件下，对一套效率最高的模式进行复制和模仿成本最低廉，人们不愿意为没有必要的创新浪费投入，只需因地制宜、适当调整即可。所以在同一时代，城市面貌趋同是一种必然现象。在保证实用的前提下，也不妨尝试一点锦上添花，但闲钱不常有，烧钱需谨慎。因树形象、搞特色、为了政绩而建设城市，把政权拖入深渊的例子不绝于史。古希腊的城邦遗址是农业社会同质化现象的典型代表，城市规划几乎都是一个套路，没有太多翻新的花样，可见同一时代会对人们的创造力形成某些限制。

神祇是宗教的重要内容，建好神庙能让人缓解因无知和无能而产生的不安，非常值得，所以给神仙盖大房子是人类的普遍行为。人们相信，存在于现实世界之外的超级神秘力量能主宰自然和社会，因此形成某种崇拜，又逐渐发展为宗教。早期宗教并非独立存在，和其他多种社会内容共生，如政治、法律、道德、艺术等等，后来逐渐分离，但是直到现在也不彻底。

宗教的出现是由于人类的蒙昧和无知。人类感觉到自身力量在大自然面前的渺小，期望通过祭祀活动能获得保佑。起初，人类都是部落散居，分别有自己的崇拜，如自然崇拜、生殖崇拜等；当部落形成联盟或融合时，便出现多神崇拜。随着社会越来越复杂，神仙群体也如官僚机构，越来越臃肿。为便于人们管理，又渐渐分出级别高低和职责差异。但是崇拜的对象无论多么千奇百怪，都有逐渐给神仙加入人形或人格化的规律。这不难理解，因为神本来就是人创造的，不断的艺术加工过程只能加入人类最熟悉的内容。

早期社会多神崇拜很常见，世界许多地区甚至保持到现在。两河流域和古埃及都形成过较为复杂的多神教系统，并影响到周边地区，其中就有古希腊。古希腊的诸神被描述为来自奥林匹斯山，该山位于希腊的北部，海拔 2917 米，是希腊最高峰。就希腊的地理条件来说，是出产神仙最合适的地方。古希腊人编织了一个非常复杂的多神谱系，家族庞大，条理清晰，性格鲜明，各司其职。一般情况下，神仙的地位决定神庙的大小和供奉的等级，比如宙斯地位最高，所以神庙最大。另外，海神波塞冬、光明之神阿波罗、智慧女神雅典娜、爱神阿佛洛狄忒等等，也都很重要，围绕他们的各种神话故事流传至今。

古希腊宗教的特殊之处不是多神，而是神的世俗意味过于浓厚，甚至有些低俗和庸俗。伟大光明的一面也有，但是另一面，依照后世标准，除了神力人所不及之外，简直没有一点神仙风范。诸神经常做些不齿的勾当，更像一群游手好闲的市井之徒，到处寻花问柳、争风吃醋、好勇斗狠、坑蒙拐骗，完全是乱七八糟外加乌七八糟。除了活脱脱的世间百态，还把原始社会的一些淳朴民风也融汇其中，简直是把宗教当儿戏，玷污了宗教的清誉。记述古希腊神话的书籍如果不加以适当的删节和润色，应该属于少儿不宜的成人读物。

古希腊人修建了很多神庙，显示出对神的崇拜。亵渎神是大罪，但留下的印象却让人大跌眼镜。神仙在人们的眼中更像是与之游戏的玩偶，而非可以全身心寄托的归宿。这种现象在宗教历史中非常少见，深受宗教思想禁锢的人对此难以理解，也不能容忍。古希腊宗教中，神仙的神性极弱，照此路径，不可能产生威严的神学，倒是催生了最早的无神论和无神论者。这一特殊时期的特殊产物，无法长久保持。罗马帝国后期，随着社会发展，基督教地位提升，奥林匹斯诸神逐

◎《众神理事会》，鲁本斯，17 世纪，借奥林匹斯诸神比喻当时的政治状况。

渐从神仙变成妖怪，和民主制度一样，被打入历史的冷宫。希腊人也做了一点点抗争，把宙斯像演化为东正教的基督像，保留人形，回归宗教的呆板，从此再也没有人修建宙斯神庙了。

神庙在大部分地区的早期文明阶段，都是不可或缺的重要建筑。唯一的例外是古中国，缺少神庙，具有相似功能的建筑是宗庙，里面供奉祖先牌位。这种做法源自祖先崇拜。

祖先崇拜也是一种古老的崇拜，并非中国所特有。其特征是，虽然祖先会被赋予超强的神力，但只是超人。因为他们不能割断与后代的血缘亲情，所以造成人性始终压过神性。祖先崇拜的演化过程非常复杂，其他古文明地区后来大致有两种变化路径，一种是祖先彻底被神化，弱化血缘亲情；二是将祖先崇拜置于更高级别的宗教之下，弱化原有的重要性。通过比较，不难发现中国祖先崇拜的独特性：不仅不断强化和扩张其核心内容，甚至把早期自然崇拜、生殖崇拜中产生的自然神，也化神为人，纳入祖先崇拜。

盘古女娲、伏羲神农、炎黄二帝、颛顼帝喾、唐尧虞舜、夏禹商汤等等，都属于中国享受祖先崇拜最古老的群体。自周朝以后，可以逐步按照百家姓认定的先祖一路数下来，共同构建成中国庞大的祖先崇拜体系。当世界各地，包括中国在内，神仙换了一拨又一拨的时候，中国人只要有条件，就会孜孜不倦地重修宗谱，跟祖先建立感情和联系。通过分支记代，将血缘关系细化到每个人。其中对成功人士更要穷尽搜罗，如有漏网之鱼可是重大精神损失。即使后世很多华人漂泊海外，最后扎根异乡，也尽量保持这一传统。由此形成的绵延数千年的宗庙制度和祭祖传统，虽然每个个体的地位并不一定彰显，哪怕是黄帝，但是其体系的能量无与伦比，其历史地位远高于其他宗教。

商周时期宗庙制度已经完善，各种礼仪规章记入古籍，并被严格遵守。此后虽愈加繁复，但核心内容没有变化。在中国的上层社会和富裕阶层，祭祖权堪比生死权，类似于西方的教籍。所以近代基督教在中国传播的一个现实障碍是与祭祖发生冲突，尤其是精英人士很难改变这一观念。多拜一个神仙对于中国人来说并非难事，但是不让祭祖等于毁灭信仰。

从表面看，中国的祖先崇拜有浓厚的宗教色彩，也充斥着各种迷信，但还算不上严格意义的宗教。正好相反，宗庙制度和祭祖传统是中国社会长期维持世俗化的重要保证，根基牢不可破。

中国与其他地区产生这种差别的时间非常早，那时候孔夫子、秦始皇都还没有出世。很多习惯用他们的影响力来解释中国一切问题的人，对此有些无能为力。究其原因，可能是综合的自然因素，造成中国早期各部落融合相对容易，通过融合能获得更大利益。因此在过程中突出血缘关系，可以降低融合成本。而其他地区融合相对困难，独立发展获利更大，所以要抬高融合成本，保留各自的神仙。即使各路神仙被归入一家，也要保持各自的特性。再后来，即使诸神俱灭，只剩下唯一神，也要对这个神给出不同的解释。而中国的祖先群体，别看名称各异，貌似派别众多，但在认识上全是“仁义礼智、德孝忠勇”一类的套话，彷佛是一个模子刻出来的道德楷模，彼此之间并无根本矛盾。同姓之间常说“几百年前是一家”，异姓之间说“几千年前是一家”，大家也认同，由此还形成了中国人“家国天下”的世界观。

全人类拥有共同的祖先在生物学上并没有异议，但在现实中却存在两种对立的血缘观念：强调统一、融合、平等，强调独立、纯正、高贵。事实上，不论是

◎太庙是皇帝的宗庙，根据《周礼》左祖右社的规定，太庙位于皇宫的左侧。

崇拜不变的祖先，还是可变的神仙，民族融合是人类进入文明时代之后的大方向，与此前十几万年不断分家一样，都是历史的规律。这方面古中国具有某种先天优势，由此激发出澎湃动力，打造出与古希腊不同的别样风景。莫说奥林匹斯诸神望尘莫及，就是后来的几位世界级大神也相形见绌。后人经常用诧异的目光审视这无法理解的传奇，似乎中国人的祖先真有什么怪异之处。

● 1.16 不断扩建的古代大剧场

从迈锡尼遗址回到纳夫普里翁已是中午，我随便啃了一个面包，下午又坐车去另一个景点埃皮达鲁斯，那里存留着一座古希腊时期的剧场。经过上午的暴晒，我很疲惫。但是在外旅游，有点像明星赶场，不去就觉得是做了赔本买卖，只能咬牙坚持，并坚信古希腊的景点不会让游客失望。

埃皮达鲁斯位于纳夫普里翁东面，车程几十公里。这里部分地方树木高大，枝繁叶茂，清风徐来，暑气渐消，比迈锡尼舒适多了。遗址规模较大，可以想象当年也是一个有实力的城邦。最后参观剧场，当我登上一处平台，便发现了目标。

与无数的废墟相比，这是一个完整的建筑。剧场依山而建，呈半圆形，像一个大扇贝。一排排阶梯式的座位整齐排列，鳞次栉比，由上至下，从多到少。剧场下方是一块平地，把石料埋在土中，围出一个圆形，标示出舞台的范围。让我惊讶的是这座剧场过于庞大，超出此前的想象。

我顺着石阶而上，来到最后一排坐下，距离舞台估计有三四十米，视野极佳，

◎埃皮达鲁斯剧场。

一览无遗。此时一个旅游团的导游正在讲解剧场的音响效果。他将一枚硬币扔在舞台中心的石头上，发出的撞击声传到我耳中，清晰可闻。随后有几位外国游客站在舞台中央，兴致勃勃地开始演唱歌剧选段，非常投入。其他游客随便散座，当起了临时观众。我不懂歌剧，但听得出他们唱得有板有眼，而且还有高低音的配合，是已故歌王帕瓦罗蒂的路数，音乐素养之高可见一斑。唱到兴奋或结尾处，肢体动作也被带了出来，场下则掌声雷动。一曲唱罢，再来一曲，一共唱了近二十分钟，其中我略微熟悉的曲目只有《我的太阳》。在此期间，我经常变换位置，比较音效差异，当然越近越好，但远处也绝对不差。

我再次回到最后一排坐下，背后的大树为我遮阴。俯看全场，聆听虽然听不懂但是美妙的音乐，感受着古希腊人的生活方式，想象着他们观赏埃斯库罗斯、索福克勒斯等名家的剧作，突然觉得这一切太伟大了。

这座剧场的建造技术难度应该不大，沿着山体开凿，费些工时，和中国建造梯田的思路相似。难得的是获得如此绝佳的音响效果。有学者研究发现，因为成排的石灰石座位能够过滤掉低频的声音，比如观众的杂音，而同时加强并且反射演员从舞台上发出的高频声音，所以才能如此。虽然不能据此肯定古希腊人的声学水平有多高，但他们建造剧场的经验一定很丰富。

古希腊众多遗址中都有剧院残迹，而且由于建筑结构上的稳定性，比其他古建筑保存相对完好，大多数能清晰地看出轮廓。埃皮达鲁斯剧场是保留较完整的一座，只有少部分经过修复，现在还能进行正常演出。这是该遗址有资格入选世界文化遗产的主要原因。

剧场有 55 排座位，据估算最多能容纳上万名观众，而 2007 年落成的中国国家大剧院各表演厅的席次总和才 6000 多个。用现代的封闭建筑与古代的露天建筑相比较，也许不太合适。因为露天建筑受技术约束小，只要愿意，通常可以造得很大，封闭建筑则相反，加顶盖最难。现代的大型露天音乐会也能吸引上万人，地点多在广场或体育场，并无固定场地，音响效果也很成问题。而古希腊人当年就用有如此大的场地来观看戏剧，确实令人惊讶。

剧场建造于公元前 4 世纪，当时希腊城邦的整体实力已经开始下降，埃皮达鲁斯居然造出大剧场，真让人怀疑是否过于铺张浪费。雅典实力强、人口多，卫城剧场（现在已经在原址复建）的规模还不如它。看资料得知，原来该剧场并非一次建成。最早只建有 12 排座位，希腊化时期加了 22 排，罗马帝国早期又加了 21 排，才达到今天所见的规模。按照需求，不断扩建，看来此地在几百年间，一直维持比较繁荣的状态。埃皮达鲁斯城邦公民人口最多几万，却经常有几千人看戏，这样的比例恐怕在历史中难逢对手。社会背景要达到何种程度，才能支撑如此兴盛的娱乐活动？才能让人如此雅致地大把花钱消费呢？

埃皮达鲁斯在古希腊时期是伯罗奔尼撒半岛东北部的一个地区商业中心，在伯罗奔尼撒战争中加入斯巴达同盟，伴随着胜利，战后逐渐兴盛。城邦地理位置相对偏僻，在此后的战乱中均未遭受严重破坏。当年的最重要建筑并不是剧场，而是一座祭祀医药之神阿斯克勒庇俄斯的神庙，遗址就在剧场旁边。因为该城邦拥有独特的优质矿泉和宜人的自然环境，逐渐发展成一个治病疗养的圣地，所以才选择供奉药神。有地位的人为了身体健康，绝不会吝啬求神治病、长寿养生的花销。周边地区的政要和富商常来光顾，观赏戏剧成为一种辅助疗法，因此剧场才能越建越大。

有钱可以建造剧场，但是如果认为只要有钱，就能催生戏剧艺术，那可大错特错了。在农业社会的各种艺术门类中，戏剧诞生得最晚。因为戏剧是一门综合艺术，其他艺术如文学、音乐、舞蹈等都可以融入其中。除了内容，戏剧的表演形式也很复杂。只有一个人演戏意思不大（独角戏另当别论），只有一个人看戏也没有意思。公开表演，群演群观，效果才最好。为了保证演出质量，演员要勤于练习，互相配合，而这只有专业演员才有时间和精力能做到。另外总看一台戏，观众会厌烦，所以剧目要推陈出新、以旧翻新，要有悲剧、喜剧，而这只有专业编剧才能做好。当观众愿意为高水平的演出付费时，专业团队就可以变成职业团队，进行市场化商业运营。可是只有一个剧团远远不够，必须要在多地，有多个剧团，并且可以自由流动，才能持续运作。剧团只是供给方，而需求方观众的形成和培养更非一日之功。古希腊的戏剧最初源于宗教祭祀活动，并不突出，后来才慢慢独立出来。正是因为古希腊城邦符合上述诸多苛刻条件，并且形成了良性循环，戏剧艺术才得以繁荣，剧场才越建越多，遍及古希腊众多城邦。今人多推崇古希腊悲剧，其实庸俗的喜剧产量更大。不过历史总喜欢保留经典、淘汰一般。

古希腊与同时期的文明地区相比，如果说其他艺术还各有千秋的话，戏剧则是独领风骚。中国早期的宫廷表演和街头卖艺处于两个极端，都有戏剧的基础。唐朝皇帝花钱，伶人游走禁苑，宫廷戏剧得到发展。但民间戏剧，至宋金始有雏形，到元朝才逐渐完善。元杂剧的出现得益于蒙人排汉，把读书人贬为臭老九，否则关汉卿等人还不会主动去编写剧本。明清两朝经济繁荣时期，读书人基数放大，因仕途路窄，怀才不遇的文人增多，部分人转变观念，投身民间艺术，中国戏剧进入繁荣期。昆曲、京剧不必多说，其他地方戏剧也是欣欣向荣。从此阳春白雪、下里巴人合为一体，皇帝和庶民可以在不同场地欣赏同一部戏。及至民国，戏剧中的京剧作为乱世奇葩，竟然达到了艺术顶峰。

◎故宫宁寿宫畅音阁的三层大戏楼。

◎上海新舞台剧院的舞台。

有戏剧表演，还要有相配的演出场地。演员和观众位置要有高度落差，才能便于大规模观赏。建舞台要比建观众席更经济实惠，能够照顾演员一方，灵活机动，最简单的办法莫过于在高地搭个草台。古希腊早期也是如此建造舞台，后来才反向操作建造剧场。近现代由于技术进步，席位众多，只要保持一定距离，观众俯视、平视、仰视都可以观赏，但仍以俯视为尊。

中国长期主要以搭设舞台为主，少见永久的观众席，皇家官宦和大户人家只能视为特例。通常情况均为露天演出，观众聚于舞台前方，地位高者居于高处坐把椅子，地位低者拥挤站立或席地而坐。远了看不清，近了还得使劲仰头，时间一长极不舒服。明清时期，有部分演出被引入酒馆、茶园，观赏条件得到改善，但音响、通风、光线等条件都不理想。中国第一座正规的专业剧场是1908年建成于上海的新舞台。它摒弃了酒馆、茶园的四方形格局，共三层二千多个座位，终于达到了古希腊的水平。并且借助现代技术，可以在室内看戏。而古希腊观众当年就人人有座，舒服宽敞地俯视观看，怎不令人羡慕?

不过古希腊人创造的雅致生活后来随着地区整体衰落而衰落，剧场也被废弃了，与之相关的一切黯然消散。此后千余年，还有几人能知，此处乱石残墙，“衰草枯杨，曾为歌舞场”？

● 1.17 现代人可以参与的体育和艺术

奥林匹亚是一座小镇，和很多其他希腊小镇相比，除了多一些旅店，别无二致。按照中国人现在以商业目光对待历史遗存的标准，该地规模太小，与其盛名不符，不仅是可惜，简直是浪费。如果奥林匹亚的资源落户中国，一定前（钱）程远大。

坐汽车到达奥林匹亚入住酒店后，看时间已经是下午四点多，我原以为只能明天才去参观游览。没想到店主说遗址很近，要晚七点才关闭，还来得及。店主的母亲，一位慈祥的老太太还带我走了几十米，在一处路口指明方位。赶早不赶晚，走出半公里左右，进入遗址，原准备明天抒发的情感只能提前释放了。意外之喜是由于临近关闭时间，游客稀少。这种情况极为难得，整个游览过程清静得近乎奢侈。

没来希腊之前，我肤浅地认为整个古希腊只有奥林匹亚有体育遗址，并且奥林匹亚只有体育遗址。来到希腊后，才知道自己是陷入某种强化记忆后产生了误区。其实多个城邦都有运动场遗址，各种形式的运动会也非常多。奥林匹亚是一个规模很大的城邦，有财力建造位列世界七大奇迹的奥林匹亚宙斯神像，所以能举办大型奥运会。如果仅从建筑角度看，反而运动场并无什么特别之处。

古希腊衰落后，奥林匹亚地区多次遭洪水侵袭，建筑被淤泥深埋。经挖掘整理，很多遗存保存较好，但洗尽铅华，都是大石头。宙斯神庙直径近两米的柱石还容易识别，而每次奥林匹克运动会引燃圣火的地方，要不是立有一个说明介绍，因为过于简朴，差点就被漏掉。我努力回想电视中的画面，如果把人和现代装备去掉，似乎就是眼前的场景。

运动场最为朴实无华。唯一复杂的设施是场地西侧有一小段运动员和裁判员的入场通道，还配有拱形门。场内中央有一块长方形开阔地，非常平坦，长近200米，宽约30米。两边的土坡就是观众席，现在芳草萋萋，估计早期不会如此简陋。如果不是有一排条石标出起跑线和先入为主的印象，仅从外观看更像是一段废弃的古河道。

简朴不掩盛名，我无法抑制内心的冲动，在空荡荡的场地上匀速跑了一个来回，并且煞有介事地采用了下蹲式起跑和挺胸式撞线。跑完步还不过瘾，来几个立定跳远，拿松果当铅球、拿树枝当标枪、拿帽子当铁饼，甚至还和自己的影子较劲，想象角力。我模拟参加了所有力所能及的项目，在场内接受了无形观众的欢呼，又走到观众席上为无形的运动员喝彩。要说感到重返古奥运会，可能过于虚幻和夸张，但在这里任意发挥、自由呼吸，绝对是一种享受，也契合古希腊人的精神。

据考证，古奥林匹克运动会始自公元前776年，每4年一次，很多地区都举办，奥林匹亚是规模和影响力最大的一处。体育项目源自军事和游戏，奥运会却和古希腊戏剧相同，一武一文，都源自宗教仪式。奥运会是在节日祭祀奥林匹斯山众

◎奥运圣火采集处，后面是赫拉神庙遗址。

◎古奥林匹亚田径场。

神各种活动的一项内容，还衍生了停止战争、维护和平的功能。由于是宗教活动，所以对参赛的运动员还有要求：男性、希腊人、自由人、婚生子、没有犯罪记录等等。古奥运会一直延续到395年，维持一千多年，生命力极为顽强。最后被信奉基督教的罗马皇帝狄奥西多一世取消，原因是反对异教的仪式。奥运会很快被人淡忘，重新恢复记忆是从19世纪开始的，前期挖掘的重点在神庙区。1936年柏林奥运会后，剩有部分余款，国际奥委会决定用这笔款项继续发掘工作，结果发现并复原了体育场。阴鸷晦暗的柏林奥运会让古奥林匹亚运动场重见天日，算得上是历史导演的黑色幽默。

奥运会是古希腊文明所特有的，其他古文明少有与之相似的内容。获胜者被誉为英雄，诗人写歌赞颂、雕塑家为之塑像，完全是现代的礼遇。在中国，祭祀活动属于礼的范畴，可以派生出诗歌乐舞，军事上的仪仗也允许参与。总之一切要有章法，要可控。而竞技体育这种嘻哈打闹的活动肯定难登大雅之堂，只能属于乡野村夫之乐。

个人自由受道德法律约束，是社会发展的必然产物，也是一种进步，最常见的就是在在公共场合受到礼仪制度的限制。从此，自由不仅变得昂贵，还有种种先决条件。但摆脱束缚、追求自由是人的本能，而最能保持充分自由的地方可能是战场，不单行为自由，精神也自由。只要勇敢，在战场上拼杀是一件很过瘾的事。刀枪无眼，炮火无情，生死一线，自由无限，而且非常大众化，不像艺术家从事创作、科学家从事研究还需要较高的文化和知识水平。不过战争过于残酷，这样的自由不要也罢。古希腊人的聪明之处在于发明了奥运会，化血腥为娱乐，既接受礼仪的约束，又保存了自由的空间。这真是神来之笔，惠及子孙、泽被苍生。古希腊在社会领域有很多重要发明，从今天的受众人群来看，奥运会远比民主制度更易接受。

现代社会，文艺和体育都是人们的重要娱乐活动，也可以统称为文体活动。如果延伸至教育，又都是青少年学习的重要内容。在中国历史中，有关体育的内容多来自军事和低级劳动，普遍存在重文轻体，甚至有文无体的现象。北方游牧民族经常带来一些体育游戏，不过一般只流行于上层社会，最终也被弱化。总之，体育比赛中展现的自由竞争，与中国古代社会的条条框框有些格格不入。

◎古希腊陶瓶上绘制的奥运会项目跑步。

◎古希腊陶瓶上绘制的奥运会颁奖仪式，冠军被授予橄榄枝编成的花冠。

后人对古希腊的艺术成就推崇备至，其中建筑和雕塑以其直观，最容易打动人心。奥林匹亚的宙斯神庙，规模宏大，其中的宙斯雕像是世界七大奇迹之一。由于是用木材雕刻，所以早已消失。公元前 3 世纪，腓尼基旅行家昂蒂帕克对沿途景观做出总结概括，提出“世界七大奇迹”之说。他的视野只包括古埃及、两河和古希腊地区，造成后世很多其他地区的人都把自家伟大的造型艺术列为第八，其中就有中国人称颂的长城。大只是一方面，除了技术水平，还要看艺术水平。而中国的长城确实大，也很长，但技术性和艺术性都很弱。

古希腊雕塑充满现实主义风格，人像真人，马像真马；而古希腊的文学则有些相反，充满浪漫主义风格。《荷马史诗》是文学史中早期的鸿篇巨制，大约创作于公元前 10 ~ 前 8 世纪，波澜壮阔的场面令人至今着迷于其中可能的真相。古希腊的戏剧震撼后世，充满哲理思辨和政治讽刺等内容，尤其是悲剧。普罗米修斯盗火受罚的煎熬（埃斯库罗斯）、俄狄浦斯王杀父娶母的宿命（索福克勒斯）均直指人心。因为诞生时间早，主题宏大，具有普世性，后人再编故事时难免经常借鉴，来个换汤不换药。同时期的中国和印度在文学方面也有非凡成就。中国有《诗经》《楚辞》以及各种文学性较高的古籍。印度有史诗《摩诃婆罗多》《罗摩衍那》以及各种吠陀经、奥义书。至于造型艺术，也是各有特色。不过中国的多数精品只供上层享用，是现代考古工作者从地下陵墓挖出来的；而印度的造像

◎《诗人荷马在唱诗》，19 世纪。

是受到亚历山大东征后的希腊化时代影响，才得到发展的。

对于不同地域的艺术，通常不宜用绝对的标准来比较水平高低，但古希腊时期艺术的丰富性，其他地区确实难以企及，与诞生民主制度、理性的求知之学、世俗化的宗教、奥运会一样，是由当时的社会大环境所决定的。诗歌比赛、演讲比赛、戏剧节、艺术展等形式，以及明星效应、追星一族，这些好像很现代的内容在当年已经司空见惯。总之，当其他古文明地区的艺术，还专注于为上层服务、被政治人物驱使的时候，古希腊艺术的创作机制已经充分市场化、大众化。由此导致的结果是，艺术能够全方位展现社会风貌，并且更关注人自身的方方面面。后来的欧洲文艺复兴运动就是在人文主义的号召下，要复兴古希腊的这些精华。

英国诗人雪莱（1792 ~ 1822）曾说过“我们都是希腊人”。意指当时的欧洲深受古希腊影响。出于他的个人偏好，也多指向艺术方面。但是如果以更宽广、更宽容的眼光来看，雪莱的话可以涵盖全人类，内容也不限于艺术方面。所以时至今日，对于所有现代人来说，古希腊不像是遥远凝固的传奇，更像是昨天生动的现实。

● 1.18 不易分清的移民和殖民、城邦和邦国

这次旅游之前，在办理出国手续的时候，有件事令我非常不愉快，就是要提交一份 5 万元的定期存款证明。这是一项明显的歧视性政策，目的是防止有人借旅游之机，非法滞留。欧盟国家统一执行该政策，我不清楚他们对待其他发展中国家是否也是如此。政策出台一定事出有因，估计有些同胞耍小聪明，钻法律漏洞，惹出不少麻烦，逼迫欧盟制定出这项比较实用的下策。我当然犯不上为此一怒之下放弃计划，只能照章行事，同时心中祝福国家快快强大，用实力消灭这些歧视政策。不过到那时，如果中国成为部分世界人民向往的地方，政府是否也会出台类似的政策呢？

人口流动有助于社会发展，规律是人主动往好处走，往差处走多是被动之举。现在有些中国人不远万里、大笔花钱想成为欧洲人、美国人、加拿大人，而不是近距离地成为蒙古人、越南人、印度人，甚至朝鲜人、阿富汗人，就是这个道理。今天人们能在全球化的视野中挑选好地方，是社会的巨大进步，不像古人需要摸着石头过河。

定居是人类历史中的重大事件。农业发展促进人类定居生活方式的产生，也是文明诞生的前奏，其中城市的出现尤为重要。但早期的定居只是与频繁流动相比较而言，并不能做到长期固守一地。如果自然条件发生变化，食物匮乏，人员就必须迁徙，另觅定居点。另外一种情况是食物增长低于人口增长，如果不能通过战争或疾病减员，部分人员就必须离开，寻找新的定居点。前一种主因是供给减少，后一种主因是需求增加。尽管单位劳动生产率呈上升趋势，但一般情况是人口增长更快，所以需求增加是人类扩张生存空间的主要动力。

定居点的变换及定居点之间形成联系，都要依靠交通。最原始、最基本的交通工具就是人的双脚，后来也逐渐借助畜力和车船。因局部地貌改变，很多早期的交通线路已经不得而知，但是大致的范围和形成的过程并不难推测。交通路线对人类社会发展的重要性不言而喻，由简到繁的蛛网状路线图是验证人类文明进步的另一个视角。

看地图可以发现，早期定居点的增长变化，与现在某家快速成长公司的网点分布增加非常相似。不过现在公司依赖于经营数据来确定布局，而古人只能依赖于自然条件，关键因素是找到适宜农业生产的地区。在大江大河以及众多支流所涵盖的流域面积中，找到好地方相对容易，人类的扩张进程比较迅速，正所谓“广阔天地，大有作为。”

人类来到无人的新地点或以和平方式来到有人的地点定居，称为移民。通过武力占领地点、奴役原住民的方式被称为殖民，占领地叫殖民地。移民与殖民不是反义词，往往很难严格划分。历史上的移民与殖民大多同时进行，概念有交叉。近现代由于国家的概念被强化，两个概念的区别相对清晰。

中国人对于“殖民”一词比较敏感，因为近代曾经受过列强伤害。其实中国在早期也经历过同样的进程，从黄帝战蚩尤、颛顼战共工的神话传说，到商汤灭夏桀、武王伐纣的半真半假，无不如此。只是后来习惯用正邪善恶来给事件定性，抹去了殖民色彩。延续道德传统，是人类的习惯，不过运用过度，也是人类的通病。越俎代庖，以当世的道德标准向上无限延伸，难免扰乱真相。古人部落之间争夺地盘，胜者为主，败者为奴，就是血淋淋的殖民史。尧舜禹汤如果真有其人，也是一群没有读过圣贤书的文盲。

古希腊的人口扩张也遵循这样的规律，只是看起来另类一些。古希腊地区没有大河，农业生产技术从两河和尼罗河地区传入后，有些进步。不过天地狭小、难有作为，迈锡尼文明的衰落和之后的黑暗时期都能解释这种困境。但随着农业技术的提高，人口还是在增长，只能又开始新的扩张。农业生产较为先进的爱琴海沿岸居民，在公元前 8 世纪以后加快向外迁移。找到的一些所谓新地点，其实也有早期人类靠采摘或渔猎生存，只是人口规模很小，生产力低下。古希腊人到来后，必然和原住民发生冲突。由于武器装备先进，战斗力高，古希腊人取得胜利，将原住民同化、消灭或变身为奴隶。一段时期后，如果无法扩大生产，很快又面临人口压力，所以又有一些人再出发。

古希腊师从腓尼基，采用跨海方式殖民扩张。腓尼基人的殖民地主要分布于地中海南岸。古希腊人后来居上，借助商贸和航海技术的发展，扩张的速度越来越快。有些不适合粮食生产，但有其他优势的地区也被开发成定居点，比如适合经

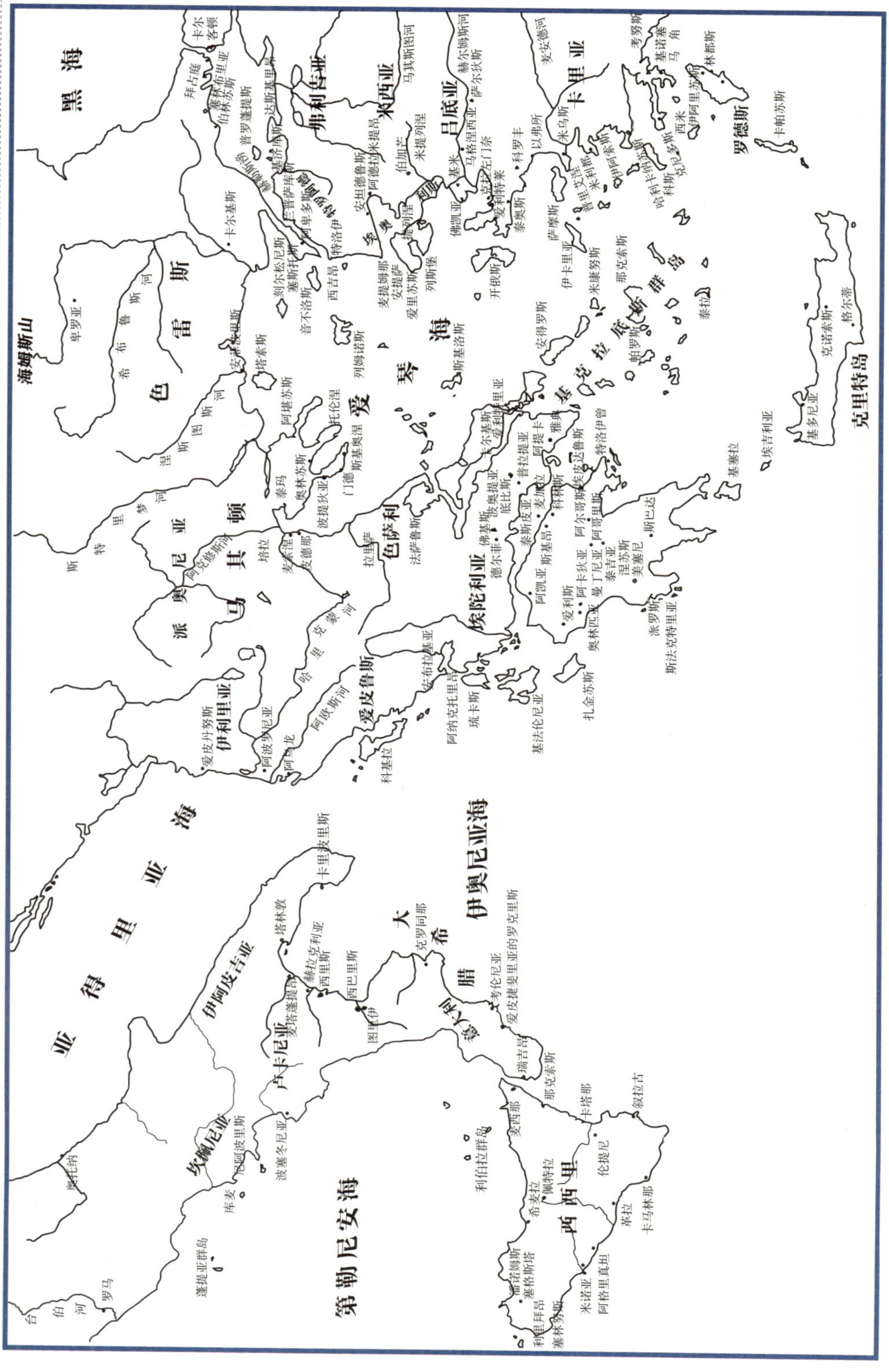

◎公元前431年的古希腊城邦分布。

济作物生产、有矿产资源，甚至没有任何资源只适宜货物周转的地区。爱琴海沿岸、黑海沿岸、南意大利都布满较为密集的殖民地，也有个别殖民地在今天的法国、西班牙。每个地点或几个距离很近的地点称为“城邦”，古希腊就是由许多城邦组成的，后人将这种社会结构及其制度称为“希腊城邦制”。要让中国人认识和理解希腊城邦制，并不是一件容易的事，因为首先要破除古希腊是一个国家的概念。

古希腊和现在的欧洲类似，是一群小国家的合体。国内的欧洲游广告，常见的标题是多国游。有时旅游天数与国家数非常接近，有一天游一国的感觉。这样的广告并非虚假宣传，肯定是把几个袖珍国家加入其中了。对于中国人来说，总有滥竽充数之嫌，市区乡镇那么大的国家尚可容忍，村一级的国家就有些变味了。不过这就是欧洲的现实，由此及彼，古希腊的每个城邦都可以视为一个单独的国家。

对于希腊城邦制多为赞美。强调城邦之间的独立、自由和平等，也算是民主制度的重要内容。为了更能说明问题，还以中国春秋时期的邦国（诸侯国）来做对比。在两大古文明区域之中能找到如此形似的例子，是一件趣事。对比的结果，当然是有不同，否则中国岂不成了古希腊？但是希腊各城邦，恐怕从来就没有真正做到过独立、自由、平等，否则就不会有战争了，伯罗奔尼撒战争大家就打得昏天黑地。事实上，希腊城邦和中国邦国的差异没有看上去那么大，不过是差异更容易被放大而已。

中国的邦国雏形也是自发形成的，没有圣人参与设计。商、周只是势力较大的部落或邦国，后来成为首领，但对于其他邦国的控制能力很差。商、周的更替之战是邦国松散联盟之间的一场战争，周武王胜利后，建立了西周（前1046？～前771），对子孙和功臣进行分封，才开始出现中央集权的萌芽。但那时交通困难，是真正意义上的天高皇帝远。邦国的首领王公侯慢慢都形成了极大的权势，实行世袭君主制的政体。不要说民主共和制的萌芽，连寡头贵族制都渐渐丧失了生存的土壤。在战乱中，邦国不断合并，数量急剧减少。东周（前770～前256）可简单分为春秋和战国两段，实际上战国比东周结束得晚。春秋时期（前770～前476）合并进程加快，邦国坐大，春秋五霸是其中的代表。周天子式微，越来越不受重视，最后居然悄无声息地消失在战国时期（前475～前221），算是中国王朝更替的一个特例。这是一段不容易用道德来评判的时期，因为大家都遵循弱肉强食的丛林法则，强者的扩张与殖民根本不能止步，所以才有“春秋无义战”之说。孔子著《春秋》，正因他认为当时礼崩乐坏，需要拯救，复古他臆想的尧舜之治。同理，亚里士多德著《政治学》时，古希腊一片乱象。他也寄希望于传说中的圣人王政，对民主制度评价不高也就理所当然。不过两人的理想都没有实现。

古希腊城邦与中国邦国最本质的区别是地理环境差异导致的经济关系差异。古希腊城邦曾经多达数百个，也有一个合并、吞并，数量减少的过程，后世所了解的主要城邦有几十个。城邦减少到一定数量后，困难来了。城邦之间隔山跨海，如果通过战争达到扩张合并的目标，成本太高，也不易管理。城邦的经济主要依靠贸易，自给自足的能力较差。战争的强度受到商业制约，多为时断时续，难以做到凭借倾国之力来个一锤定音。面对现实，大家都避免将战争进行到底，少有斩尽杀绝的事情发生。所以城邦间，独立并结盟是一种比较好的方式。古希腊城邦多次结成各种同盟，希望增强力量，以求互保。就连最后迫于马其顿军事实力而臣服，都是通过结盟的方式。

古希腊的城邦合并到一定程度出现停滞，而中国的邦国正好相反。平原地带，

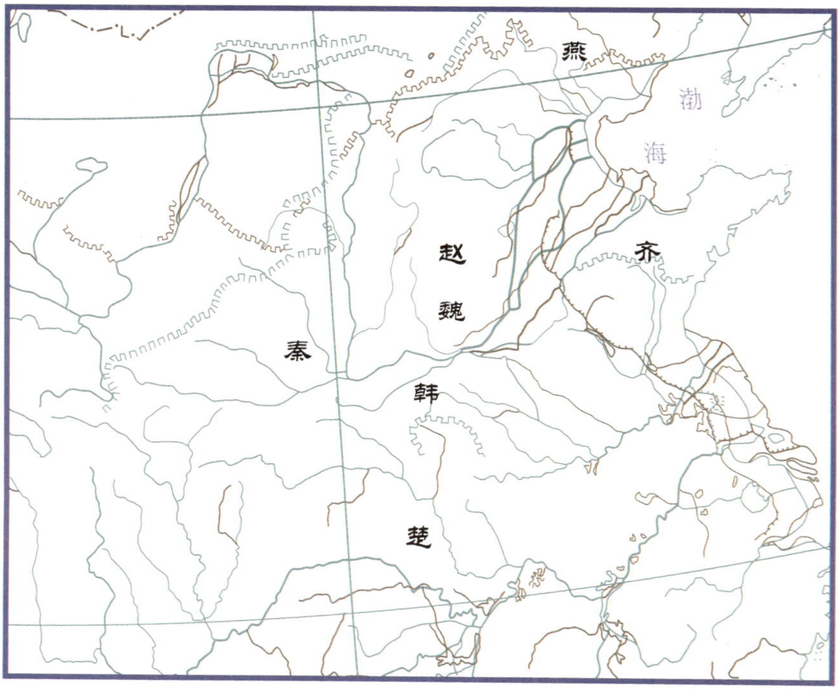

◎中国战国后期的七大诸侯国。

鸡犬相闻，大国吃小国几乎天天都在发生。从西周的上千小国，到春秋初期的几百，再到战国末期的以七雄为主，八百年时间，一路递减。做大做强是每一个邦国的理想，并且都在实践。由于经济结构中商贸比例小，通过军事手段扩张领土成为最大的利益驱动。彼此结盟、息兵止战的事情也常有，却都是权宜之计，根本无法抑制强者称霸的野心。但中国的状况也不是千篇一律，长江流域的荆楚吴越地区曾经是个异类。因河流纵横、湖泊众多与古希腊有点相似。商业相对发达，文化比较张扬，可惜最终还是敌不过变身为战士的北方农民。

通过对比可以看出，城邦与邦国在初期的相似是因为生产力和战斗力低下所呈现出的状态，发展起来后，都有扩张的内在动力。古希腊城邦之间因为战争难、商贸易，吞并到一定程度无法继续，所以采取结盟方式，貌似以民主遏制强权。中国的邦国之间因为战争易、商贸难，所以吞并方式能够一路延续，是赤裸裸的强权当家。双方本来都在同一条道路上奔跑，雅典和斯巴达统一古希腊的雄心或野心都是显而易见，只是天不遂人愿，而中国的战国七雄还不是最后的终点。

在统一的道路上，古希腊的戛然而止和中国的一骑绝尘表现出巨大的差异。前者只蒸成一屉小包子，后者则烙成一张大馅饼。虽然都能充饥，但由此似乎产生了两条道路，决定了后来很多不同的事情。

● 1.19 师出同门的国王腓力和谋臣商鞅

2008 年 4 月初，北约峰会在罗马尼亚首都布加勒斯特举行。南斯拉夫解体后独立的马其顿加入北约的申请被暂时搁置，反对者只有一个国家，就是希腊。与之有些类似，中国曾于 1999 年 2 月罕有地在联合国行使否决权，否决一项关于在马其顿部署维和部队的提案。原因是马其顿在当年初与台湾建交，搞两个中国。后来于 2001 年马其顿又与中国复交，2008 年 10 月两国庆祝建交 15 周年的活动上一团和气，不愉快的事情不再提起。马其顿和中国的故事只是外交上的小插曲，但它与希腊的外交风波却是马其顿建国以来的一个大问题，主要原因竟然是因为国家名称。

现在希腊北部有西马其顿、中马其顿、色雷斯—东马其顿三个省，均居住有马其顿族。希腊认为马其顿的国名容易混淆概念，引发民族矛盾和领土争端，希望国名要用前缀，加以限定。马其顿认为其领土范围已在宪法中做出明确规定，绝无扩张野心，坚决不同意更改国名。这样的争论只有该地区的人才能理解，就像国际体育赛事中，中国大陆和中国台湾对于台湾代表队的名称，曾经在“中国台北”和“中华台北”间展开争论，就连当时的奥委会主席萨马兰奇也弄不明白。

希腊对于马其顿国名的反对不能说是害怕，只是觉得会有麻烦，另外可能有点不吉利。因为古希腊的衰败与灭亡源于二千多年前的马其顿王国，那是希腊人心中永远的痛。

马其顿的传统地区就是现在的马其顿共和国和希腊北部的几个马其顿省，当年与古希腊相比发展落后，长期处于四分五裂的状态，受制于波斯和古希腊。公元前 359 年腓力二世（前 382 ~ 前 336）登基，东征西讨，统一了马其顿，在希腊诸城邦的北方建立了一个波斯帝国式的王国。随后，马其顿势力南下，公元前 338 年击败古希腊联军，逐步将希腊城邦置于其控制之下，并于公元前 337 年建立科林斯同盟。除斯巴达等少数城邦外，大部分城邦都违心地公认马其顿为霸主，听从腓力的调遣。腓力正准备率军东征波斯时，死于一次意外的刺杀。其子亚历山大三世继位，就是大名鼎鼎的亚历山大大帝（前 356 ~ 前 323）。

亚历山大的事迹不必多言，一代英才，建立亚历山大帝国，开创希腊化时代。他曾经师从亚里士多德，20岁登基，吞并古希腊、占埃及、灭波斯、远征中亚和印度，因受阻于天山和帕米尔高原，未能进入中国新疆地区。他穷兵黩武，杀人无数，公元前323年病逝于巴比伦。

相比于古希腊的兴衰和亚历山大的丰功伟绩，马其顿国王腓力二世较少被提及。他完成了强大的波斯帝国都未完成的目标，让古希腊城邦俯首帖耳、任其驱使。能做到这一切，并非古希腊实力大幅下降，而是马其顿以更强的生产力和战斗力横空出世，让对手无计可施。

腓力二世不知是受高人指点，还是悟性非凡，对国家进行了一系列改革。措施包括有组织地开发木材、银矿等国家资源，强制居民生产从畜牧业转为农业，通过灌溉、开垦提高粮食产量，鼓励生育以提供更多的劳动力和士兵，重视提高武器装备质量，创建重兵长枪方阵等。其主要目的简单概括就是种粮和蓄兵。经过改革，马其顿兵精粮足，开始找古希腊的麻烦。在军事对抗中，古希腊人的海上优势无法发挥，而当马其顿方阵士兵手持5米的长枪出现在古希腊步兵面前时，宛如泰山压顶，胜负立判。腓力慎用武力，主要利用军事高压和外交手段拉拢希腊城邦，不战而屈人之兵地取得了控制权，为亚历山大时代奠定了雄厚的物质和

◎马其顿的萨里沙长枪步兵方阵。

军事基础。而在腓力二世改革的同期，中国战国时的秦国也在进行一场改革，史称“商鞅变法”。

战国时期，各诸侯国都梦想借助变法图强，一统天下。秦国地处偏远，文化并不繁荣，几乎没有本土的思想家。其他各国一些不得志的人来到秦国变身政治家，施展抱负。公元前356年，秦孝公采纳了卫国人商鞅（前395？～前338）的变法主张。重要的几点有重农抑商、兴修水利、奖励耕战等，目标是富国强兵，打击贵族势力，推进中央集权。商鞅跟腓力的种种做法几乎完全一致，仿佛同一位老师用两种语言在东西方各教了一名学生。二人都看重生产力和战斗力，也喜欢丝帛、漆器或橄榄油、葡萄酒。可惜在他们的眼里，这些不是商品，而是战果，不必温文尔雅地讨价还价。虽然商鞅在贵族势力的反扑中受车裂之刑而亡，但他的主张却得到长期执行。再辅以张仪的连横破合纵、范雎的远交近攻，秦国最终以军事强势傲视群雄。当战斗力对于强者展现出生产力的时候，也就宣告了弱者的末日。锐利的戈戟铍剑、迅捷的驷马战车、远程攻敌的弩机、坚固耐用的甲胄，构筑了秦军的武器优势。士兵们可能唱诵着《秦风·无衣》这首当年抗击西戎的诗篇，列成军阵开始东征。“岂曰无衣？与子同袍。王于兴师，修我戈矛。与子同仇！……”公元前221年，秦始皇灭六国，完成统一大业，自认为“德兼三皇、功高五帝”，称“始

◎秦始皇兵马俑1号坑，全景展示了秦军的实力。

皇帝”。齐、楚等国的灵气和才华灰飞烟灭，中国历史迎来了新纪元。

腓力和商鞅的改革得以成功，首先得利于地理优势。两国都远离当时的利益中心，并且易守难攻，为长期改革提供了安全保障。其次两国都是穷苦出身，历史包袱轻，没有患上学派纷杂的富贵病，改革能避开争论，进行得比较顺利和彻底。

若在中国，腓力会和商鞅一样，归于效率至上的法家。中国儒法之争、之辩不绝于史。尽管后世统治者治国的核心皆行秦政，不过后来总要加一件儒家的道德外套保暖，否则也会生病伤身。儒家的主张因其既强调忠君，又不忽视平等，在罢黜百家后能够脱颖而出；又因理想成分太重，缺乏理性逻辑，存在很多悖论，难以成为现实。法家、儒家就像中国社会的左右手，有时合作，有时互博，以求达到效率和公平的协调。欧洲历史也有类似的两条路线，在实践上后代多学马其顿，同时把道德重任交给基督教。而古希腊则暂时成为历史的弃儿，不再受到眷顾。但仅从腓力和商鞅改革成效的持久性来看，东西方有着重大差别。

亚历山大去世后，帝国很快解体，经过多年征战，建立了马其顿、塞琉古、托勒密三个相对稳定的大王朝，最终或被罗马帝国统一，或被当地王朝取代。这段时期称为“希腊化时代”。亚历山大的军事扩张近乎一种癫狂的状态，之后因为其面积实在太大，管理成本太高，无法对帝国进行有效管理。即使亚历山大不英年早逝，解体也不可避免，最多不过晚些时候而已。

亚历山大东征影响巨大，建设了很多以“亚历山大”命名的城市。在古希腊衰落期间，埃及、西亚迅速崛起，亚历山大港、帕加马、安条克等城市开始繁荣。尤其是埃及的亚历山大港，取代雅典跃升为地中海新的学术艺术中心，保存并传递古希腊的香火。此后一段时期，欧亚大陆的文化交流、民族融合、商业往来都加速推进。先进的生产技术、完备的商贸规则、强大的军事技战术纷纷东传，同时东方的很多成果也被传至西方。远端的中国亦受到波及，例如古希腊雕塑经过波斯安息、印度犍陀罗等地，辗转抵达中国，最后演变成佛造像。

不过热闹过后，希腊化的光辉也慢慢消散，本土化的浪潮绝地反扑。塞琉古与托勒密王朝的君主和很多贵族都是马其顿人，他们反而被当地文化同化。其中最典型的例子是托勒密王朝的法老（这个称谓就已经埃及化了），从托勒密二世起居然继承了埃及王室兄妹通婚的传统，其目的是保持血统的纯正。这种结果真

◎世界七大奇迹之一亚历山大港的法罗斯岛灯塔。

是让人大跌眼镜。如何理解这种现象，不妨先看一下三大王朝的简表。

王朝	马其顿	塞琉古	托勒密
起始时间	前 276 ~ 前 168	前 312 ~ 前 64	前 305 ~ 前 30
大致地域	马其顿及希腊	主要是原波斯帝国疆域	埃及、腓尼基

从地域上看，不难发现三个王朝基本是早期三大古文明区域的划分。亚历山大的统一伟业瞬间从终点又回到起点，似乎不能将其视为倒退，而更像是回归。所以仅从领土上看，亚历山大的功绩都已作古。其中面积最大的塞琉古王朝更是继续分解为巴克特里亚王朝（现在的阿富汗、巴基斯坦部分地区）和帕提亚王朝（伊朗高原和两河流域），退回到波斯帝国之前。

与亚历山大帝国回到起点不同，中国展现出别样的景致。秦灭六国，实现统一。秦始皇（前259 ~ 前210）推行书同文、车同轨，统一货币和度量衡，修通陆路交通，北筑长城防范匈奴，南修灵渠兵达桂粤，清除各国残余贵族势力，设立郡县由朝廷直接派驻官员管理。都城咸阳在秦国版图中偏于西北，坐拥关中平原的雄威，秦始皇的号令直达帝国的每个角落。尽管还没完成“普天之下莫非王土”，但是至少已经做到“率土之滨莫非王臣”。套用希腊化时代的说法，此时的中国是一个秦国化时代。别看秦朝短寿，但是秦朝的精髓已经渗入中国大地，仿佛埋在地下的兵马俑军阵，不为人知却散发着力量，以后历朝历代都得接这股地气。

秦始皇和秦二世均施行暴政，罄竹难书。陈胜、吴广揭竿而起，引燃大泽烈火；六国旧势力纷纷起事，各怀复国春梦。正所谓“秦失其鹿，天下共逐之。”公元前207年刘邦兵入咸阳，秦亡。此后四年，楚汉战争，最终项羽败亡垓下，刘邦统一中国，建立汉朝。

秦朝败亡，没有出现重新七分天下的局面，而是经过短短几年，再次迅速统一，回归中国历史前进的正轨，迎来了更为稳固的汉帝国。中国人对此习以为常，欧洲人则颇感新奇。腓力和商鞅“师出同门”，初期效果相同。可是商鞅的成果维持二千余年，腓力的成果维持不足二十年。从相同到不同，难道是东西方的人力差别和兴趣选择吗？难道某些政治家的强权执行力，或某些思想家的道德感召力，就能制造和掌控这些相同和不同吗？

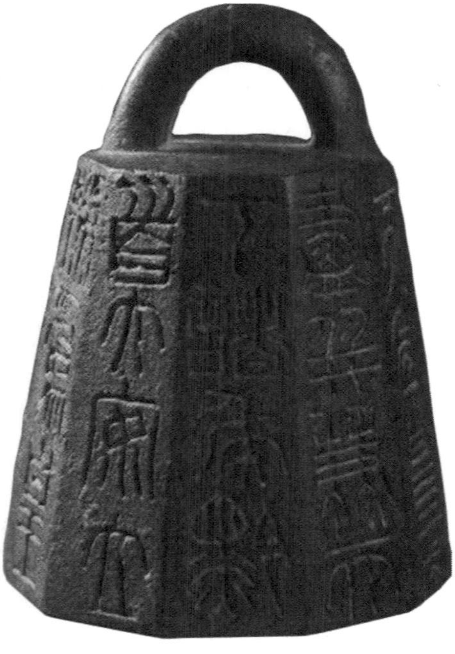

◎秦制1.5斤铜权，铸有秦始皇廿六年（前221年）统一度量衡的诏书。全文共40字：“廿六年，皇帝尽并兼天下诸侯，黔首大安，立号为皇帝，乃诏丞相状、绾，法度量则不壹，歉疑者皆明壹之。”

1.20 脆弱的古希腊不堪一击

去希腊旅游，在感受辉煌的同时，也经常陷入一种矛盾。那么多具有现代气息的内容，本应代表历史发展的方向，却被无情地淘汰，并长期被漠视，甚至无视，怎能不令人遗憾。最大的困惑莫过于古希腊民主制度的消亡。

民主可以有各种层面的解读，以社会现实为基础，追求自由、平等、公正等等，不过民主绝非从天而降或与生俱来。商品经济要遵从自由、平等、公正等交易原则，相应的原则延伸到政治体制中，构成了民主制度的基础。这是正常的顺序，不能相反。商品经济是民主制度诞生的一个必要条件，但是商品经济对于社会整体来说很难保证完美，其种种弊端引发的连锁反应也会体现在民主制度之中。

古希腊民主制度的缺陷常被人提及，不能做到全民民主是最大的硬伤。以雅典为例，全盛时期，自由公民的总数，包括妇女和儿童约有 9 万人，而男女奴隶约有 36 万人，还有其他身份如外邦人等等加起来约有 4 万人。全权公民仅指自由民中的成年男子，总数在 3 ~ 4 万人。所以如要享受民主，必须仰赖命运的安排。先要投胎于公民家庭，性别也不能搞错。而以当时的经济基础，民主的范围无法扩大。如果扩大，等于雅典城邦自毁前程。

另外就是民主暴政，典型的例子是哲学家苏格拉底（前 469 ~前 399）之死。苏格拉底以煽动青年、污辱雅典神的罪名当众受审，被处以死刑。后世的争议在于审判过程符合程序正义原则，但是伟大的灵魂工程师却被处死了，由此产生了悖论。这起事件已经被无数学者用解剖刀似的分析来回梳理过千百遍，没有答案的故事最迷人，只是翻新的难度越来越大。

还有民主制度最终没能制止道德上坏人的产生，后来演变成政治斗争的工具，造成派系倾轧。陶片放逐法逐渐沦落为一派排挤另一派的武器，民主精神消散，效率越来越低。等到要用真刀真枪来决定城邦命运时，破碎的陶片不能再被废物利用，而是彻底成为废物。

古希腊后来臣服于马其顿，能不能下这样的结论：君主制必定战胜民主制，就像因为希波战争，可以得出民主制必定战胜君主制一样？其实两个结论都似儿戏，是自说自话。有人说马其顿后来被同化，因此不能说是古希腊的失败。事实上，在希波战争中最被人称道的民主制度，甚至被认为是取胜的主要原因，却被马其顿以及后来的政权踩在脚下，弃之不用，扔进了历史的垃圾堆。所谓的希腊化，是剔除民主的希腊化。民主这件利器怎么时而有效、时而失效呢？

古希腊的失败及民主的消失过程非常简单。马其顿国王腓力二世意外去世，希腊城邦认为获得了反抗的机会。公元前335年古希腊城邦之一的底比斯谣传亚历山大去世，起兵欲摆脱马其顿的统治，其他城邦纷纷响应声援。亚历山大闻讯后，挥师南下。底比斯人具有反抗精神，拒绝投降。亚历山大强行攻入，将全城夷为平地，杀死6000多人，幸存者全部被卖为奴隶。这个20岁年轻人的所作所为，比波斯人还狠辣。其他希腊城邦吓得肝胆俱碎，斗志全无。结果各城邦再次俯首称臣，开创视生命高于民主、自由、独立、平等的先例。亚历山大也立刻停手，既往不咎，宽以待人，留下些驻军后撤兵返回，从此成为全希腊的领袖。亚历山大的手段好像不是亚里士多德所传授，后来的路数跟圣人王政也没有关系，而是典型的强权行为。

◎《苏格拉底之死》，大卫，18世纪末。

希腊城邦的失败表明以前的军事优势不复存在，其战斗力不如马其顿。希腊城邦发展海军保护海上商路和港口安全，获益最大，相比之下更擅长海战，缺乏大规模陆战经验。斯巴达等城邦的陆军看似强悍，不过在更大范围内比较，只能算是耗子扛枪窝里横。反观马其顿，农民出身，种粮蓄兵已积攒多年，步兵方阵更是无敌，取胜在情理之中。从生产者的角度看，就是种粮的人在陆战中击败了榨橄榄油、酿葡萄酒的人。不需要通过商品交换，打赢就通吃。对此加以引申，从农业生产对军事力量的影响来看，就是粮食作物战胜经济作物。这种现象在农业社会屡见不鲜，更有甚者，游牧击败农耕也是家常便饭。

◎公元前3世纪希腊化时代的银币。正面为亚历山大像，改变了以前图案以神像为主的传统。

希腊城邦的臣服并没有立刻完全毁灭其辉煌。在希腊化时代，诸多事业都在延续，并取得进步，甚至连局部小孩子过家家式的民主都还能维持，只是在军事政治上无法保持强势而已。由此回想，如果希波战争的胜负结局倒转，估计也是波斯帝国很快解体、占领古希腊的波斯人被希腊化。历史肯定会被改写，但是最多也就改写百年，之后的故事还是老套路，因为以当时的生产力水平还不足以变换出新花样。这样的结果可能是不会出现伯利克里时代的辉煌，但也许会出现另一种辉煌。那么君主制与民主制到底谁更有优势呢？

君主制、寡头制、民主制是权力设置的不同方式，在中国古代不存在孰优孰劣的争论，因为只有君主制。印度、波斯与中国的情况相似。从古希腊城邦到罗马帝国的进程中，民主制最先被淘汰，随后是寡头制，最终被保留的是君主制。几大早期文明区域在权力设置上最后同归一路，显示出农业社会发展的某种内在规律。

人类虽然是社会性动物，但在早期无所谓管理权。后来部落氏族生产力提高，人口增多，问题相应增加。对于人民内部问题，不宜用武力解决，对话沟通是主要方式。由于立场不同，道理往往说不通，因此需要一位大家都信服的人来做裁决，于是出现了智慧型首领（区别于其他生物的力量型首领）。后来又发现，多听首领的话，不仅能解决问题，还可以提高生产、促进和谐，于是大家决定，首领专职管理，不用从事生产，他的生活所需由大家供给，甚至可以高于平均值，这就是管理费用。再后来就是出现私有制，出现不同的社会阶层，管理费从实物逐渐演变为税收和货币。首领的权力越来越大，有的腐败变质，在人们自愿缴费的基础上又添加被迫缴费。首领演变为领袖和领导集团，管理的范围更加广阔，几乎无所不包。管理的水平和效率有高有低，人民群众有赞有怨。管理费则一直缴纳到现在。另外，抗击入侵不能一盘散沙，所以集体安全问题也是促使领导出现的重要原因。如果实力强大，领导集团带领普通民众又成为可以对外实施暴力的利益共同体，这样的实体就是国家的雏形。

国家是能够实现群体共同利益最大化的高效组织，是社会发展的阶段性必然产物。通过掌握国家的管理权，部分人可以获得超额利益，因此对管理权的争夺日趋激烈，管理权可简化为权力。由此引发出一个大问题：权力的设置与制约。就是常说的政体、政治制度，可简称为政治。不同地区因自然条件差异、发展程度不同，会形成不同的政治制度。

权力出现的本意是为了保证效率和公平，但是节外生枝，由于权力不能彻底解决社会差异，再加上权力滥用，在某些方面造成效率低下和更大的不公平。于是在权力及私有制形成的过程中，社会逐渐形成一种行为规范，就是道德，善恶由此登台。道德一般具有约束性，不带强制性，于是又产生法律。

道德和法律系出同源，内容有交叉，也有差异，自成体系。在大方向上法律和道德有一致性，但在具体操作上也有不合拍的部分。法律是权力的外延内容，带有约束性、强制性，经常与普通民众的利益相悖。由于法律和道德都随着社会发展而发展，所以对于新生事物都有滞后性，也是引发社会冲突矛盾的起因之一。世界现存最早的法律资料，记录在公元前二千多年前两河文明的泥板上，之后该地区的《乌尔纳木法典》《汉莫拉比法典》都是人类早期的立法尝试。至古希腊

◎汉莫拉比法典，公元前 18 世纪。玄武岩，高 2.25 米，直径 1.90 米。

时代，法律已经成为维持社会运转的基本保障了。

古希腊的民主制度就是经过以上一系列复杂的社会演变之后，在生产、技术、商业、军事、政治、宗教、法律、道德等因素综合作用下，某些城邦发展到某个阶段出现的一种权力设置方式。但是从地域资源和人口数量方面观察，这种民主制度极为娇嫩和脆弱，存在诸多弊病，也充满了各种恶，始终处于弱稳定和弱平衡状态，稍有风吹草动，便会遭受重创。社会发展的很多变化都会让其面临灭顶之灾，导致经济军事衰落，最终一切化为乌有。马其顿兴起之前，古希腊其实已经病入膏肓，很多制度成为历史前进的绊脚石，既不能保证城邦内部正常运转，继续提高生产，又不能制止城邦间无休止的战争，维持安全环境。所以同其他所有制度一样，只要不合时宜，就难逃被抛弃的命运，其中的优秀部分必须遇到合适的土壤，才能重新生根发芽。

美人迟暮，英雄末路。与古埃及、波斯帝国灭亡相同，古希腊整体逐渐消失也是历史的进步。毕竟爱琴海太小了，当人们的生存空间扩大至整个地中海时，因自然条件变化，社会内容必然随之改变。如果将眼光放得更加长远，这种貌似退化的过程，也可以理解为战略性退化。它不是简单的个人作为，而是复杂的整体行动，就像统一后的分裂一样，都是在为后来的进化做必要的铺垫。正如荀子所说：“天行有常，不为尧存，不为桀亡。”历史的进程有时不会顺应当时所谓多数人的选择，更不会顾及后人的情感好恶，而是经常接纳适时的暗淡，同时抛弃过气的辉煌。

● 1.21 游历述史和凿空探险

2009 年 12 月 14 日，中国至中亚天然气管道贯通仪式在土库曼斯坦阿姆河右岸的某工厂举行。土库曼斯坦、乌兹别克斯坦、哈萨克斯坦及中国领导人出席。仪式很简单，项目意义却很重大，有评论指是复兴丝绸之路的重要之举。

“丝绸之路”一词首先由德国地理学家李希霍芬在 1877 年出版的《中国》一书中提出，原指中国汉朝穿过新疆、中亚及印度之间，以丝绸贸易为主的交通路线。此后通过进一步考证，将路线延伸到小亚细亚。现在距离最长的丝绸之路是指从西安到罗马，不仅路线越来越复杂，而且范围扩大。历史的跨度被延续至今，将来定义为从东京到伦敦也未可知。不过丝绸之路可能并不是早期人类进入中国地区的路线，印度—缅甸—云南—四川一线湿热的气候更适合他们在迁徙中生存。

通过交通路线实现人员流动，是人类维持交往的必要手段。在古代，商人是人员流动最频繁的群体，战争时期则多为军士。人员流动不仅带来利润和战果，同时还带来新信息。士兵战事辛苦，文化水平低，传递信息的效果较差。商人要好很多，闲暇时间可以多逛逛、多看看，总有新发现。商人游历要以经商为主，但也有个别另类以经商为辅，主要目的是到处游走，把所见所闻、所思所想都记录整理，最终成文，得以流传。在这方面古希腊的历史学家希罗多德（前 484？～前 425）是代表。

◎希罗多德

希罗多德留下史学巨著《历史》，在西方被誉为“历史之父”。

他出生在小亚细亚西海岸波斯统治下的一座古希腊城市，家境殷实。希罗多德从小勤奋好学，酷爱史诗，后因家庭卷入政治斗争，被迫离开家乡。大概从30岁起，他开始了一次地域广泛的游历。他向北走到黑海北岸，向南到达埃及最南端，向东至两河流域下游一带，向西抵达意大利半岛。翻山越岭，跨河渡海，他的足迹踏遍东地中海周边的主要地区。每到一地，希罗多德就去古迹名胜游览凭吊，同时考察地理环境和风土人情，并记录感想。他还喜欢听当地人讲述民间传说和历史故事，对于自己不能到达的地方，也尽可能找人了解。在雅典期间，他和伯利克里等名人有交往，详实记述了希波战争。整个游历过程中，他也行商贩货以维持生计。希罗多德最后来到雅典人在意大利南部的殖民地图里，完成写作。从作品推断，他的游历可能将近十年。利用如此长的时间积累资料、完成著述，对于古人来说并不容易，也许商人的身份对其有重大帮助。

晚于希罗多德三百多年的中国历史学家司马迁（前145 ~前87）也有类似的经历。司马迁生于史官世家，久居长安，博览群书。20多岁时，为增强阅历和见闻，用两年时间游历四方。据《史记·太史公自序》记载，他到浙江会稽探访大禹，到长沙汨罗江凭吊屈原，到山东曲阜追忆孔子，到江苏徐州了解刘邦。回长安升官后，还奉命到过四川和云南。其余大部分时间，主要在长安及周边活动。司马迁用十余年时间写完《史记》后，很快就辞世了。

◎司马迁

司马迁的《史记》被鲁迅誉为“史家之绝唱，无韵之离骚”，历史地位极高，与希罗多德的《历史》同为人类瑰宝。虽然两人还不能摆脱以自身地域为中心，俯视周边的姿态，但是已经具有一些文化平等、独立的意识，不因敌我、强弱、贫富等因素而过度贬低对方。这点难能可贵，非常符合现代潮流。两人的通病则是因时代局限、资料缺乏，免不了加入很多传说和文学色彩，治史难以做到严谨，至班固和修昔底德方得到改进。

两人也有很多不同点，比如一个为民，游历时间长；一个为官，游历时间短等等。最大的不同就是，不论以当时或今天的眼光看，希罗多德是国际游，而司马迁是国内游。也就是说，希罗多德去了不同的国家，而司马迁只是去了不同的郡县。这不能怪司马迁，因为他所处的时代早已不是孔子周游列国的春秋时期。当时汉朝疆域已经很大，即使他的游历范围再扩大，也难出此圈。希罗多德正好相反，走出家乡就算出国，跟现在的迷你小国一样，每换一地都是新政权。由此看出，两位史学泰斗在命运之初就确立了不同的视野，由此折射出的差异不能用目光短浅或远大来简单概括。

除了商人和军士，僧侣和使节也是传递信息的群体。能够远行的僧侣多是信仰执着的人，而且具有一定的文化水平，缺点是记录难免神神叨叨。使节在政治实体间传递信息，所以对准确性要求最高。不过使节的出访地一般都很明确，多走已知的安全路线。汉朝出了一位使节，走了部分未知的高危路线，他就是张骞（前164？～前114）。

汉朝前期历经文景之治，休养生息，平定内乱，人口增加，产生了向外扩张的动力，与北方的游牧民族匈奴长期作战。汉初，人们的知识结构中并不清楚了解匈奴以西的世界，多以各种先秦典籍作为依据。汉武帝时，从匈奴俘虏口中得知，匈奴以西还有月氏国与匈奴为敌。汉武帝希望联合月氏共破匈奴，于是招募使节前往。张骞应募，带领一百多人组成使团西去，同行者有一名匈奴人叫堂邑父。使团于公元前138年刚出陇西，便被匈奴俘获。张骞被截留十载，娶妻生子，但是汉节不失。后来匈奴看管放松，张骞召集部分属下继续向西，数十日后于公元前129年左右到达帕米尔西边的大宛国，又至康居、月氏、大夏等国。与月氏结盟攻击匈奴的使命没有完成，张骞只能返回，途中又被匈奴俘获。一年多后，匈奴内乱，张骞和妻子及堂邑父于公元前126年趁机回到长安，历时十三载，不辱使命。

今人面对海量信息，经常为如何筛选而苦恼，已经很难理解张骞向汉武帝和官员们讲述自己见闻的场景。在最高决策层，传播有价值的域外新信息，是中国历史中的小概率事件。汉武帝据此制订破敌之策，张骞随军参战，提供地理参考，立功封博望侯，获得人生的最高荣誉。“博望”与张骞的经历有关，取博广瞻望之意。可惜后来张骞因战事失误，论罪当斩，只好用爵位抵罪，被贬为庶人。公元前 119 年张骞拜中郎将，二次出使西域，至乌孙国，分遣副使至大宛、康居、大月氏、大夏、安息、身毒等国，前 115 年回，翌年去世。

张骞的伟绩是中国历史中的唯一，其他人物难以与之相比。他的行进路线主要包括河西走廊，塔克拉玛干沙漠南北，帕米尔高原以西的锡尔河、阿姆河流域，看起来也就离开现在的中国国境不远。如果以盛唐的版图看，甚至可以算是国内游。可是今日拥有，不等于过去如探囊取物，因为一般情况下，农耕势力向游牧

◎《张骞出使西域》，敦煌莫高窟壁画，初唐。

地区扩张非常困难。丝绸之路兴起是历史的必然，张骞只是将时间提前了。虽然不能说中国西部是张骞打下的江山，但是此后该地区错综复杂的演变都必须和张骞的凿空之旅挂钩，作用深埋潜流，不可小视。汉文化西传的同时，中国也海纳百川，通过丝绸之路汲取异域文化的营养，以利于自身的创新和发展。比如后来出现了很多以“胡”字为前缀的词语，与近世带“洋”字的词语相似，不过有请进来和打进来之别。

后人总希望张骞留下的资料再详实一些，以便多了解那个时代。其实对此大可不必强求，他已经非常出色。勇于探索、客观严谨、吃苦耐劳、机智勇敢等，足以树立为“张骞精神”，供后人学习借鉴。不像有些人只是坐在家里编梦游记，内容诸如某国人有三个身子，某国人只有一臂一目一鼻孔等等，遗祸后代。

张骞的事迹主要见于《史记·大宛列传》和《汉书·张骞李广利传》，都不是独立成章。可见当时的人只认为他是一般的国家级个人英雄，还不是具有影响力的国际人士。现在张骞的“探险家”称号是近代从西方引进的，按照中国的传统，张骞被称为“涉险家”似乎更合适。古代探险家并不是以探险为本职，与张骞相似的西方探险家也有各种其他职务。尽管张骞等人的行为受政治或商业利益驱动严重，但是地理发现属于科学发现范畴，于是统一用科学意味浓厚的“探险”一词来描述他们，与冒险家划清界限。比探险家更早走过同样路线的人只能算是过客，因为完成探险只是探险家的前半程，后半程是要把新知识带回自己的社会，并对后世产生影响。影响越大，探险家的级别越高。

张骞是中国的骄傲。他的继任者是西方的迪亚士、哥伦布、达·伽马、麦哲伦等。他们共同的传奇展现出一幅壮丽的场景：最伟大的探险家手中并没有地图，只是心中有一条路。

汉朝上下对西域了解后，商业军事双管齐下，不仅慢慢清除了匈奴的威胁，还增强了地区影响力。东汉大将班超威震西域诸国，公元 97 年曾派部将甘英出使罗马帝国，到达安息（帕提亚王国）的西海（波斯湾），没能继续前行，又不熟悉陆路，只能折返而回。甘英生长于内陆，不了解大海，产生畏难有情可原。这是中国人的传统，即使张骞遇海，估计也未必成行。但甘英实现的地理坐标是元朝以前中国使节所到达的极值，连盛唐都未能超越。东汉与罗马帝国的交往失之交臂，令人遗憾。如果甘英能够见到罗马皇帝和罗马城的胜景，彼此多添加一道记述，可能有助于加快后来的历史进程。

同样的遗憾也发生在张骞身上，但他本人根本意识不到这一点。希腊化时代的塞琉古王朝曾将势力扩至锡尔河中游，并建设亚历山大城。后任者巴克特里亚王朝控制中亚一带，继续推进希腊化的进程。可惜这股热潮迅速冷却收缩，该地区又被从东方迁徙来的民族占领。张骞晚到一百年左右，所见的古希腊文化残留估计没有给他留下深刻的印象。古希腊和中国在彼此伸手的交集地区因时间错位，没能握手也没能撞出火花，有些造化弄人，余恨千古。

亚欧大陆同为一体，在全球地理上有其特殊性。各路早期文明经过独立成长，终于在亚历山大帝国和汉帝国的东西扩张中，实现了地理贯通，彼此开始接触和了解。这是人类社会发展的必然结果和重大事件，也是文明的幸事。不过受制于社会综合状况，这个开始仅仅是个开始，还有很多空白需要填补，难以实现大跃进。之后中亚、西亚势力增强，中国和欧洲的扩张能力又停滞或减弱，失去了持续直接接触的机会。亚欧大陆两端，只能东西遥望，天各一方，直到大航海时代开启。

◎和阗马钱，又称汉佉二体铜钱，是1～3世纪中国新疆和阗地区的地方货币，采用古希腊的打压方法制造。受希腊化影响，正面有马的图案和佉卢文，但背面受中国影响，用汉字“六铢钱”记值。该钱是多个古文明交流、合力的产物，也是古希腊和古中国对某地共同产生影响的早期证据。此类证据极为罕见。

第 2 章

天 各 一 方

2.1 欧亚大陆两端的罗马帝国和汉帝国

此次旅行的航程，去雅典之前，需要在意大利罗马转机。我在罗马停留了两天，有机会参观这座历史与现代浑然一体的世界名城。

“罗马不是一天建成的”，这是一句常见的西方谚语。刚听到时觉得这是一句正确的废话，世界上有哪个城市是一天建成的？不过通过游览，我深深感受到，罗马确实不是一天建成的，因为它一直在建，连续建了两千多年。

对于罗马古城的直观感受，最早来自电影《罗马假日》。在奥黛丽·赫本和格里高利·派克的精彩表演中，一座欧洲古典城市的风貌得到尽情展现，给人留下深刻印象，相信许多中国观众都有同感。出发之前，我又重温了一遍电影，经典就是经典，每看一次都有新感觉，更何况这次就要亲身去罗马。

相传特洛伊战争后，一位叫伊尼阿（根据希腊神谱译为“埃涅阿斯”）的神话英雄带领族人来到意大利定居，生活繁衍，古罗马和古希腊由此有了远亲关系。罗马城的起源与母狼哺婴的传说紧密相连，广为人知。这种弃婴水中漂、历练当英雄的故事，在地中海沿岸和波斯地区广泛流传。最早的原型可能是两河流域阿卡德王朝的创建者萨尔贡一世，犹太领袖摩西、波斯居鲁士大帝等人也都有类似

◎右图：罗马城诞生的传说；左图：中国陕西博物馆馆藏的唐朝文物鎏金舞马衔杯纹皮囊式银壶。

的传说经历。这种故事模式后来也传到东方，比如中国小说《西游记》中就有唐僧出生后在江中漂至金山寺的情节。该故事类型产生的动机是多方面的，突出英雄人物的与众不同、成长艰辛、独立自主可能是主要原因，因此也成为普通民众最乐于接受的一种励志主旋律。

古罗马人流传的故事发生在公元前 8 世纪早期。说到细节，几乎完全照搬居鲁士大帝的故事，包括母狼哺婴。有别于其他传说，古罗马版本的主人公是一对孪生兄弟，多出一个角色。因遭恶人陷害，有王室血统的两个婴儿被女仆放入摇篮，抛入台伯河中，希求奇迹。漂流至帕拉蒂诺山脚，先被母狼哺乳，后被牧羊人收养。两人共同成长，完成复仇大业，并以帕拉蒂诺山为中心建立新城。随后兄弟反目成仇，起因居然是为城市冠名权而引发争执，最终哥哥罗穆路斯杀死弟弟雷穆斯取得统治权，以自己名字命名新城为“罗马”，连准确日期都有。经后人倒推折算，定为公元前 753 年 4 月 21 日。

把自相残杀定为城市创立的前传，以武力定胜负，为了荣誉而战，不含道德评判，世上恐怕少有。每次看到结尾，总觉得怪异，古罗马人这样讲故事的目的让人难以琢磨。早知道天无二日，何苦开始编出地有二主？为什么要在一个崭新明天开始的时候，附带一个血腥的前夜呢？

抛开传说，罗马在草创时期并无奇特之处。亚平宁半岛也称意大利半岛（意大利的国名由此而来），是地中海三大半岛之一，位置居中，像一只长筒高跟鞋踏在海中，与其下方的西西里岛合成一个完整的地理区域。这里气候宜人，很早就有人类定居繁衍，但与东方的邻居相比，文明的脚步要慢一拍。古希腊海外殖民地的扩张促进该地区发展，不过为方便与希腊半岛往来，新城邦多建在东南部，尤其是西西里岛。叙拉古在古希腊后期已经成为经济、文化中心。

与南部不同，因受到亚平宁山脉阻隔，半岛西北部发展相对落后，罗马就处于西北部的中间位置。公元前 8 世纪左右，来自小亚细亚的埃特鲁斯坎人抵达这里，与当地人融合，一起成为古罗马先民。随着农业发展，古罗马诸多部落形成松散联盟，尊盟主为王。罗慕路斯就是回溯的第一位王，该阶段称为王政时期（前 753 ~ 前 510）。同古希腊人向腓尼基人学习一样，古罗马人也开始向古希腊人学习。他们种植经济作物，从事贸易往来，把经济结构变化延伸到政治制度，以共和制逐步取代王政，形成以元老院（代表贵族）、执政官和公民大会为主要构架的权力核心，包括了古希腊民主制度的很多内容。这一阶段称为共和时期（前509～前27），也是罗马帝国创立前的崛起时期。需要特别注意的是，从王政出现到帝国灭亡，罗马并非专指罗马城及周边，也有国家的概念。

古罗马埋头发展，随着实力增强，于公元前5世纪开始向外扩张。经过一连串的征服、合并、结盟，古罗马在公元前270年左右控制了整个亚平宁半岛，成为地中海举足轻重的大国。此时，古罗马遇到了一个强劲的对手，不是东方的希腊化诸王朝，而是地中海对岸南方的迦太基。

迦太基城位于今天突尼斯首都突尼斯市附近，是腓尼基人海外殖民的重大成果。迦太基从公元前9世纪左右开始建设，到公元前3世纪成为地中海西南部的强国。其控制范围东接埃及托勒密王国，西至今天的摩洛哥和西班牙，地中海西部的西西里岛、撒丁岛、科西嘉岛也归其所有。迦太基人善于经商，制造的床和家具是风行一时的奢侈品；他们同时开发北非和西班牙的银矿，积累了大量财富。

◎迦太基城复原想象图。

迦太基实行贵族寡头统治，海军力量强大，陆军也不弱，在与古希腊的对抗中不落下风。波斯帝国和亚历山大帝国鼎盛时期，都妄图占领已知世界，并分别控制和吞并了地中海东岸腓尼基人的老家，只是还没有来得及对迦太基下手就衰落了。

古罗马与迦太基距离太近，利益冲突严重，成为古罗马兴起的主要障碍，必须通过战争决一雌雄。因古罗马人简称迦太基人为“布匿”，所以这一战史称“布匿战争”。战争断断续续，历时百余年，有三个时段比较重要。第一次布匿战争（前264 ~前241）耗时最长，古罗马将迦太基逐出西西里岛，取得战略优势。第二次布匿战争（前218 ~前202），迦太基展开反击，将领汉尼拔率军翻越比利牛斯山、阿尔卑斯山，从北面进攻古罗马，搅扰亚平宁半岛，威胁罗马城。其中前216年迦太基在坎尼以少胜多，大败古罗马军队，是军事史上的著名战例。不过因深入敌后孤军奋战，面对古罗马将领大西庇阿的强力反击，汉尼拔还是以失败告终。

古罗马愈发强大，迦太基则被不断蚕食，逐渐龟缩一隅。“迦太基必须被毁灭”已成为古罗马人的信条和目标，并且为之精心准备。公元前149年第三次布匿战争爆发，古罗马军队势如破竹，兵临迦太基城。但迦太基城易守难攻，又临海，三年难以攻克。最后罗马统帅小西庇阿建造了一座大堤，从海陆两面将迦太基城彻底围困。前146年，坚固的城墙终于被突破，古罗马人百余年的愤怒转化为无情的杀戮，试图把有关迦太基的一切在历史中抹去。屠城过后，投降的迦太基人全部沦为奴隶，城市夷为平地，并下令禁止人们居住，直到屋大维时代才得以恢复。布匿战争打得惊心动魄，古罗马胜利后战果累累，成为海陆兼修的军事强国，为同时向东方进军奠定了基础。布匿战争是地中海的南北对决，二者曾经旗鼓相当，但北非的综合资源不及南欧。此后的历史中，北非也是长期处于劣势。

第二次布匿战争后，迦太基已无力反击，进入防御状态。古罗马人开始东征西讨，公元前168年灭马其顿；前146年击败以科林斯为首的联军，吞并古希腊；前190年击败塞琉古，使其沦为附属国；前64年彻底征服塞琉古（从塞琉古分裂出的帕提亚未被征服）。恺撒（前100 ~前44）西征高卢，将版图扩至大西洋；前30年屋大维击败政敌安东尼和埃及艳后克里奥帕特拉七世的军队，灭托勒密王朝，吞并埃及。在此期间，小亚细亚的诸多小国也纷纷归附古罗马。对外扩张的同时，古罗马内部的争权夺利从未停息，贵族与平民矛盾加剧，共和制无力应对，名存实亡。最终，恺撒的甥孙、养子屋大维（前63 ~ 14）胜出，于前27年获“奥古斯都”称号，大权独揽。此后古罗马虽然还有共和之名，但实际已建立帝制，从此进入罗马帝国时期。至2世纪中叶，帝国达到鼎盛，地跨欧亚非，与中国的汉朝并立于欧亚大陆的两端。

从罗马建城到罗马帝国建成，古罗马人绕着地中海打了一圈，过程非常艰苦。相比之下，早于罗马帝国近两个世纪的汉朝建立得比较轻松，只须把秦朝留下的烂摊子收拾好就可以了。汉高祖刘邦（前256 ~前195）算是农民出身，不用编排弃婴漂流的故事，芒砀山斩白蛇已经足够。他无匹夫之勇，却知人善任，最终击败项羽，乱中取胜，得天下后定都长安。

对于中国人来说，长安是一座魅力无穷、却难以感同身受的城市。它位于关中平原渭河南岸，地理条件优越，有“八水绕长安”之说，既处膏腴之地，又受关隘守护。以大长安的概念理解，从西周开始，多个朝代定都于此，其中包括西汉和唐朝。现在西安的名称始自明朝，现存的古城也是明朝所修，汉唐风采空留于诗词歌赋之中，已不得见。这种遗憾是历史的宿命，就像罗马不是一天建成的，而长安不是一天拆除的。

刘邦本有意定都洛阳，后主要出于安全考虑，改为长安。决定的正确性不久就得到验证，各种叛乱都没有威胁到中央。异姓王、同姓王先后闹事，是中国历史中同类事件的开篇之作，一般都遵循王朝前期无大碍、后期无小事的规律。国富兵强之时，就是开疆拓土之日，汉朝真正的惊世之举始于汉武帝刘彻（前156 ~前87），东南两个方向轻易拿下，难点在西北。

游牧民族匈奴凭借骑兵优势，长期骚扰中原。刘邦曾受白登被围之辱，文景二帝和亲送礼也难保平安。为解除隐患，汉武帝时期，先进行了一场影响深远的军事变革。大量养马，以骑兵完全取代车兵，彻底扭转了对匈奴的军事劣势。在张骞出使西域的帮助下，汉将卫青、霍去病、李广等经过连年征战，收复河套地区，打通河西走廊置河西四郡，深入漠北直捣匈奴老巢。至汉宣帝神爵二年（前60年），在今新疆轮台设安西都护府，控制西域。匈奴败退，发出了“失我祁连山，使我六畜不蕃息，失我焉支山，使我嫁妇无颜色”的哀叹。

此后几个世纪，留下的匈奴部落逐渐与汉族融合，其他各部一路西迁，在丝

◎霍去病墓前摆放的马踏匈奴石像。

绸之路引发连锁反应。其中一支甚至远达欧洲，参与颠覆罗马帝国的统治。汉朝鼎盛时的疆域，东至朝鲜、南至越南、西至葱岭、北至漠南，除东北、内蒙、西藏、青海等人口稀少的地区和一些海岛外，已经接近今天的中国版图。

除了罗马帝国和汉帝国，同期西亚帕提亚王朝（安息）、中亚贵霜王朝也相继建立。罗马、泰西封（今伊拉克巴格达附近）、富楼沙（今巴基斯坦白沙瓦附近）、长安，这四大帝国的首都，成为连缀在欧亚大陆的权力中心。多个帝国同时出现，并且稳健存续多年，一改此前强大帝国短命或控制力偏弱的局面。一项重要的技术支持就是铁制兵器、铁制农具的普及。冶铁技术首先由小亚细亚的赫梯人在约公元前1400年发明，随后在欧亚大陆逐渐传播。至公元前后，由于技术不断进步，铁器不再昂贵，取代了铜器，在军事和生产领域得到全方位应用。同时铁做为重要资源，又受到统治者的有效控制。农业文明中，铜器时代和铁器时代的完全交替，在一系列新帝国的诞生过程中不经意完成了，而下一项可与之媲美的同级别技术则是千年之后的火器。

2.2 长寿的石头和短命的木头

角斗场又称斗兽场或竞技场，是罗马著名的旅游景点，也是罗马帝国的标志性建筑之一。角斗场呈椭圆形，顶部半圈损毁，整体保存还算完好。从外立面看最高分四层，下三层为石柱和拱门。石柱从下往上分别为多立克柱、爱奥尼亚柱、科林斯柱，是古希腊建筑中的三种典型柱式，但在此并不承重，只是起到装饰作用。与柱式技术完全不同，拱券才是角斗场的核心技术，也最为古罗马人所擅长。用古希腊艺术，为自己的建筑作品做外墙装饰，古罗马人的古希腊情结由此可见一斑。

角斗场内部主要由混凝土砖垒砌，分成两部分。外围是层层看台，中间是角斗场。角斗场的展示是解剖式的，可以看见地下部分修建有各种通道和小隔断，是角斗士和野兽进场的路径。地上部分现在只有局部铺有木板，当初则全部被木板等物遮盖，就是当年流汗流血不流泪的搏命场地。

◎角斗场内部。

参观过程按部就班，多少故事和影像在脑海中闪现，我免不了乱发一通豪情，联想一番和我八竿子打不着的罗马帝国兴衰史。感慨之余，觉得从建筑角度而言，角斗场似乎有点眼熟。突然间恍然大悟，想到了中国国家体育场鸟巢。

2008 年北京奥运会的主体育场鸟巢是现代中国的标志性建筑之一。其主体建筑材料是钢铁、水泥；也呈椭圆形，长轴 332 米，短轴 294 米，最高 68 米，可容纳观众 9 万人。角斗场的建筑材料是砖石、混凝土，重要连接部分用铁钩；长轴 188 米，短轴 156 米，围墙最高处 57 米，可容纳观众 5 万人。仅从这些数据看，似乎现代人进步不大。其实，除了角斗场的高度可能已达到当时的技术极限外，其他方面无论是古罗马人还是现代人，都还可以超越。比如当今世界最大的朝鲜五一体育场，长轴 450 米，短轴 350 米，可容纳观众 15 万人。演出大型歌舞《阿里郎》的时候，外国观众看得瞠目结舌。以朝鲜的国力都能如此，中国要是拿出当年搞原子弹的干劲，能建多大的体育场真不得而知。可见体量的增大并不是进步的全部标志，技术的提高还体现在其他很多方面。

角斗场代表着罗马帝国的辉煌，另外还具有其他古代建筑无法比拟的现代性。古人今人生活内容差异较大，所以建筑功能要求不同。古代建筑类型流传至今，除宗教类，其他大部分因为实用性差，已被淘汰。今人仿制古代建筑，多为旅游和怀旧。角斗场从形状上看，不过是两个古希腊露天剧场的对接，而它的突破是摆脱了对山体的依赖，独立建造。当今世界所有的体育场，全都可以看成是角斗

◎现存于罗马旧城附近的输水道遗迹。

场的隔世子孙。无论是建筑结构，功能设计，还是使用管理，几乎别无二致。角斗场的血色已被岁月的长河洗去，但作为古罗马人留下的建筑经典，一直供后人学习借鉴。如此看来，罗马帝国并不全是遥不可及的历史记忆。

拱券技术最早出现在两河流域，应用范围较窄。古罗马人掌握后，将其提升到新的高度。拱券结构巧妙利用力学原理，使材料相互挤压，既提高了承重量，还可以节省材料，扩大空间。拱券建筑是建筑史上的一次飞跃，替代了以梁柱为主的建筑。在拱券的基础上，古罗马人又发明了穹顶技术，成为日后欧洲建造大型室内建筑的重要手段。

与古罗马同期，中国工匠在汉朝已掌握最基本的拱券技术，用砖垒砌，不过主要用于墓葬中。现存最早带拱券的地上建筑是北魏时期的砖塔，后来拱券多用于桥梁和城门。河北的赵州桥和天安门的城门洞，国人最为熟悉。

拱券不仅用于角斗场等大型建筑，古罗马人还有惊人之举，利用它来获取水源。古代城市无论是选址还是发展，多受制于苛刻的自然条件，其中水源供应非常重要。城市首先必须依水而建，规模如果扩大，也要顺着河湖拓展。发大水固然很可怕，但那只是一时的灾难，缺水更可怕，将严重制约城市的活力。如果断水，等于宣告城市死亡，人们就得迁居。

随着帝国的兴起，罗马城人口激增，贯穿罗马的台伯河，河面窄、河床低，取水难度大，无法提供更多用水。为解决发展中的困难，古罗马人广开思路，利用拱券技术，无限复制一个个单体结构，下部支柱依地势可长可短，上部取齐，

在顶部砌成凹槽，建造输水道。从高远处的水源地开始架设，摆脱地形限制，将水源源不断地引向远方。关键节点还设置机关，调节水量。一些地势平坦、唯独缺水的地方得到发展，甚至一些地形险峻的军事要地，也因为有了水而得到守卫。多条输水道联成网络，总长达二千多公里。鼎盛时期的罗马城，人口达一百多万，是世界历史上第一座人口超百万的城市。虽然后世风云变幻，但一直能维持相当的人口数量、作为罗马城长盛不衰的首要保证，输水道功不可没。有些地段与现代设施相连后，甚至还在使用。意大利现存的输水道都是支离破碎的，保存较好的两段在西班牙和法国，当时都属于罗马帝国。西班牙塞哥维亚的一段，两层拱券，最高近30米，是同类建筑中的典范。法国的迦合桥一段三层拱券，大桥和输水道同为一体，底层是道路，横跨大河，蔚为壮观。每一条输水道都维系着一座城市的生命，意义不言而喻。

离角斗场不远，是古罗马共和广场。在罗马旧城内，延续古希腊传统，建有很多古罗马广场。英文是Forum，与古希腊广场的Agora都是专有名词。共和广

◎罗马帕拉蒂诺山上的混凝土建筑遗址。

场主要修建于恺撒时期，是市民的重要活动中心，有关宗教、政治、商业、文化方面的诸多社会活动都在这里举行，现在已经是一片废墟。广场建筑群中最多的是神庙，其他还有会堂、公共浴场等，保存最完好的是几座凯旋门。与希腊遗址不同，这里除了少量倒地的大理石外，大量是红色砖土材料的遗迹。这些是古罗马时代的混凝土。

意大利是多火山地区，积有大量火山灰。古罗马人就地取材，多种调配，垒砖砌墙，积累了丰富的经验。混凝土与石材相比，优势是价格低廉、使用方便，给建筑师们提供了宽广的创作空间。屋大维创立罗马帝国后，对罗马城进行大规模重建，原有建筑多被拆除或覆盖。在建筑材料上，古罗马人将古希腊人惯用的石材和自己娴熟掌握的混凝土混合使用，或者只用混凝土，创造了独特的建筑风格。历经近二千年，如今罗马旧城仍保留有大量的混凝土建筑遗迹。建筑的顶部已经坍塌，但是很多十几米高的巨大墙体依然屹立不倒。考虑到地中海沿岸并非干旱地区，再对比那些坚硬的大理石，不得不佩服古罗马人的技术与智慧。

拱券和混凝土的应用，使古罗马的建筑风格丰富多彩、千变万化。它们不仅扩大了城市的范围，还改变了城市的面貌。其中比较著名的是公共浴室，罗马城内就有多处遗址。既然叫浴室，洗澡的花样自然繁多，热水、温水、冷水皆有，但这种浴室并不只是用来泡泡澡、搓搓泥那么简单。它的建筑组成和功能非常丰富，相当于现在的大型休闲娱乐中心。除洗澡外，集餐饮、购物、表演、运动、阅读、品画、赌博、风月、演讲、开会、交友于一体。各种吃喝玩乐，应有尽有，而且门票低廉。富人可以尽情挥霍，穷人也可以消磨时光。

另外值得一提的还有，古罗马的采矿技术几乎达到了工业革命前的最高水平。他们可以将矿井挖 200 米深，利用排水系统将矿内积水及时层层排出，提高采矿效率。在开山凿石方面，古罗马人已掌握热开采技术，架好柴堆烧烤岩石，然后浇冷水，利用热胀冷缩原理，岩石就会碎裂，在修路、开矿时都会用到。中国战国时期的李冰修建都江堰水利工程时，也用过此法。尽管东西相隔，古人在工程技术方面却常常心有灵犀。

古罗马人经常嘲笑古埃及的金字塔、古希腊的神庙，认为大而无当，对自己变化多端的实用性建筑非常自豪。其实他们修建的神庙也不少，不过能将高级技术用于民用公共建筑，并抛开对神仙的依赖，确实超越前人。

与西方相比，中国早期单纯的地上石质建筑很少，体量较小，技术也不高。现今发现最早的是汉代石阙，是一种建在大门外的装饰物。后来石材常被用于桥梁和建筑的基座。虽然中国的石质建筑乏善可陈，但木质建筑却是世界建筑史上的一朵奇葩。皇宫玉宇巍峨缥缈，亭台楼阁千变万化。可惜以木材为主体，时间长久必然蠹烂倒塌，也难逃雷击火灾，所以汉朝未央宫、唐朝大明宫的雄姿只能在诗文中领略。木质建筑现存最早的是五台山两座唐代寺庙的部分殿宇，宋元保存下来的也很少，以明清居多。

草木土石是人类在农业社会的主要建筑材料，通常混合使用，土、石还可以做成较小的建筑单位砖。材料的选用，各地都是因地制宜。对于普通建筑，即需即建，只要能够挡风遮雨避寒保暖即可，东西方差别主要体现在高规格建筑上。既要高大雄伟，又要经久耐用；既要有技术能力，又要有资金支持。不可能都做到最好，所以必须有所取舍，服从地理和气候条件。其核心还是因地制宜，只是要求更为苛刻。由于地中海和中国内陆的自然条件差异，造成材料对气候耐久适应程度和原材料获取难易程度有重大差异。在地中海沿岸如果用木材，会很快腐烂，用石材更抗侵蚀。而中国内陆地区曾经森林茂盛，气候相对干燥，采石成本极高，用木材更合算。结果就是西方偏好石材，中国偏好木材，并由此形成了两种技术路径。各自扬长避短，导致风格迥异。

欧洲石质建筑的建造周期，耗时上百年、几百年的屡见不鲜。虽然慢工出细活，保证存世时间长，但决定开工建造的人经常不能活到竣工，建筑群总面积也必然受限。中国木质建筑的建造周期短，早建成早享受，还可以做到总面积很大，但是难保存，总要维修或重建。双方在早期技术定型之后，都形成路径依赖，后期难以改变，直到进入工业社会才逐步统一用钢铁水泥。如果仅从当世或几代人的角度观察，石质建筑和木质建筑各有千秋，难以简单评说优劣。但在今人看来，优劣判若云泥。石头可以屹立不倒，宣示荣耀，木头早已化作尘泥，无迹可寻。

中国也有一种特殊的建筑，建造周期很长，希望能做到永存。不过不是给活人用的，它们的同类是埃及金字塔。注重修建陵墓源自生死观。古人认为人死后会进入另一个世界，为了做到事死如事生，最高统治者都很重视修造陵墓，甚至

◎位于西安附近的汉武帝茂陵，周边还有卫青、霍去病、霍光、金日磾等人的陪葬墓。

当做头等大事。修建一座皇陵累积消耗的费用经常超过修建一座城市，管理皇陵是财政支出的常项，有一套极为复杂繁琐的制度。秦始皇陵至今难窥全貌，兵马俑不过是冰山一角。汉武帝的茂陵也是极尽奢华，刘彻在位 54 年，陵墓就建了 53 年。可惜，东汉末年吕布、唐朝末年黄巢，都曾掘墓挖宝以充军饷，茂陵只留下一个硕大的土包子供后人凭吊。中国早期的建筑遗存多是一系列的土包子，毫无美感可言，精华在于残存的包子馅。没有当年这些能工巧匠打造的精美艺术品，中国人对自己历史的自豪感恐怕会大打折扣。

罗马帝国的皇陵体量、深度都无特别之处，但都因有财宝陪葬，又易盗掘，在其后的乱世风云中多已消失。基督教兴起后，宣传凡事都由上帝安排，鼓励薄葬，认为花大笔钱修陵墓或陪葬，不如修教堂更容易上天堂。从此欧洲一座座教堂拔地而起，而墓地上只需立个石碑或十字架就可以了。

基于地理、技术、材料等差别，不同地区的早期主要历史遗存类型各有偏重。中国地下文物丰富多彩，欧洲地上建筑饱经风霜。但是不管地下和地上，它们现在都是全人类的瑰宝。

2.3 农业与商业的轻重选择

2008年7月，辽宁省博物馆精选了几件文物参加奥运文物展。其中一件是鸭形玻璃注，长20厘米左右，体量很小，以现在的眼光看，非常一般。但它不仅与唐代名画《簪花仕女图》同为辽博的镇馆之宝，而且身居中国首批禁止出境展览文物的名单，所以其身世肯定不一般。此物1965年出土于辽宁北票附近的墓葬，墓主人是五胡十六国之一北燕（407 ~ 436年）的贵族。它造型奇特，工艺复杂，是该类型早期玻璃制品中全世界仅存的一件。更为珍贵的是，对于中国而言还有一层特殊的意义，因为它来自遥远的罗马帝国。

◎辽宁省博物馆藏鸭形玻璃注，出土于5世纪初北燕贵族冯素弗的墓葬。

玻璃的主要成分是二氧化硅，在中国古代也称琉璃。琉璃是一个更宽泛的概念，玻璃只是其中一种。玻璃在中国出现较早，但烧制技术不高，属于高端奢侈品，曾经长期从欧洲、西亚进口。唐朝时，外来玻璃制品的地位非同一般，陕西法门寺地宫的出土文物能证明这一点。清朝小说《红楼梦》中，玻璃器皿还是王侯贵族看重的珍稀物品。直至清末，寻常百姓家依然难得一见。

现存最早的玻璃制品是约公元前2500年埃及的玻璃串珠。托勒密王朝时期的腓尼基工匠发明了玻璃吹制技术，逐渐在东地中海沿岸传开。玻璃制品以其透明的质地、多样的造型、广泛的用途，深受上层喜爱。玻璃成为奢侈品后，陶器开始衰落。罗马帝国建立后，在贵族的需求下，玻璃制造水平进一步提高，也兴起了多处制造中心。玻璃成品不仅本国用，也是重要的贸易商品。辽宁省博物馆的鸭形玻璃注经考证出自罗马帝国，不知经历多少年长途跋涉，转过多少商人之手，最后来到中国北方。其价值几何不好计算，反正人们不会为一只活鸭子如此大费周折。

除玻璃外，罗马帝国时期的青铜器、金银器、纺织品等多项生产技术都有提高。还有一样是羊皮纸，也包括牛犊皮纸。在此之前，该地区主要使用埃及的纸莎草纸。羊皮纸最早出现在希腊化时期的帕加马王国，在罗马帝国得到推广。尽管产量有限，但由于耐磨损易携带，作为高级书写材料，对于保存历史信息起到过重要作用。同时期中国东汉宦官龙亭侯蔡伦（63 ~ 121）改进造纸术，大大降低了造纸成本，人称“蔡侯纸”，替代了竹木绢帛。这是人类历史中的重要发明之一，后来传遍欧亚，

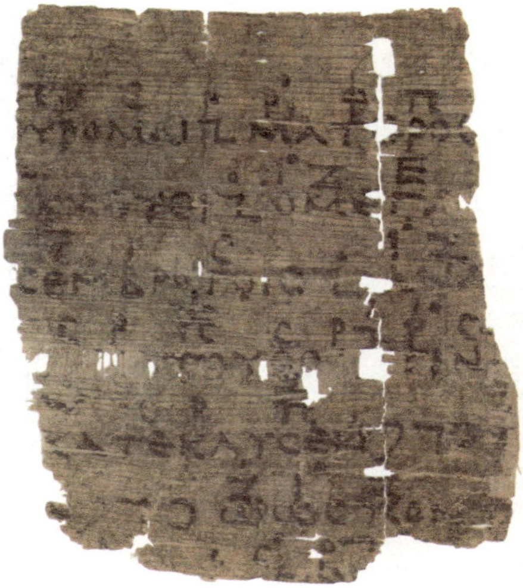

◎上左图：古埃及纸莎草纸；上右图：古罗马羊皮纸；左图：汉朝早于蔡侯纸的灞桥纸。

功德无量。但是与木质建筑相似，植物纤维纸长久保存有难度，令很多古籍佚失。幸亏中国还有碑刻，弥补了一些缺憾。

古希腊地区产品的优势逐渐丧失，在罗马帝国中的地位呈下降趋势。随着其他商路的开通，地理优势也不再显著，毕竟爱琴海太小了。这一变化对于古希腊地区来说是致命的，难以扳回。罗马帝国继承了古希腊的商业传统，贸易非常发达。不过由于地中海变成了帝国的内海，所以从前很多的国际贸易都变成了国内贸易。

古罗马直接的国际贸易伙伴中只有东边的帕提亚王朝够一定级别，两国经常打打和和。帕提亚王朝（前 247 ～ 224）从塞琉古王朝中分立出来，前期追随古希腊文化，后期又反对希腊化，回归波斯传统，所以更像是波斯帝国的继承者。帕提亚在地理上处于东西要冲，商业利益丰厚。其开国君主叫阿尔撒息，中国史书音译为“安息”，作为国名使用。帕提亚王朝后来被本地区兴起的萨珊王朝取代。

罗马帝国富有四海，经济上对外依存度较低。除了少量原料外，主要贸易是购买奢侈品，包括印度的香料、帕提亚的地毯等等。尤其是中国的丝绸，观感飘逸、手感柔滑，令富裕阶层为之疯狂。丝绸在希腊化时期已被贩卖到地中海地区，据传埃及艳后克里奥帕特拉就对丝绸情有独钟。罗马帝国时期，丝绸需求大增。各路商人不辞劳苦，层层接力，使丝绸成为东西商路中的重要商品，“丝绸之路”也因此被后世冠名。其实从中国的角度来看，称之为“玻璃之路”并无不可。北方外族与古罗马也有经济往来，但地位很低，被视为蛮族和穷鬼，得不到尊重。这种恶劣态度产生的后果非常严重。

罗马帝国重视商业不言而喻，同时对农业也非常重视。埃及的谷物生产具有战略意义，一直被牢牢掌控。同时古罗马加速开发地中海西部，包括今天的法国、西班牙和部分北非地区。油橄榄和葡萄等经济作物被广泛种植，粮食作物也得到推广。古罗马商农并重的奴隶制经济，可以减少对外依赖，增强经济的独立性，比古希腊的经济结构更为稳固。从整体看，其后一千多年，欧洲的经济状况都是如此。从而保证该地区在与东方或伊斯兰世界的对抗中，有时虽落下风，却不至于灭亡。俗话常说大有大的难处，其实大也有大的好处，至少罗马帝国没有重蹈古希腊被吞并的覆辙。

罗马帝国的农业，总体上还是以粮食作物为辅，经济作物为主。这样的结构导致本质上的轻农重商，这成为罗马帝国的一个硬伤。“轻”指的是比例轻，并非有意轻视，而是受现实条件制约，比例上不去。因为帝国疆域内缺少广阔的平原地带，粮食作物无法大面积种植。对于罗马帝国来说，家有余粮不常有，断顿倒是常发生。所以在人口众多的情况下，哪怕是一个小地方出现粮荒，都可能引发一次大范围的动荡。

罗马帝国在轻农重商中缓步慢行，而汉帝国则在重农抑商中高歌猛进。由于在农业上拥有得天独厚的地理条件，中国历代从上到下，对农业的重视近乎天职和本能，更多的犹豫和摇摆是对待商业的态度。继秦国的商鞅之后，在汉朝，又出现了的一位关键人物桑弘羊（前 152 ~ 前 80）。

汉武帝曾经招募一群年轻人跟随左右，希望从中选拔可靠能干的人才。桑弘羊出身商人家庭，自幼聪慧，13 岁入宫。经过多年历练，他逐渐得到武帝赏识，三十多岁时，被委以重任，管理国家财政达 40 年之久。桑弘羊的经济政策核心是，中央要全面掌控经济，事关国家安全的重要商品必须官营，商业利润主要归于中央，以保证国家高效运转、利于长治久安。桑弘羊的出身让他深知商人的获利方式，所以他一旦当政，出手极为精准。其具体措施包括垄断铸币权，严禁私铸；盐铁官营；调配各地不同物资（均输），平抑市场物价（平准）；对工商业者收取重税（算缗告缗）等。这些措施为政府积累了大量财富，基本保证了武帝一朝各种巨额支出，尤其是北伐匈奴的军费。桑弘羊经济政策出台的前因是，西汉前期包括文景之治，国家财权分散，地方势力容易坐大，叛乱威胁中央。其后果是长期与民争利，抑制工商业发展，国强民苦，为社会动荡埋下伏笔。

桑弘羊的政策在汉昭帝前期引发异议，辅政大臣霍光曾召集全国几十位儒生与桑弘羊辩论。这场舌战群儒被记录在《盐铁论》一书中，以供后人评说。其后，桑弘羊死于政治斗争，部分措施也被废除。桑弘羊是对中国历史上经济政策影响深远的人物，历来颇受争议。不过以后各位皇帝，即使不能做到汉武帝的雄才大略，基本都遵循桑弘羊的经济政策。

对桑弘羊的褒奖有时不能明说，同理对另一个人的贬低也不能明说，只能变着花样说，他就是中国最短命的新朝皇帝王莽（前 45 ~ 23），历代王朝都不承认他的正统地位。王莽成长于当时的官宦豪门王氏集团，以品德高尚著称于世，入仕途后一路平步青云。面对世间乱象，王莽深受各界尤其是儒生期待，被誉为“周公再世”。皇帝年幼无能，王莽摄政，全国劝进之声不断，希望再现尧舜禅让盛举。公元8年，王莽正式登基，建新朝，延续摄政时期的改革。结果民怨沸腾，边境不宁，随即天下大乱。公元23年，起义军攻入长安，王莽死于乱军之中。最后汉宗室刘秀结束乱局，建立东汉，迎来光武中兴。

能人借机登顶，篡位当皇帝，只要施展才华将各方利益摆平，本也无可厚非，更何况王莽当时人气极旺。但西汉末年的社会状况算不上危殆，远不如秦末和东汉末年。问题出在王莽改革上，他硬生生把国家推进了火坑。王莽改制不关乎平衡农业商业、政府百姓、计划市场、地方中央、武力和平这些改革中常遇到的问题，也与激进保守、强硬温和的改革手段无关。作为儒家门生，王莽对夏商周三代推崇备至，改革时，政策措施必依据《周礼》，生搬硬套到食古不化的地步。王莽改制是历史的乌龙手，居然无一项成功。其中币制改革最为混乱，不仅停用五铢，甚至把早已废弃的贝壳也拿来当钱用。契刀五百、一刀平五千、五物六名二十八品、货布、货泉、布泉、国宝金匮直万等，新货币层出不穷，兑换价朝令夕改，商民官吏无所适从，国家经济一塌糊涂。后世儒家多强调王莽是篡位的伪君子，很少提他有崇古的真性情。作为最恶劣的反面教材，王莽被钉在历史中，暗里警示后人：

◎王莽时期铸造的三种高值货币，从左至右分别为契刀五百、一刀平五千、国宝金匮直万，属于中看不中用、注定添乱的币种。其中国宝金匮直万胎死腹中，未见流通。

过时的方法、思想在某些层面还可以永远正确地浑水摸鱼，但对于日新月异的经世济民来说，在技术层面一无是处。

评价经济政策的优劣经常莫衷一是，但如果想纵观罗马帝国和汉朝的经济兴衰，通过货币变化却可以一览无遗。

罗马帝国初期，延续古希腊传统，黄金是战略储备，主要用银币，也铸造少量金币。但是由于中央集权的有效控制和国内贸易额比重超大，接近中国的自给自足状态，造成黄金内部使用率低，银币的商业信誉也体现不出来。经过减重和降低成色的银币足以应对经济流通，结果黄金和白银被大量用于制造工艺品和对外购买奢侈品，而银币越来越轻、成色越来越差、假币越来越多。同时，铜币地位上升，使用量加大。虽然不能与中国的铜钱地位相比，但这在西方历史中算是一个比较特殊的阶段。形成惯性后，当经济不好或有战事时，政府逐步通过大量铸造低银银币、镀银铜币、铜币来抵消开支，甚至出现过由于货币不断贬值，皇帝下令用实物取代货币纳税的情况。帝国后期曾试图恢复金银币的主导地位，但为时过晚，随即又是更迅速的减重、掺假，对经济进一步造成伤害。

◎罗马帝国皇帝戴克里先时期铸造的镀银铜币（左）和铜币（右）。

汉朝初期，沿袭秦半两铸汉半两，地方私铸较多。汉武帝时期中央集权得到巩固，改革币制，铸五铢钱。同时，西汉曾短期铸造过大型金饼，不过只用于大额支付，不适于民间一般流通。五铢钱初期铸造精良，是经济繁荣的重要帮手。但是铸钱获利巨大，铜矿资源广泛，技术又不复杂，所以一旦中央集权的力量减弱，各方都有铸钱的冲动和行动，减重、掺假是必要手段，劣质小钱层出不穷。更恶者，连铸钱过程都省略了。东汉晚期，个别地方曾将五铢钱凿成里外两部分，把一个

◎左图：五铢钱；下左图的綖环五铢和下右图的凿边五铢，就是把一个钱凿成了两部分。

钱当两个钱用。历史中，分割高值货币的例子屡见不鲜，但最小面值的货币一般没有分割的意义。所以一分钱掰成两半花，比喻节俭可以，却鲜有其事。不过在汉朝，一个五铢凿成两个五铢用，就真实发生过，后果是经济走向崩溃。

罗马帝国和汉帝国相隔万里，农业、农民、商业、商人的社会作用程度均有差异。但以货币为标志，不论是轻农重商，还是重农抑商，当两大帝国锈迹斑斑，在货币政策上黔驴技穷时，表明帝国都已经陷入深渊。所不同的是，后来西方由于逐渐重归贵金属货币传统，因此罗马帝国货币的故事较少发生。与此相反，这一病症在中国此后的王朝中经常发作。不过换了一种方式，改成增加币值，铸造大额铜钱，所以极端的凿钱事件好像没有再出现过。

2.4 混合融合间难以跨越的障碍

罗马共和广场的边缘地带建有几座凯旋门。凯旋门源自罗马共和时期，是一种大型拱券建筑，为纪念某位重要人物或重大事件而建造。凯旋门通常横跨在一条主干道上，举行盛大仪式时可以通过游行队伍，有一点类似中国的牌楼或牌坊。法国巴黎的凯旋门世界知名，因 1805 年拿破仑在奥斯特利茨战役获胜而建。二战中纳粹德国的军队也曾胜利通过，将法国的光荣变成耻辱。世界上最大的凯旋门在朝鲜平壤，用以纪念金日成分别战胜日本和美国入侵，在东亚地区显得很另类。罗马最大的凯旋门是君士坦丁凯旋门，为纪念 312 年君士坦丁平定内乱、打败政敌而建；三个拱门，装饰有各种浮雕图案。罗马帝国虽然统一，但是战事不断，经常用兵，所以凯旋门也建了不少。

在共和时代早期，古罗马的士兵和古希腊相似，主要是公民兵。武器和装备自备，战时打仗，平时经商或种地，所以都是有钱人才能参军。后来战事增多，

◎君士坦丁凯旋门。

而且战果丰厚，需要增加士兵数量。古罗马学习马其顿，做出军事改革，召募贫苦公民服役，提高军饷，后来干脆脱离生产，转为职业军人。在战斗力提高的同时，也成为内部争权夺利的重要力量。

古罗马的步兵早期效仿马其顿的长矛方阵，后因战争的形式和战术发生变化，机动性要求提高，笨拙的长矛方阵威力大减。士兵的武器随即发生变化，选择了投枪、短剑和盾牌作为主要装备。为配合攻城战，古罗马人还发明出移动攻城塔、抛石机等大型武器。海军方面，古罗马人承袭古希腊技术，没有重大改进，不过足以控制地中海。古罗马的战斗力主要是同迦太基争夺地中海霸权的过程中得到锤炼和提高。布匿战争是综合性战争，有海战、海陆协同作战、陆军协同作战、攻城战、防御战等等。古罗马人付出重大代价赢得胜利，等到再转向东征时，几乎是连战连捷。

古罗马人向来很推崇尚武精神，即使在和平时期，也要贯穿于游戏之中。不过贵族已经抬高身段，角斗多由奴隶来进行，所以比古希腊奥运会更激烈、血腥。四马赛车很吸引人，罗马城就建有多个赛车场，最大的能容纳 15 万以上观众。在各种赛事中下注赌博必不可少，部分奴隶也因成绩优秀获得自由。帝国初期战争的减少，让嗜血的古罗马人对于欣赏战争近乎疯狂。角斗场的表演还不过瘾，奴隶们曾经受命重现多个战争场面，真刀真枪地拼杀。其中包括在人工湖上，几千名奴隶划着战船，上演希波战争中的萨拉米斯湾海战。

不过古罗马也不是战无不胜，东面的扩张最终受阻于帕提亚。公元前 53 年，古罗马的克拉苏率军东征帕提亚，兵败身亡。帕提亚取胜的原因除了熟悉地形、以逸待劳外，它的骑兵弓箭手也是当时一绝，攻击罗马军团非常有效。后来双方签订合约，古罗马停止向东方扩张。从帕提亚王朝起，西亚地区的军事战斗力不再逊于欧洲，甚至形成反超。此后，西亚摆脱古希腊、古罗马的影响，地区发展的独立性逐渐恢复，强大时反而要西征欧洲。

罗马共和时期的权力设置是以贵族寡头组成的元老院为主，由元老院选出执政官。为照顾下层公民利益，也设有公民大会。二者就是近现代参议院和众议院（或者上议院和下议院）的雏形。在共和后期，通过战争取得军权的强人势力越来越大，无论是前三巨头恺撒、庞培、克拉苏，还是后三巨头安东尼、屋大维、李必

◎古罗马表现马克西姆赛车场四马赛车场景的石刻。

达都是如此。他们和元老院的矛盾也越来越大，还造成恺撒被刺身亡。屋大维消灭政敌后，从元老院获得终身保民官和终身最高统帅的职权，可以随意调动军队、任免官员、征兵征税、动用国库、决定战争和外交，与集权帝王已经毫无区别，所以后人称之为罗马帝国时期。而在当时，名义上的政治制度并未改变，但实质上元老院已经沦为附庸，退化为一个咨询机构，公民大会的权力更是无从谈起。

随着敌对政治势力的消亡，军权归入皇帝手中，外省总督全由皇帝的亲信担任，并有一定的制约机制。罗马帝国暂时摆脱了亚历山大帝国的许多硬伤，中央的命令可以有效传至各地，因此获得了一段高效统一的稳定期。不过统一的质量还是不能与汉朝相比。中国由于中央集权的强大，为避免局部因一己之私破坏整体利益，在地方管理上可以长期做到非本地人的文官任最高职位，并且定期轮换，这在世界历史中非常罕见。西方到现在，即使可以做到文官任地方最高职位，也很难接受外省人来当家。两种情况的综合利弊难下定论，出现差异只是一种因地制宜的选择。因此称赞西方的人，不要忽视今日世界最乱的地区也是如此。

罗马帝国的帝位继承制度比较混乱，前后差别很大。早期正常情况下，是在一定的家族范围内寻找一位年轻人，由皇帝认为养子，然后重点培养，以继承帝位。这种现象产生有多方面的原因。古罗马人沿袭氏族社会传统，最高统治者必须将大家族的整体利益放在首位，而小家庭的观念相对淡薄。同时在婚姻制度方面，当时主要是一夫一妻制。由于战争和疾病，子嗣经常夭折或年龄太小，有时将权力传给自己的直系亲属就很危险，而在大家族或利益集团内寻找有能力的年轻人是一种较好的选择。帝国后期，帝位传子现象增多，同时通过武力夺位的事件也不少，还有两位以上皇帝并存的局面。乱世时，到底谁是真正的皇帝，史学家历来争议极大。如果按照中国的标准，罗马帝国已经更换了很多朝代。

与罗马帝国相比，中国由于在婚姻上采取妻妾制，儿孙多多，能够保证子承父位的传统得以延续。商朝传弟的次数还多一些，从周朝开始，就主要是传子了，各诸侯国也是如此，哪怕传给未成年的男孩。大不了找一帮老臣托孤，还能测试臣子的忠奸。兄死弟及偶有发生，都有篡位之嫌。如果直系无人，可在同姓本家里面找。正常传位异姓的记录也有，不过非常少见。比如五代后周（951 ~ 960）郭威传位给柴皇后的侄儿柴荣，也是认作义子，与罗马帝国早期的传位相似。在世界史中，帝位、王位传承方式曾经多种多样，但最后大都与中国的长子继位相同，

◎罗马帝国强盛时的疆域。

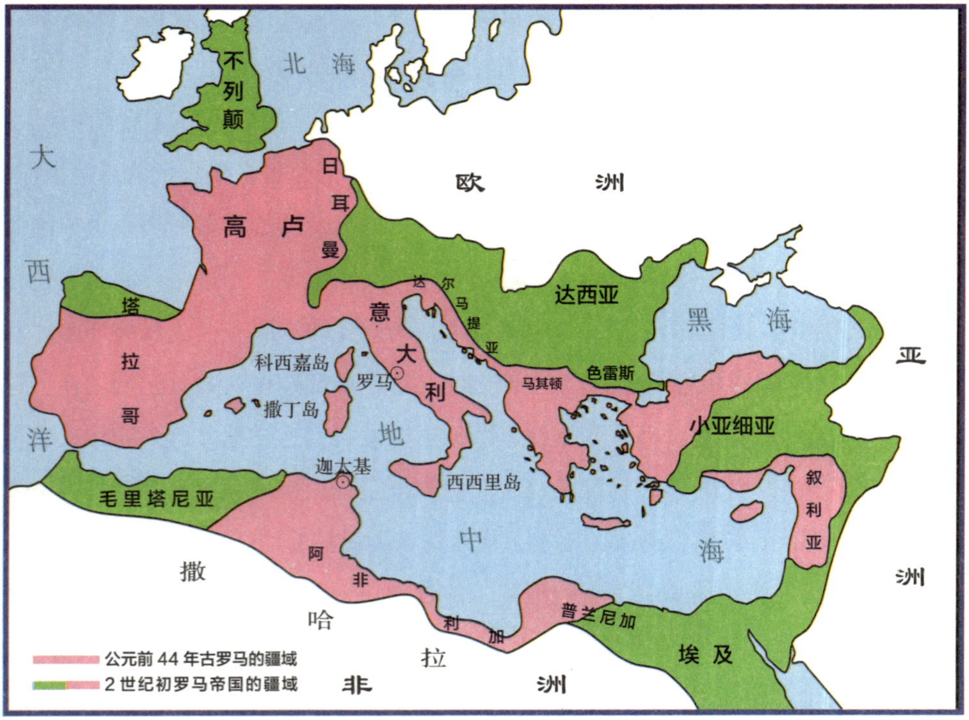

西方后来也是长期如此。如无男丁，偶尔还会出现女王。其实大家都明白，最高领导责任重大，应该举贤使能；但贤人、能人不容易找，好人、坏人的判断更是事后诸葛亮。总为争夺权力打得天翻地覆，结局可能还不如庸人、蠢人来当家过渡。因为农业社会的整体发展水平不能支撑这项高额成本支出，所以两害相权取其轻，长子继承渐渐显得天经地义。至于圣主明君，则要靠运气。

古罗马对后世的另一项重要遗产是罗马法，立法的原则基于理性而非习俗。首部法典是《十二铜表法》。在共和初期，古罗马多采用习惯法。由于没有固定的成文形式，因此在执行中具有很大的伸缩性和不确定性，而贵族元老院为了维护自身利益，经常将法律的天平偏向自己。平民为改变不平等的地位，要求编纂成文法。古罗马成立立法委员会，于公元前450年制定法律。因各表由青铜铸成，所以称为《十二铜表法》。包括审判程序、赔偿、财产所有、宗教等诸多方面，编成明确的条文，量刑定罪都以条文为准。该法的实施有助于缓解社会矛盾，为罗马帝国崛起立下功劳。

◎ 颁布十二铜表法。

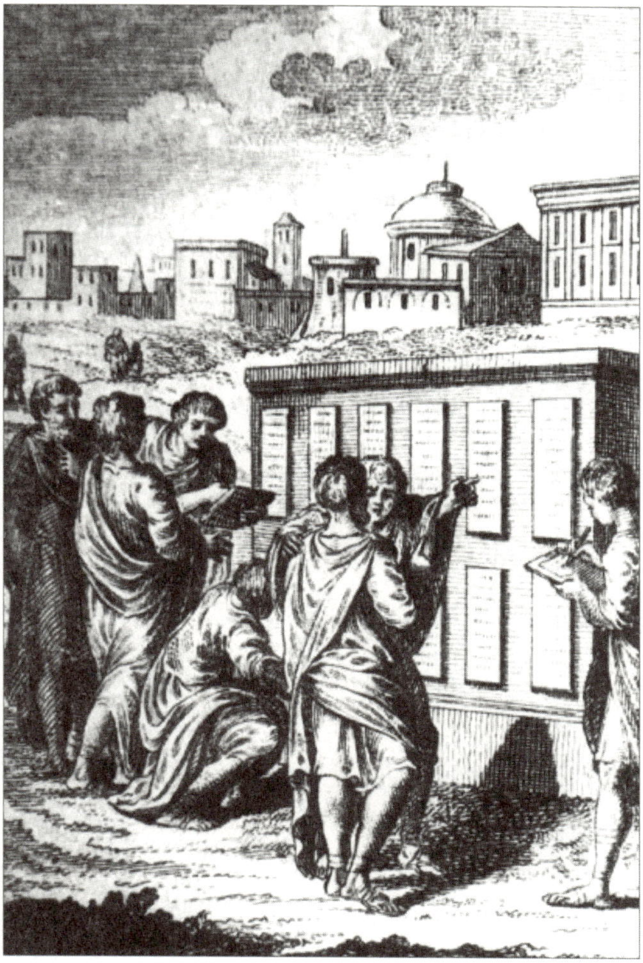

罗马法的出现有一个长期借鉴、博采众长的过程。它所确立的概念和术语定义确切，条文结构严谨，立论清晰，

存续时间长达近千年，形成了较为完备的民法典体系。对人、对物以及诉讼程序都规定得很详细，立法技术达到相当高的水平。后虽在名义上被6世纪拜占庭帝国颁布的《查士丁尼法典》取代，但实际上，罗马法早已不是一部法律的概念。及至今日，世界主要的立法精神及原则都承袭罗马法，可谓影响深远，惠及全球。反观中国，古代法律长期缺少民法内容，以刑法为主，且随意性较大。

古罗马还在希腊字母的基础上，辗转发明出罗马字母，也称拉丁字母。由于字体简单清楚，便于认读书写，流传极广，成为后世最通行的字母。各地的拉丁语方言演变成今天许多种语言，有意大利语、法语、西班牙语等。不过英语虽然也使用罗马字母，却不属于拉丁语族。

古罗马的早期宗教也认为万物有灵，有自己的多神体系。在后来的发展过程中受古希腊影响，古罗马几乎复制了奥林匹斯诸神为自己所用，只是换了一套罗马名字，比如宙斯改为朱庇特，阿佛洛狄忒改为维纳斯。正因为存在这些能与人混为一谈的神仙，所以社会的主流知识体系同古希腊一样，还是巫学。尽管神仙在慢慢去除世俗化，加强神性，但还是没能跟上时代的脚步，最终被基督教一网打尽。

罗马帝国在地域上占有古希腊、古埃及的全部和两河文明的部分地区；在农业生产上，粮食作物与经济作物共同发展；在手工业生产上，门类齐全，人尽其才，物尽其用；在分配上既有商品交换，也有以军事为后盾的强制调配；在军事上海军陆军并重；在权力设置上，混合了古希腊、古埃及、波斯、马其顿的各种经验，形成不成熟的帝制。在此期间，原始血腥的奴隶制开始消退，农奴制渐渐取而代之。同时欧洲人的活动版图慢慢向西、向北扩张，为后世发展打下基础。

古罗马是继古希腊之后，欧洲又一个辉煌时期，二者有时也被合并成一个整体看待。尤其是在艺术、学术方面，二者衔接完美。但如果据此认为古罗马是古希腊的全面继承者，未免有些片面。事实上几大古文明地区对古罗马都有影响，视为集大成者更为恰当。古罗马与古希腊最大的不同是罗马帝国曾经出现稳固的中央集权，并在统一的局面下，社会发展大步向前。所以后来欧洲很多王朝和强人都有浓厚的罗马帝国情结，甚至达到言必称罗马的地步，相反对古希腊并不看重。

罗马帝国由于存续时间长，成为欧洲历史中的异数。它也有西方所有强大帝国的通病，就是稳定期相对短暂。除了五贤帝（涅尔瓦、图拉真、哈德良、安东尼、奥勒留）时期（96 ~ 180）获得过近百年的内部安定外，其他时段内战连连，少有宁日。罗马帝国只能靠暴力强权维持统一，最终还是重复了亚历山大帝国的老路。

西方谚语“条条大路通罗马”，指达到同一目的可以有多种方法和途径，反过来可以理解成，中央对地方有很强的控制力和亲和力。不过与“条条大路通长安”相比，罗马帝国实际上是条条大路都不通罗马。如果以消除文化差异、促进民族融合的目标看，罗马帝国的种种努力可谓失败之极。最终罗马人还是罗马人，希腊人还是希腊人，埃及人还是埃及人。可以完成车同轨，不能做到书同文，更不要说把帝国的子民全部融合成罗马民族。而同期的汉帝国则是游刃有余地达成了这一目标，南北两面大量的少数民族都变身为汉族。汉朝共历四百余年，中间虽有王莽乱政，但并未解体，汉族、汉语等称谓就从汉朝引申而来。在一个面积广阔的区域，只有一个数量上绝对占优的主要民族，中国的这个数据傲视全球。民族融合的主要过程从春秋战国到秦汉完成，并且不断扩张，直到地理极限。时至今日，汉族包括华人，作为一个具有文化和政治意义的民族概念，仍然是世界上最大的单一民族。由此也不难理解，为什么董仲舒能提出罢黜百家独尊儒术，将各种巫学和其他学派打入冷宫，很容易地确立了儒家思想的正统和主流地位；而罗马帝国想要推行一套适用于整个国家的世俗理论体系，却比登天还难。

在某一特定区域，多民族好还是单一民族好，恐怕至今也说不清楚。但是在结束内乱这一点上，单一民族具有绝对优势。外部入侵的安全隐患另说，内乱起因主要有贫富矛盾（奴隶起义、农民起义）、中央与地方的矛盾两种。罗马帝国展示矛盾时总要有一个民族矛盾的外衣，为统一和稳定多设置一道障碍。古罗马的辉煌源于混合而激发的创造力，不过一旦各种优势耗尽，崩溃后的结局是难以复原，而中国汉文化核心区则没有这个问题。同秦亡汉替一样，东汉亡于黄巾起义和地方割据，经过短暂的三国鼎立，于 280 年由西晋再次完成统一。能够迅速恢复，结束乱象，单一民族起到了重要作用。

但是罗马帝国和新建立的晋朝，虽然疆域广阔，毕竟没有占领全球，难以避免天外有天，人外有人。对内管理的各种政策并不适用于四方，不论是混合失败，还是融合成功，当有外人来到时，很多事项还得重新来过。

2.5 当北方外族成为主人翁

来到意大利，除了罗马，我最想游览庞贝古城，可惜时间不够，只能抱憾。古罗马的遗存多为建筑废墟，其他各种文物较少，不如古埃及和中国。庞贝古城因为特殊的遭遇，全景保留了古罗马时期的风貌，弥补了很多历史缺憾，是一个奇迹。但是对于庞贝来说，这个奇迹过于残酷，未能逃离灾难的人们临死前的状态都一览无遗。

庞贝位于罗马东南方向200公里左右，借助罗马帝国的兴起，从一个小渔村迅速成长为一座繁华的城市，变身为帝国的经济、宗教中心之一。公元79年的一天，北面的维苏威火山突然爆发，巨量的火山灰、碎石、泥浆短时间将城市吞噬。庞贝从此凝固，成为化石，直到18世纪慢慢重见天日。

对于一座城市，或者一个王朝、一个帝国的消亡，后世总爱寻找各种原因。庞贝给出的答案最简单，而且唯一。相比之下，罗马帝国的灭亡复杂许多，至今众说纷纭。

帝国的乱局在3世纪初显现，武装精良的禁卫军掌握了控制帝位的权力，随

◎庞贝古城遗迹中一具已经石化的遇难者遗体，背景是维苏威火山。

意废立。从235年至284年间，接连出现二十多位皇帝，平均只在位2～3年。284年戴克里先（245～312）登上宝座，收回大权。他为自己添加神性，用君主代替元首，放弃罗马帝国的共和制外衣，正式进入君主制时代。戴克里先阻止北方外族侵略，制止新兴的波斯萨珊王朝对叙利亚和巴勒斯坦地区的进犯，并击败国内政敌，成功稳住帝位。面对国势衰落，戴克里先锐意改革，取得过一些成绩，历史地位类似于中国东汉的“光武中兴”。但是总体成效不大，国家越来越难以管理。他破天荒地让自己的副手也当上皇帝，几年后，又任命另外两人当皇帝。他把帝国分成四个部分，由四位统治者共同管理，史称“四帝共治”。其初衷是适当分权，分而治之，结果却是争权夺利，内乱加剧，最高峰时竟然同时存在六个皇帝。君士坦丁大帝（272～337）作为其中一员，凭借武力战胜对手，将权力再次统一。此时帝国西部连年内乱，而东部相对稳定富裕，于是君士坦丁决定

◎表现四帝共治相互支持的雕像，现存威尼斯圣马可教堂。

迁都。他在古希腊时期的一处殖民地旧址拜占庭大兴土木，修建一座新都，命名为“君士坦丁堡”，即现在的伊斯坦布尔。君士坦丁堡与罗马之间不仅隔海，还有巴尔干半岛，统一管理已不可能，从此帝国形成了两个独立的政治中心。

洛阳也是中国著名的古都之一，与君士坦丁堡的地位有些相似。离长安以东三百多公里的洛阳早已具有政治中心的潜质，与长安相比，商业地理条件更为优越。东部地区运往长安的物资，一般要先汇集于洛阳，再从水路运抵长安。王莽之乱，长安被毁，东汉索性建都洛阳。从此长安和洛阳的交替互补作用一直延续到唐朝末年，后一起被汴梁（开封）取代。长安、洛阳双星都很耀眼，一般是一明一暗。因为长安耗费极大，尤其是今天黄河三门峡一段，礁石林立，运输成本太高，所以隋唐时期曾定洛阳为东都。政府出于节省开支的考虑，曾来洛阳办公。不过两都并存，却只有一套人马，并未因此形成两个独立的政治中心。

对于统一的帝国来说，出现两个同级别的政治中心是致命的。395年罗马皇帝狄奥多西临终前，干脆将帝国沿地中海中部南北一线，以亚平宁半岛和巴尔干半岛为界一分为二，交给两个儿子治理，分别称为西罗马帝国和东罗马帝国。476年，西罗马帝国在苟延残喘多年后，最后一位皇帝罗穆路斯·奥古斯都被军方废黜——尽管有一个很有气势的名字——宣示西罗马帝国灭亡。东罗马帝国后来的发展趋向东方化，史称“拜占庭帝国”以示区别，其国运绵长，直到1453年才正式亡于奥斯曼帝国。一般将西罗马帝国灭亡视为罗马帝国灭亡，而将东罗马帝国作为另一个单元处理。

因为罗马帝国在西方历史上具有重要地位，所以对其灭亡原因的讨论经久不衰，与中国讨论各王朝覆灭一样热闹，结果也可以看到一些有趣的结论。例如“罗马帝国亡于地下输水管道铅中毒”“购买中国丝绸，黄金储备缺失”等等。就像清朝灭亡是因为进口鸦片一样，如果不如此，似乎就能免于灭顶之灾。其实结论可以简单一些：实力弱小，容易衰亡。至于实力为什么变得弱小，只要把当初变强大的原因，反其道再梳理一遍，换些内容即可。而导致衰亡不外乎两方面，内乱和外侵，对应的前兆是内忧和外患。大至国家王朝，小至公司家庭，皆是如此。

一些弱小的国家，外侵是衰亡的主因。一个曾经再强大的国家，也不能摆脱衰亡的宿命，因为时间一久，内忧滋生，外患必至。表面看，通常是内乱和外侵混合交替进行，国家一步步如遭受凌迟酷刑般走向死亡。导致内乱的原因很多：疆域广阔、地貌多样、人口增长、生产下降、民族众多、贫富差异、苛捐杂税、商业凋敝、穷兵黩武、军力不济、频繁天灾、底层起义、上层奢华荒政、财政入不敷出、技术创新减退、管理成本高企……等等。以上原因罗马帝国后期几乎全有。如此众多的原因，要理出一个简单的关系就是，如果收入长期小于支出，公司就要破产；国家不能申请破产保护，所以只能衰亡。

罗马帝国遭受的外侵主要来自北方，仿佛一座活火山持续喷发，累积的破坏力极大。帝国无力抵挡，最终像庞贝城一样被埋葬。

以阿尔卑斯山脉为界，欧洲大陆在自然地理上分为南北两部分。南部主要包括三大半岛地区，称为南欧，是当时罗马帝国在欧洲的主要领土（还有一部分是现在的法国和英国）。山脉以北地区发展长期落后，虽然随着先进生产技术的北传，生产力得到提高，与罗马帝国开始各种交流，不过整体水平很低。3 世纪末期，北方外族人口增加，食物不足时，只能依靠南侵进入罗马帝国，抢劫财富，反正光脚的不怕穿鞋的。抢劫的行为逐渐变成一种常态，外族的胃口也越来越大，连罗马城都被侵入抢掠多次。而且他们发现，古罗马人早期的尚武精神已经消失不见，变得愈加猥琐懦弱，反抗越来越无力。如此循环往复，外族开始移民，部分人融入古罗马社会，甚至进入军界、政界。这些外族成分很复杂，被古罗马人统称为“蛮族”，来自北方的主要是日耳曼人，包括汪达尔人、哥特人、法兰克人、勃艮第人、盎格鲁人等等，另外还有从东方几经辗转来到这里的匈奴后裔。期间以不同民族为基础，各地陆续建立了汪达尔王国、西哥特王国、法兰克王国、勃艮第王国、东哥特王国等新的王国。西罗马帝国被逐渐肢解，最终灭亡。这是欧洲大陆各民族间的一次南北大交流，结果是文明向北传播至莱茵河、多瑙河一线，并在随后几百年，逐渐扩展至整个欧洲，包括北欧、东欧。欧洲人扩大了地理生存空间，进入了漫长的中世纪。

东西方此刻出现了惊人的步伐一致，相似的一幕也在中国上演。正如小说《三国演义》开篇所云：“话说天下大势，分久必合，合久必分。”东汉（25 ~ 220）末年，群雄割据，魏蜀吴三分天下；西晋（265 ~ 316）获得短时统一，随即陷入八王之乱和连年天灾。北方外族加速南侵，311 年（晋怀帝永嘉五年）攻陷都城洛阳，

◎ 410 年，西哥特人洗劫罗马。

掳走皇帝，迫使大批汉族向南迁徙，在建康（今南京）建立东晋（317 ~ 420），史称“永嘉南渡”。汉人对北方外族统称“胡人”，主要有匈奴、鲜卑、羯、氐、羌，称为五胡。他们在黄河流域和其他地区，加上汉族，先后或同期建立过 16 个小王朝（严格来说不止 16 个），史称“五胡十六国”。

在南方，东晋之后，历宋齐梁陈四朝，合称为南朝（420 ~ 589）。加上之前的三国东吴，南京因此被称为“六朝古都”，成为后来中国南方的政治中心。在北方，北魏（386 ~ 534）建立后趋向统一，乱象减缓。北魏又分裂成东魏、西魏，后分别被北齐、北周取代。这五个王朝合称为北朝（386 ~ 581）。经过三国、两晋、南北朝的长期动荡之后，北周的继任者隋朝（581 ~ 618）于 589 年再次统一中国。不过隋朝短寿，又上演了一次秦汉式的交替，迎来唐朝。四百年的乱局带来无数灾难，但到最后，多数外族都掌握了农耕技术，顺带学习君臣父子、礼义廉耻，

◎ 311 年匈奴攻陷洛阳，掳走晋怀帝，造成北方汉人大批南逃。

融入汉族，例如隋唐皇室就有外族血统。同时，大规模的人口迁徙也促进了社会发展，尤其是对长江流域的深度开发，拓展了中国人的生存空间。

农业社会，渔猎和游牧地区由于获取食物的稳定性较差，经常侵入农耕地区。相反，农耕地区很少反向操作，最多是借助技术进步，改造原本属于渔猎和游牧却适于农耕的地区。欧洲和中国同时发生的大动荡，都源自北方外族的南侵。新动力带来新景象，摧毁了行将就木的旧政权。此后由于地理差异，东西方主要的发展方向不同。从整体看，欧洲向南已无空间，只能选择北上；而中国南北都有空间，却选择南下。不过相似的过程并没有产生相似的结果，从此欧洲再无罗马帝国，中国隋唐宋元明清却亦步亦趋，紧随秦汉，连缀成广义的大帝国。

2.6 如果早期基督教和佛教的传播范围对调

从罗马的万神庙出来，在寻找特维列喷泉的路上，见到圣依纳爵教堂，顺道进去参观。教堂规模不小，天顶画色彩艳丽，内容是宗教故事。突闻管风琴声响起，抬眼望去，才发现前方灯烛通明；一位身披绿色外套的老年神父缓步走到一个讲台前，口中念念有词。前排的信众早已起立，也跟随低头默念。看表是下午五点整，可能是基督教的某次祈祷时间。我不便再移动脚步，于是静静地站在原地观察。专门来参加祈祷的信众不多，只有十几个，多为老年人，部分背包游客也加入其中。神父低沉的祈祷词在悠扬的管风琴声陪伴下飘荡在教堂的上空，天顶及四壁画作中的人物似乎动了起来。阳光、烛光、穹顶、壁画、祈祷词、管风琴、神父、信众、游客，在这样一种特定的氛围中，上帝也许真要呼之欲出了。虽然一天内参观了很多教堂，包括圣彼得大教堂，但是此时此刻，我才实实在在地感受到这里是一个基督教世界。

早期基督教的事迹已经被后人编织得非常完整。相传其创始人耶稣在公元元年生于巴勒斯坦的伯利恒，公历纪年由此而来。耶稣长大后在巴勒斯坦一带传教，他的教训和神迹在民众中广为流传，因此得罪了当时罗马帝国统治该地的总督和犹太教势力，被钉在十字架上处死。

耶稣死后，门徒之一彼得离开耶路撒冷，来到罗马从事传教事业。64 年罗马城烧了一场大火（这是史实），暴君尼禄迁怒于基督教徒，将首领彼得处死。彼得被后来的罗马教廷追认为第一任教皇。传说彼得认为自己不配和耶稣用同样的方法受死，所以请行刑人员将其倒转，被倒钉在十字架上。此后的神奇故事还有很多，直到 3 世纪以后慢慢与现实合上节拍。对于这些故事的真实性不必太在意，但是对于宗教和历史而言，它们都很重要，因为后来更多的故事要在这些故事的基础上发生。

更接近史实的情况是公元 1 世纪，巴勒斯坦的犹太人长期反抗罗马帝国的统治，在这一过程中产生了一些秘密教派，基督教是其中一支。基督教不是原生宗教，而是从犹太教中分离出来的一个派别，所以沿用犹太教的教义《圣经·旧约》。

◎罗马圣依纳爵教堂的天顶画，表现依纳爵在天国受到基督和圣母的欢迎。依纳爵是天主教耶稣会的创始人。

当时与之类似的小宗教有很多，都不自觉地从埃及、波斯、古希腊、古罗马的传统中汲取营养。基督教在罗马帝国的疆域内慢慢流传，先是希腊语地区，后扩至拉丁语地区。基督教通过吸收和重组其他宗教，逐渐脱颖而出，并形成了独立的希腊文教义《圣经·新约》。其中亚历山大港作为商贸中心，对基督教的传播及早期教义的确立，发挥过重要作用。

基督教的影响对罗马帝国原有的多神崇拜宗教体系产生威胁，引起当局的注意，招致时断时续的镇压。公元3世纪，罗马帝国社会矛盾加剧，底层民众的生活状况恶化，开始走下坡路。由于基督教能起到减缓生存恐惧、评判道德善恶的作用，加上它所宣扬的平等思想，所以得到加速传播。戴克里先在位时期，对基督教进行了最后一次严厉的镇压，但效果不佳，随后执政者开始逐渐转变态度。313年君士坦丁与李锡尼（当时是两帝共治）为缓解社会矛盾，共同颁布《米兰敕令》，宣布基督教合法，基督教会可以拥有财产。君士坦丁大帝在重新统一帝

国后，更是极力推崇基督教，并且在临终前接受洗礼，正式皈依，成为首位基督徒君主。392 年狄奥多西一世颁布法律，禁止其他所有异教，宣布基督教为罗马帝国的国教，《圣经》的拉丁文译本也得以完善和流传。从此，包括古希腊、古罗马诸神在内的其他宗教都被封杀，或转入地下活动。基督教以一种全新的面貌登上历史舞台。

基督教的产生与犹太教关系密切，但后来的壮大不是因为换了上帝，而是因为换了地域。非生于斯，却长于斯，就要遵循此地的规矩。从传统看，此地通常排斥绝对的唯一。罗马帝国在后期形成了两个政治中心，并且东部的实力已经超过西部，所以君士坦丁堡的宗教势力也很强大，由此形成了两个基督教中心。后来以罗马为中心的称天主教，以君士坦丁堡为中心的称东正教，分裂不可避免。其实造成分裂的主要原因并非宗教，而是地理位置隔阂。罗马帝国西部主要使用拉丁语，东部主要使用希腊语。这等于存在两套《圣经》，或者说两个上帝。耶稣是人还是神？是否需要圣像崇拜？这些有关宗教的讨论，根本无法达成一致。再加上世俗政权从中搅局，两教越走越远，5 世纪两教已经部分决裂。1054 年罗马教皇利奥九世和君士坦丁堡牧首米恰尔互相开除对方教籍，两教正式决裂，从此互不承认，直至 1965 年才告和解，撤销了 1054 年的决议。

每种宗教分成诸多派别的表象是对教义理解的分歧，辩论后不能统一造成分裂，背后的原因实际就是因地域差异导致利益冲突而产生的政治分歧。世界上其

◎羊皮纸抄本的“死海古卷”，内容包括《圣经·旧约》和有关犹太教的一些资料，主要书写时间约在公元前后，以希伯来文为主。

◎伊斯坦布尔（君士坦丁堡）的索菲亚大教堂，原为东正教的圣座，奥斯曼帝国时期改为清真寺，现为博物馆。

他宗教多是教中有派，基督教在称谓上却是教中有教。天主教和东正教的分裂还不是全部，后来新教又从天主教中再分出去，引发的故事更多。

西罗马帝国的灭亡对天主教没有造成负面影响，相反是一个巨大的历史契机。随着外族建立的新王国纷纷接受天主教，罗马教廷的势力也逐渐增大，成为欧洲一支新生的重要政治力量。

基督教在欧洲传播的同时，佛教在中国也呈现燎原之势。佛教出自印度，相传创始人是迦毗罗卫国（今尼泊尔境内）的太子乔达摩·悉达多，刹帝利种姓，大约生活于公元前6世纪。佛教也不是原生宗教，只是当时兴起的沙门思潮中反对婆罗门教的众多宗教之一，另外还有耆那教等。这些宗教都对婆罗门教有所借鉴，面对社会矛盾，提出了各自的宗教思想和主张。佛教因主张众生平等，在孔雀王朝的阿育王时代曾被立为国教，大力倡导，并开始向外传播。

佛教经过一系列复杂的演变，形成两个重要派别：小乘佛教和大乘佛教。小乘佛教主要在南亚、东南亚巴利语地区传播，也称南传佛教。大乘佛教也称北传佛教，一支在中国、朝鲜、日本、越南汉文化地区传播，称为汉传佛教；另有一支传入中国藏族地区，称为藏传佛教，后来也传至蒙古族地区。在印度本土，经过改革后的婆罗门教，即后来的印度教，于9世纪重获垄断地位。佛教式微，逐渐绝迹，19世纪又小规模复兴。

佛教可能在秦末就已经进入中国，正式传入一般认为是在1世纪的东汉时期。佛教起初被视为神仙方术的一种，但因著述丰富，体系完备，逐渐展现出魅力。顺着丝绸之路，外国僧人和佛经、佛像、寺庙步步向中国内地推进。随着汉译佛经的出现，佛教在中国传播加速，同时迅速本土化。在乱世的四百年间，呈现爆发态势：建造佛教寺院、开凿佛造像石窟、竭尽所能地翻译所有的梵文佛经。佛经里也不乏直接用汉文编写的伪托之作。唐朝杜牧诗云“南朝四百八十寺”，其实北朝亦是如此。当时狼烟四起，征战的号角长鸣，人们的心里总是惴惴不安。伴随着祈祷的钟声回荡，香烟缭绕，佛教至少能许诺下一个美好的轮回。出于不同的目的和原因，十六国和南北朝时期，出现过多位虔诚的佛教徒皇帝。最甚者，梁武帝萧衍多次舍身出家，大臣们用国帑为其赎身，闹剧收场的结果是寺庙大发横财。

在此期间，部分中国僧人曾经掀起一波西行求法活动，寻求经典、拜访名师、参观圣地、异域传教。东晋时高僧法显（334 ~ 420）等一行人去印度取经，历尽艰辛。其他人或死或留，14 年后只有法显一人顺海路乘船回国，留下《佛国记》一书，又称《法显传》。法显有完整的域外经历记载，是对外交流史中的重要人物。但在中国，法显的名气远不及玄奘，除了时代背景不同，小说《西游记》功不可没。

佛教在唐朝形成许多宗派，达到鼎盛，此后绵延不绝。从信众人数来看，佛教至今依然是中国的第一大宗教。佛教传入是中国历史上首次深度接受外来思想，且影响长远。第二次出现在近现代。虽然佛教传入中国是重大事件，但是无法与基督教传入欧洲相比。因为基督教是颠覆式的取代，而佛教只是填充式的补缺，所以佛教只能成为汉文化中的一部分，没能成为主导力量。佛教偶尔得势，不论是占地过多、纳众逃役，还是毁钱铸像、扰乱社会安定，都会受到压制。历史中三武一宗（北魏太武帝、北周武帝、唐武宗、后周世宗）的灭佛运动，被佛教徒称为法难，就是对佛教负面作用矫枉过正式的否定。

欧亚北非地区早期的原始宗教，除印度的婆罗门教以外，都没有成为后世的

◎河南洛阳白马寺，创建于 1 世纪，相传是佛教传入中国后建立的第一座寺院。

主要宗教。这可能和早期宗教严格的等级制度有关。而佛教、基督教及后来的伊斯兰教经过吸收改造后，至少在教义上都宣扬人人平等的普世思想，是建立平等社会的一种尝试。佛教更近一步，甚至宣扬众生平等，把动物都包括在内。这种思想最符合底层民众的追求，因此世道越乱，具有平等思想的宗教传播速度越快。欧洲和中国同时经历乱局，异曲同工地确立了基督教和佛教的主流宗教地位，而且都是墙里开花墙外香，却在发源地表现一般。

要说有什么不同，那就是基督教不仅香，而且强，在欧洲形成过政教合一的神权统治。佛教在中国汉文化地区，没有获此待遇，甚至立为国教的机会都很少。产生差异的原因不是宗教本身，而是取决于宗教势力在社会中所发挥的政治作用，反过来在宗教上呈现出差异。比如基督教强调一神论，佛教并不推崇以一神为中心。假如由于历史的原因，早期二者的传播范围对调，如要发扬光大，估计结果也将对调。佛教在欧洲会演变成佛祖独大的一神论，而基督教在东方会弱化一神论，让耶稣的门徒地位高升。如果固执己见，不做调整，只能沦为小众或被淘汰。

基督教和佛教逐渐演化为成熟宗教，早期的悲惨故事都是后来显赫地位的铺垫，与某些成功人士悲情化自己的早期奋斗史并无二致，只是因为摆脱了肉体凡胎的叙事束缚，所以生命力更为持久。经过日积月累，宗教作为一项事业和产业也就愈发庞大复杂。宗教可分为宗教思想和宗教势力两方面，各自对应的社会定位是知识体系和社会组织。教义是宗教思想的核心，教团是宗教势力的核心。宗教思想是一种被神化的知识体系，其逻辑很不自洽，其实证只能靠神迹，但在知识不足的时代却有着生存发展的沃土。宗教势力拥有管理权，是一种被神化的政治势力，其最高表现为神权，也可称为教权。神权具备一切世俗政治势力的特征，而且因为宗教思想的局限，更倾向于专制。宗教势力并不比世俗势力更慈悲，对于异教从来都是消灭为上，内部斗争也同样惨烈。宗教思想和宗教势力本是内外一体，难分彼此，但在现实中经常需要区别对待，这个尺度是很难把握的。

在今天看来，宗教没有什么神秘可言，也谈不上神圣，只是社会中的一元。因为是人发明了神，而不是神创造了人。

2.7 后来居上的伊斯兰教

近些年随着经济发展和人民生活水平提高，中国的穆斯林自费赴麦加朝觐的人次越来越多。据伊斯兰教规定，凡具有条件的穆斯林，毕生至少要去麦加朝觐一次才算完成天命。中国约有二千多万穆斯林，现在也加入到这股洪流当中。

伊斯兰教兴起于阿拉伯半岛的麦地那和麦加一带，创始人是先知穆罕默德（约570 ~ 632）。但是按照伊斯兰教的观点，穆罕默德不是伊斯兰教的创始人，只是正道的复兴者。

阿拉伯半岛位于西亚，属于热带沙漠气候区，是非洲撒哈拉沙漠的东延，其地貌主要以沙漠和山地为主。全年降水稀少，缺少大河和湖泊，饮水多靠干涸河和水井。半岛早有人类活动，但生产力发展极慢。当地人主要从事游牧，还有少量的绿洲农业，伴有初级的商业。虽然毗邻古埃及和两河文明，可是受制于地理条件，阿拉伯半岛并未造就出另一个古希腊文明。不仅如此，所有的早期帝国都

◎穆斯林朝觐麦加克尔白（天房）的情景。

不愿意光顾阿拉伯半岛的腹地，和它至多是附属关系。因为对于它们来说，这块土地除了几处沿海港口地区有些价值外，既无利益、又无威胁。

6世纪末，半岛上已经形成众多部落。随着生产力的提高，受某个时段降水增多的小周期影响，生产发展，人口增加。但是继续提升的空间有限，所以各种社会矛盾随即凸显，乱象丛生，部落战乱频繁，底层民众生活困苦。在这种情况下，阿拉伯半岛迎来了统一的契机。

穆罕默德出身于麦加的没落贵族，受一神论思想影响，创立伊斯兰教。他宣称自己是安拉的使者、最后的先知，号召人们信仰唯一的神真主安拉，反对多神和偶像崇拜，并主张废除世俗的等级观念，将平等思想融入伊斯兰教义。

◎穆罕默德登霄图。相传621年某天穆罕默德一夜遨游七重天，并拜见真主。

在麦加传教过程中，伊斯兰教遭到信仰其他宗教的贵族反对。622年穆罕默德率部分信众迁往麦地那继续传教，还组建了自己的军队。其后，穆罕默德通过一文一武两方面的努力，势力渐强。630年他重回麦加，捣毁天房中以前供奉的偶像。631年阿拉伯半岛基本实现统一，大多数部落接受了伊斯兰教，并且建立了政教合一的国家。

和世界其他主要宗教相比，伊斯兰教诞生最晚，所以在创建初期，自然会受到其他宗教的影响。除了阿拉伯半岛的原始宗教，还包括琐罗亚斯德教、犹太教、摩尼教、基督教。所以伊斯兰

◎ 12 世纪西亚地区一本书中的插图：骑驴的耶稣和骑骆驼的穆罕默德。在伊斯兰教教义中，耶稣是一位值得尊敬的先知，但穆罕默德超越了耶稣。

教的诞生过程与基督教脱胎于犹太教一样，只不过更为庞杂和成熟。

穆罕默德不仅是伊斯兰教的创始人，也是一位政治家，这与传说色彩浓厚的释迦牟尼、耶稣有重要区别。他所建立的宗教团体，同时还是经济、军事、政治团体。《古兰经》对世俗社会的多项内容都有指导和规范，造成伊斯兰教在创立之初，就形成了政教合一的政权，并且取得强势地位。真主出世，比上帝和佛祖的创业阶段既有权威，也更阔绰，所以伊斯兰教缺少悲惨的前世，只有灿烂的今生。而且，这一传统非常稳固，基督教、佛教的政教合一都无法与之相比，在某些地区甚至延续至今。这种登台即为主角的经历在宗教史中非常罕见，是天时、地利、人和诸多因素共同作用的结果。

穆罕默德去世后，继任者称为哈里发，掌管宗教和军政大权。其宗教地位和基督教中的教皇相似，不过该制度没有能保持到现在。当时的阿拉伯人已经不满足于半岛的贫瘠土地，他们将目光投向了北方富饶的波斯萨珊王朝和西北方的拜占庭帝国。

萨珊王朝（226 ~ 651）是帕提亚王朝的继任者，彻底清除了希腊化影响，恢复了波斯传统，并确立琐罗亚斯德教为国教。该教曾传入中国，称为拜火教或祆教。萨珊王朝在崛起之初，首先击败东面的贵霜王朝（约1世纪中叶～425，由大夏后裔建立，主要疆域在今阿富汗及印度河流域），在与罗马帝国的长期对峙中不落下风，逐渐壮大，并于6世纪中叶达到鼎盛。此后，萨珊王朝与东面的厌哒王朝（大月氏后裔，也称白匈奴）和西面的拜占庭帝国对抗，国力逐渐削弱，最后遭受到阿拉伯人的致命一击。

新兴的伊斯兰军队似乎是无敌的，在战场上步步为营，层层推进，高举“吉哈德”（Jihad，也被译作“圣战”）的旗帜，发动了一系列对外战争。在强大的精神感召下，军事占领和宗教传播同时进行。萨珊王朝到第四任哈里发阿里时期灭亡，末代国王的儿子辗转逃至中国，还曾受到唐高宗的善待。拜占庭帝国在北非的领土尽失，亚洲部分仅剩小亚细亚。661年，阿拉伯人中的倭马亚家族经过一番内斗取得政权，不再遵从哈里发的选举制度，改为世袭，建立倭马亚王朝（661～750），定都大马士革。一个强大的阿拉伯帝国出现了。

阿拉伯人东征西讨的初期，综合实力并不比对手强，在军事上也并未掌握什么新技术。他们稍微有些特色的是骆驼骑兵，在沙漠地带有极强的实用性和机动性。不过对手此时都陷于内乱困境，露出衰败之象。而用伊斯兰教武装的军队在战斗力上略胜一筹，仅此一项足以形成以战养战的良性循环。丰厚的战果激励着将士，勇猛的将士取得胜利，再获得更丰厚的战果。

只有战斗力的军事帝国往往昙花一现，但阿拉伯帝国并非赳赳武夫，军事上的胜利也没有造成文化上的专横。阿拉伯人勤奋学习各种先进的技术、知识、制度，进行各种文化交流，同时不断雇佣、吸纳、提拔其他民族的优秀人才。另外，比较重要的一点是没有强迫信仰其他宗教的人一定皈依伊斯兰教，而是比较宽容的对待他们，尽管有时候做得也很差。这一传统由先知穆罕默德确立，一直延续到奥斯曼帝国。当然各种宗教不可能完全平等，信仰其他宗教的人至少要多缴纳一项特殊的人头税，在不同历史时期也会受到各种不公平的待遇。

倭马亚王朝后期，帝国的疆域已经非常广阔。西部拥有全部北非，甚至越过直布罗陀海峡，占据了伊比利亚半岛。中部地区和拜占庭帝国对峙于小亚细亚，并扩展至高加索山脉。东部的势力范围到达印度河、帕米尔高原和天山一线。倭马亚王朝与千年以前的波斯帝国、亚历山大帝国比较相似，而且质量更高。能出现这样一个地跨欧亚非、存续时间较长的大帝国，实属不易。随后，大帝国的通病依例爆发，王朝内部出现斗争，教派、民族以及贵族之间的冲突同时发作。

在帝国创立初期，精诚团结是取胜的法宝。但是随着利益的增多，内部矛盾也逐渐增多。由于穆罕默德去世时没有指定继承人，也没有给信徒们留下推选接班人办法的遗嘱，因此围绕这一问题，各方争论不断，至今依然困扰着伊斯兰世界。

早期的四大哈里发都是穆罕默德的战友和至亲，尚能服众。第四任哈里发阿里是穆罕默德的堂弟和女婿，娶了先知的女儿法蒂玛。他们的后代具有先知的血统，被尊为圣裔。主张拥戴阿里后代为哈里发的集团，后来演变成什叶派，他们当时是反对倭马亚王朝的。

波斯人皈依伊斯兰教后，所受待遇低于阿拉伯人；而波斯人认为自己拥有上溯至波斯帝国的古老文化，不愿久居人下，因此也不满倭马亚王朝的统治。后来在16世纪萨非王朝时期，波斯人主要接受了什叶派教义，一直特立独行于伊斯兰世界。

另外一支反对倭马亚王朝的力量是阿拔斯家族。他们是穆罕默德的叔父阿拔斯的后代，与先知也有血缘关系。以阿拔斯人为主，集合了什叶派和波斯人，三股势力结成联盟，终于在750年推翻了倭马亚王朝，建立起阿拔斯王朝（750～1258，中国史书称黑衣大食），定都库法，762年迁至巴格达，将阿拉伯帝国引向极盛时代。倭马亚家族的一名后裔逃至西班牙，建立后倭马亚王朝（756～1031，中国史书称白衣大食），脱离了阿拔斯王朝的管辖。

阿拔斯王朝遏制了阿拉伯帝国过早分裂的局面，迎来了最为辉煌的一段时期，与中国的唐王朝双星闪耀，而同时期的拜占庭帝国则逊色许多。王朝确立以逊尼派教义为主的伊斯兰教为国教，哈里发集政教大权于一身。社会各项事业全面发展，促进了民族大融合，首都巴格达的富丽堂皇让南来北往的人惊叹不已。国家富强、文化繁荣，各路学者集聚一堂，大量翻译古希腊、古罗马的学术遗产，并且有所发展和创新。不过时间一长，政权的管理能力下降。从8世纪末期开始，各地纷纷建立自己的小王朝。由于依然承认哈里发至高无上的神权地位，所以没有出现大的动荡，直到11世纪东面的突厥塞尔柱人到来。

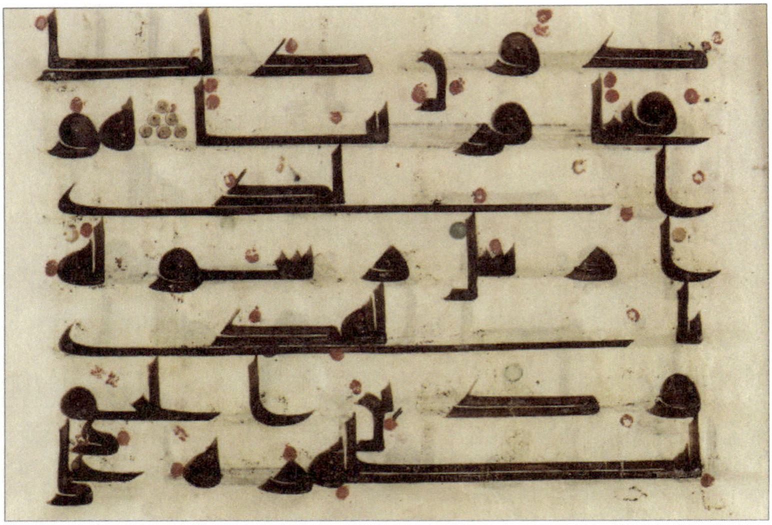

◎8～9世纪时的《古兰经》书法作品。

由于什叶派坚持圣裔的最高地位，所以不能得到大多数伊斯兰权贵的支持。10世纪，圣裔在突尼斯、埃及建立法蒂玛王朝（909～1171，中国史书称绿衣大食），自立哈里发，奉什叶派为国教，以对抗阿拔斯王朝；但是没能坐大，后来被逊尼派王朝取代。逊尼派因普遍受到官方扶持并广泛流传，也被此后的大多数伊斯兰王朝定为主体，故称“正统派”；而什叶派逐渐萎缩成少数派。后来逊尼派和什叶派、阿拉伯和伊朗的矛盾皆源于此。其实，伊斯兰世界的矛盾远不止这些，各种小教派多如牛毛。逊尼派、什叶派的内部也经常打得不可开交。自先知去世后，从教义到教派，再从宗教势力到政治势力，各种争论和斗争就从未平息，直到今日依然如此。

伊斯兰教诞生后伴随着阿拉伯帝国的出现，增强了中亚、西亚及北非的综合实力，同时促进了自身的传播。伊斯兰教除了依靠武力和政府行为，也借助商业和商人的活动发展，并且成效非凡。想成为穆斯林，过程并不复杂，只要念诵一句话即可：“我作证，除安拉外再无神灵，穆罕默德是安拉的使者。”这句话很简单，内中却似乎具有无穷的力量。伊斯兰在该地区取代了之前许多历史更悠久的宗教，甚至后来居上，开始压制和清除已经有些成绩的基督教和佛教。从此，伊斯兰教与佛教、基督教、印度教并立，基本确定了欧亚和北非这片古老文明大地上的宗教版图。

2.8 怛罗斯之战的重要历史意义

几乎与伊斯兰世界崛起同步，中国迎来唐朝（618 ~ 907）。

唐朝是一个让中国人颇感自豪的朝代，尤其从贞观之治到开元盛世的百余年，堪称中国历史中最璀璨的明珠。当时的人们感觉良好，后世的人们也感觉良好，这颇为难得。一个王朝或国家的某个时期能够做到强大和繁荣，已经很不容易，要是还能达到美的境界，则近乎极致。尽管世界对此有不同的评价标准，但是一般公认盛唐就是这样一个时期。盛唐之强、之荣、之美，并不是单一因素能够成就的。衰兴更替、大乱后大治是历史的基本规律，而唐朝是集大成者。

隋炀帝杨广（569 ~ 618）在位期间，功过是非集于一身。他做过一件弊在当代、利在千秋的大事——开凿南北大运河，沟通钱塘江、长江、淮河、黄河、海河五大水系，形成以洛阳为中心、以杭州和北京为起终点的运河体系。隋朝大运河呈“<”型，折点在今天河南郑州附近。元朝时因黄河中游衰落，于是在山东境内开凿运河，裁弯取直，形成了现在常说的京杭大运河。

隋炀帝好大喜功，几次兴师动众远征高丽均失败，结果把刚刚获得短暂稳定的国家带向动荡。就连开凿运河的好事，也因急于求成，变成苛政。民怨之下，隋炀帝不知悔改，反而学习秦二世，变本加厉实施暴政，最终导致隋末战乱。地

◎隋朝和元朝的大运河简图。

方官员李渊乱中取胜，建立唐朝，统一中国。

秦筑长城，汉朝得利；隋通运河，唐朝没背骂名坐享其成，捡了一个更大的大便宜。不仅如此，隋末战乱，还造成人口数量大减。据统计，唐朝初年全国人口大约2500万，具有可比性的西汉初年大约是1500～1800万。唐初比汉初人口虽然有所增加，但是生产技术和生存空间不可同日而语。联想到西亚的新月沃地，因为有三条河流就能在古文明的发展中占得先机。青藏高原是储存势能的超级电站，多条大河奔流向东。唐初的中国，人口散布于各条河流沿岸，每一条被开发的河流都是一座大粮仓，相当于多台农业文明的发动机同时运转。还有一条沟通南北的大运河帮助串联，进行各种调剂，所以生产效率实现了大跃进。唐朝前期，远离此前几百年的动荡，人口增长极快，兵源也得到保障。唐朝重要的军事变革是学习突厥，将南北朝形成的重装骑兵改为轻骑兵，纵横驰骋，所向披靡。仓足廪实，兵强马壮。人以胖为美，丰满而不臃肿，也是对饥饿的潇洒告别。唐朝不强，有违常理，也对不起前辈的铺垫和牺牲。

一个国家或王朝强大后是否繁荣，更多取决于行政的效率和公平，能否做到全民受惠。唐朝前期有一段中国历史中少见的现象，玄武门之变、武周改国、韦

◎《簪花仕女图》，周昉，唐。

氏乱政都是大事，而且造成唐太宗、武则天、唐玄宗三位有作为的皇帝都有篡位之嫌。这些事置于其他朝代，全国上下至少要折腾多年，元气大伤。但是宫闱和中央几度刀光血影，国家却稳如泰山，破坏力似乎难出长安、洛阳两都及中间的潼关一线，社会整体未受太多影响。连冒天下之大不韪的武则天僭越专权、废唐称帝，也只引发了几处零星反抗，并且很快烟消云散。皇帝们并不天然具有保持国家稳定的超级能力，这就要感谢之前几百年的大动荡，尤其是隋末战乱了。由于严重打击甚至连根毁灭了从两汉、三国、两晋、南北朝形成的很多贵族豪门和地方强权，所以在唐朝前期，没有产生能抗衡中央的地方势力，可是国家疆域如此之大，缺少贵族相帮，如何有效管理呢？

自汉朝开始，官员任用采取察举制，由地方长官考察推荐人才，本意很好，初期效果也不错。但是随着裙带之风蔓延，推荐的人多来自贵族豪门，对中央集权形成威胁，也是经常造成乱局的制度原因之一。唐朝改进隋朝创立的科举制度，分科取士，天下学子皆有机会。任用官员人尽其才，清除了察举制的弊端；而且官员因为来自民间，了解下情，没有权贵依靠，只能凭本事尽职，党派观念相对淡薄，腐败链条还不完整。总之，复杂深奥的负面官场文化尚处于一个新时期的

◎唐太宗

◎武则天

◎唐玄宗

草创阶段。另外，农业上的均田制、军事上的府兵制、财税上的租庸调制等政策，都在合适的阶段发挥了最大的作用。有了坚实的经济基础、强大的安全保障、高效的行政管理，社会繁荣自然到来。

盛唐的开放和包容是自信的表现，蕴含着对某些平等观念的认同。虽然也存在皇家、官员与普通百姓间严格的等级差异，但是等级歧视并不突出。不限于此，由于初唐时期国家相对地广人稀，异域外邦人员大量涌入，以汉文化为主体的各种民族、语言、宗教、艺术、习俗、职业、思想都拥有相等或相近的社会地位，并在非暴力的环境下交流融合，甚至女性的地位与其他朝代相比都非同一般。如此一来，创造辉煌盛世如探囊取物。海纳百川包罗万象，大唐之美光照千秋。盛唐，是中国人历史记忆中最美好的青春岁月，多少壮丽恢宏的诗篇至今依然可以随口吟诵。于是也出现了一个有趣的现象：盛唐只产生政治家、文学家，没有重量级的思想家。因为那时，没有机会和条件让人痛心疾首地悲国忧民，或者思考启蒙和救亡等大问题。

唐朝的成就还有重要的外部因素，和伊斯兰世界的兴起息息相关。前期阿拉伯势力东扩，迫使西亚、中亚很多人进入西域和唐朝腹地。后期阿拉伯帝国和唐王朝的稳定，又确保丝绸之路畅通，人员往来更加频繁，所以出现了共同繁荣的局面。但是两大强国的疆域在葱岭一带相接，必然引发冲突。

◎石雕昭陵六骏之一飒露紫是李世民的坐骑，左立者是唐将丘行恭。

葱岭为古地名，泛指今天的天山山脉和帕米尔高原地区，是中国和中亚间的天然屏障。地理上通常以伊朗高原和兴都库什山为界，向南向西至地中海为西亚，向北向东至帕米尔高原为中亚。唐初为清除西北的突厥势力，军事行动一路向西，当时的主要对手是突厥残部和从青藏高原冲出的吐蕃。唐朝实力超强，向中亚扩张极快，曾于 661 ~ 663 年在疾陵城（今阿富汗与伊朗交界的扎兰杰附近）设立波斯都督府，但因鞭长莫及，无力维持而放弃。后来唐军在葱岭地区取得胜利，击败吐蕃，控制突厥残部，进而控制中亚商路，由此将唐朝引向了具有国际背景的开元盛世。

唐朝停下脚步的时候，阿拉伯帝国正在疯狂扩张。在历史上，中亚的战争路线多是由东向西挺进。阿拉伯帝国能重现亚历山大的伟业，由西向东进军，实力非同一般，而且也不需要张骞式的人物做铺垫。阿拔斯王朝建立后继续东进，终于和唐朝直接相遇。

当时唐朝对西域的控制力较强，设有安西都护府、安西四镇等机构，但都属于羁縻地区，与中原的道州等行政管理方式不同。唐朝大将高仙芝坐镇安西都护府（今新疆库车），几场战役下来，声震西域，势力范围覆盖至葱岭以西地区。此时阿拔斯王朝的军队到达阿姆河、锡尔河一带。751 年（唐玄宗天宝十年），在葱岭以西、锡尔河中游的怛罗斯（今哈萨克斯坦江布尔城附近），两国军队及各自藩属国军队展开大战，史称“怛罗斯之战”。简单过程是阿拉伯先头部队占领怛罗斯城，唐军围城进攻，阿拉伯援军几天后赶到，唐军腹背受敌，藩属国葛逻禄军队又临阵倒戈，唐军溃败，残部退回，葱岭以西从此失守。

怛罗斯之战的具体兵力双方记录有差异，算得上是一场规模较大的国际战役。但胜负的结果并没有太大的政治、军事、商业意义，更不是什么改变历史走向的转折之战。它只是一场偶发的遭遇战，双方点到即止。对于唐朝来说，战败退守即可，因为该地区的综合利益与大规模军事行动的消耗并不匹配，所以即使获胜，也不会穷追猛打，也无法阻挡755年安史之乱的爆发。与此相似，阿拉伯军队获胜后并没有越过葱岭，而是停止了东进的步伐。因为该地区远离帝国的行政中心，劳军袭远已是强弩之末，阿拉伯帝国再开展大规模的军事行动得不偿失，所以即使战败也会收手，回去专心经营自己的核心区，同样也无法阻挡帝国的分裂。

但是怛罗斯之战对于中国而言有些特殊意义。安史之乱是唐朝兴衰的转折点，此后中央集权被削弱，逐渐出现藩镇割据、军阀混战，历经近两个世纪，唐朝灭亡、五代十国，至北宋才勉强结束乱局。安史之乱在全球历史的视野里，也是中国农业社会兴衰的转折点。形成转折的关键因素是疆域扩张出现停滞，生存空间和资源获取只能转而向内进行深度开发。汉文化的地理区域逐渐固化，无法冲破，慢慢只能孤芳自赏、顾影自怜。而怛罗斯之战作为安史之乱的前兆，验证了汉文化凭借军事力量向西所能达到的极限。

怛罗斯之战还具有另一层重要的历史意义。因为它是汉文化和伊斯兰文化在强势扩张时的一次碰撞，厘定了两大文化区的地理界限。从此，葱岭以西逐渐为伊斯兰文化控制范围，汉文化难以逾越和施加影响；葱岭以东的中国新疆、甘肃、宁夏地区为两大文化交汇处，伊斯兰文化以此为界，也难以大规模继续向东，但在该地区影响极大，并且逐渐取代佛教，与汉文化呈现胶着、混合状态。正因如此，该地区在不同时期，一直考验着中国的综合实力和当权者的执政能力。

伊斯兰世界的兴起不仅与汉文化勘定出界限，同期还与印度文化、基督教文化也做了同样的工作。阿拉伯军队712年跨过印度河，占领印度信德地区后与当年的亚历山大一样，因酷热潮湿和地形复杂没再继续前进；两次攻击君士坦丁堡未果，止于安纳托利亚高原；732 年被法兰克人在普瓦捷击败，撤退至比利牛斯山以南；因高加索山脉以北过于寒冷，没能继续北上。以上的军事行动与怛罗斯之战一样，都很普通，但结果背后却显示出历史的大格局。

欧亚大陆及北非在经历几千年文明史之后，除了一些人迹罕至的地区，于 8 世纪左右被四个主要文化区瓜分。虽然瓜分是无意识进行的，但却非常重要。后来虽然经历各种风云变幻，但四大文化区的大致范围至今岿然不动。尔曹身与名俱灭，不废江河万古流。除了山脉、平原、河流、草原、沙漠、海洋，这些对于人类而言亘古难变的地理因素，恐怕难以找出别的答案，因为地理分界线就是文化分界线。

欧亚大陆共属同一板块。从欧洲人的视角，以乌拉尔山脉、高加索山脉、黑海作为洲界。其实以亚洲地理的面积和复杂性，还能进行细分：沿蒙古高原、哈萨克丘陵、帕米尔高原、喜马拉雅山脉、塔尔沙漠（今巴基斯坦与印度的分界）、掸邦高原等地区，可以形成北亚洲、西亚洲、东亚洲、南亚洲的概念。这些地理条件非常明显地阻碍人们的交流，所以如果简单地将亚洲视为一个整体，其实并不利于对历史的认识和理解。

印度文化、汉文化、基督教文化、伊斯兰文化在四大区域分别居于主导地位，8 世纪以后，都有各自的发展方向。印度文化基本固守原地，对东南亚地区有些影响，而且由于地理上的劣势，还多次遭受伊斯兰文化的袭扰和占领。汉文化榨干了关中平原的精髓，重心先向东移至黄河的洛阳、开封一带，后随长江流域地位提升再向南移。基督教文化无力向亚洲发展，为汲取新的养分，进一步开发利用欧洲北方，并在后来俄罗斯的东扩中占有亚洲北部的西伯利亚地区。欧亚大陆中间的广阔地带任由伊斯兰文化驰骋，并凭借军事和商业优势，向其他三大文化区渗透。此后千年，四大文化区在交汇处呈现拉锯状态，与各自的内部争斗交相辉映，更高级别的对抗和冲击要等到地理大发现后的另辟天地，尤其是工业文明的隆隆机器声响起。

2.9 在欧洲另起炉灶的法兰克王国

在罗马机场候机时碰到一对五十多岁的法国夫妇，都是中学教师，属中产阶级，去希腊探亲。得知我来自中国，他俩热情地向我介绍起希腊的一些景点，兴致勃勃地和我交谈起来。我们很自然地谈到中法关系，但是双方都刻意回避2008年上半年发生的一些事，相信不愉快会很快过去。他感慨法国竞争力下降，失业率上升，中产阶级正在消失；说到中国成为主要竞争对手时，非常纠结。不过在他的论调中，似乎中国从古至今一成不变，而只要能扯上中国的专制历史，好像就能解释中国过去及现在的一切。我无意就此进行讨论，只是暗想：难道法国天生就是现在的模样？

法国是继希腊、意大利后第三个进入历史的欧洲现代国家。法国今天的领土是古代高卢地区的一部分。恺撒远征，高卢并入罗马帝国版图，但当时发展缓慢。在北方外族蚕食西罗马帝国的过程中，法兰克人进入高卢北部，建立法兰克王国，法国的国名即由此而来。

◎法国波尔多市梅花广场上的高卢雄鸡雕像。高卢在拉丁语中的另一个意思是公鸡，文艺复兴后，法国人接受这一形象成为国家的象征。

当时有诸多北方外族在原西罗马帝国的疆域中建立王国，但是发展情况各不相同。6世纪，东罗马帝国（拜占庭）曾经短期向西扩张，占领亚平宁半岛。7世纪随着伊斯兰教的兴起，北非和西班牙地区相继被穆斯林占领。这一过程中，很多外族王国被吞并或消灭，而法兰克王国在一个相对稳定的环境下发展起来，逐渐变成地区强国。

◎克洛维一世接受施洗。

法兰克王国是由众多氏族组成的松散联合体。486年，墨洛温氏族的首领克洛维（466～511）击败罗马帝国在高卢的最后一任总督，标志着法兰克王国建立。在扩张过程中，克洛维用赠送土地的方式获得各地贵族的效忠。这种制度逐渐演化为采邑制，也是欧洲骑士制度及封建制的基础。同时，为争取原罗马帝国臣民的支持，496年克洛维还接受施洗，率众皈依天主教。

墨洛温王朝内讧不断，统治并不稳固。7世纪末，大权逐渐被另一支法兰克人加洛林氏族掌握。711年，伊斯兰的倭马亚王朝灭亡西哥特王国，占领伊比利亚半岛，并开始进攻比利牛斯山脉以北地区。面对威胁，法兰克人同仇敌忾。732年，当时的加洛林首领查理·马特率领各部，在今天法国中部的普瓦捷击败阿拉伯军队。这场战役的胜利，不仅遏制了伊斯兰势力在西欧的扩张，也巩固了加洛林人在法兰克王国中的地位。同时，加洛林人开始把触角伸向亚平宁半岛。

750 年，伦巴第人（日耳曼人的一支）进攻亚平宁半岛，一度包围罗马城，威胁到教皇领地。教皇请求法兰克王国的实权人物，查理·马特之子丕平（714 ~ 768）出兵保护。丕平同意了，但作为政治交换，751 年教皇废黜墨洛温王朝的末代国王，加冕丕平成为新国王，建立加洛林王朝。随后，丕平出兵击败伦巴第人，并于 756 年将意大利中部部分土地分给教皇，建立教皇国，史称“丕平献土”。

768 年丕平之子查理曼（732 ~ 814）继位称王。他在先辈的基础上，四处征讨：东到易北河、多瑙河沿岸的沼泽湿地；北到波罗的海和北海；东南到亚平宁半岛

◎普瓦捷战役，画中执斧者是法兰克首领查理·马特。

◎查理曼大帝在罗马加冕。

南部，遭遇强敌拜占庭帝国；西南到比利牛斯山，被伊斯兰势力阻拦。查理曼经过努力，完成西欧统一，建立查理曼帝国。800 年，教皇利奥三世封授查理曼为罗马皇帝，名义上算是罗马帝国的继承者。

“皇帝”等词语在含义上，西方与中国有很多差异。以英语为例，“皇帝”是emperor，对应的“帝国”是empire；下一级别是国王 king 和王国 kingdom。“大帝”英文为 The Great，是对功勋卓著的统治者的尊称，不一定有皇帝称号，比如亚历山大大帝、恺撒大帝。“帝国”本来专指君主制国家，后来范围扩大，一般指历史中某地区具有强势统治地位的王朝或国家。中文的“帝国”一词于近代来自日本，历经了从褒义（包括羡慕、嫉妒多种含义）到贬义，再到中性的过程，现在已经习惯将一些中国历史中的大王朝称为帝国。欧洲“皇帝”的称谓始自罗马共和时期，原指得胜的将军，到帝国时期才具有后来的意义，在东罗马帝国一直延用。西罗马帝国灭亡后，西欧地区基本停止使用“皇帝”，到查理曼又得到恢复。不过此后，欧洲“皇帝”一词的使用一直比较混乱，权力也是忽大忽小，远没有中国清晰。

查理曼帝国的主要历史功绩是扩大了欧洲人的地理活动范围，将古罗马文化、基督教文化和外族文化渐渐融合成一体，为欧洲后来的发展打下基础。帝国维持的时间很短，在查理曼之子路易统治末期，843 年根据《凡尔登条约》，帝国被路易的三个儿子瓜分。版图按照左中右的位置分别是西法兰克王国、中法兰克王国和东法兰克王国。此后，欧洲大陆受到北方诺曼人（现在北欧诸国的祖先，也称维京人，日耳曼人一支）、南方穆斯林、东方马札尔人（突厥的一支，现在匈牙利人的祖先）的长期侵扰。直到 9 世纪末，骚扰逐渐平息，但政权已是一盘散沙。西法兰克王国后来由卡佩王朝（987 ~ 1328）取代了加洛林王朝，而此前 911 年国王将靠近英吉利海峡一带的地方封给一支诺曼人，建立了诺曼底公国，为后来英法两国的恩怨埋下伏笔。

查理曼帝国虽然存在时间不长，但在欧洲历史上可以视为一个奇迹。仅从欧洲大陆着眼，排除地跨欧亚非三洲的亚历山大帝国、罗马帝国，查理曼帝国可能

◎查理曼帝国843年的分裂。

更能体现历史的稀缺性。就这样一个技术经济落后、政治结构松散的国家，居然是欧洲历史名义上唯一一个接近统一的帝国。从它的统一到分裂，看似和中国历史中循环往复的一些阶段相似，而实际情况并非如此；因为查理曼帝国的出现在很大程度上更像是历史的意外。

法兰克人早期并未实行长子继承制，而是遵照日耳曼人传统，所有的儿子都有资格分得家产。墨洛温王朝的实力就是因为经过几代人分割，造成力量分散，慢慢衰落的。加洛林王朝本也应该如此，但是几代人下来，由于各种情况，最终只有一位继承人存活。查理曼的父亲丕平一代，本是兄弟两人，已将领地平分，但是他的伯父只统治了几年，又将领地交给弟弟，至少看上去像是自愿归隐修道院，结果分割没实现。查理曼也有一个弟弟，丕平死后王国又被平分，但三年后弟弟去世，领地重归查理曼，结果又没分割成。查理曼本想将帝国分给几个儿子，但事与愿违，到他去世时，只有一个儿子路易还活着。国王路易很争气，有四个儿子活到成年，终于可以分家了。但过程并不顺利，为此还爆发了激烈的战争。战争的起因不是为了统一和分裂，而是为了分多分少。如果不是过程中死了一个儿子，帝国会被一分为四。这样一段经历看下来，查理曼帝国的出现还真是一个小概率事件。

当然，继承人的唯一只是一方面，没有产生可以抗衡的地方强权则是另一方面。在法兰克王国扩张阶段，各方势力愿意服从一个统一的领导。大家一起滚雪球，获益最大。这种需求反过来也促使加洛林王朝刻意减少合法的继承人，比如运用适当的政治手段，或接受基督教的一夫一妻制。但扩张一旦停止，雪球不再滚动并开始融化，地方贵族的独立性就要显现。而这时，对于西欧当时的社会发展水平来说，帝国的疆域明显过大，统一成本过高，所以分家成为必然选择。

法兰克人分家的故事在中国历史中也有相似的内容，但同曲异工，含义完全不同。西汉初年，韩信等异姓王被诛，汉高祖刘邦认为天下同姓一家，才可以江山永固，于是不再异姓封王，而将土地大量赐给刘氏子孙。与秦朝相比，刘邦效仿周朝，分封贵族和郡县制并行，看似倒退，其实是折中方案。因为当时的中央集权体制还不完备，行政能力并不能完全取代部分贵族对地方的管理。到了文帝、景帝年间，有几个藩王势力坐大，威胁到中央集权。文帝、景帝都曾经借故消除藩王势力，结果引发部分人造反，后虽镇压，但依然留有后患。后来汉武帝刘彻在集中兵权的同时，施行“推恩令”，让各藩王将土地分给各自所有的儿子，不能长子独享。结果两代下来，诸王势力消散，再无威胁。刘邦的大分家初衷虽好，却是威胁中央集权；刘彻的小分家貌似延续刘邦的做法，却加强了中央集权，实际效果相反。分封贵族土地，使其形成地方强权的现象自汉以后依然存在，隋唐逐渐减少，变成封王不封地或者少封地。明朝初期有过一次返祖现象，可能是明太祖朱元璋和汉高祖刘邦出身相似，所以治理国家的思路也相同。朱元璋广建宗室，大举封建，但是效果更差，导致藩王朱棣直接夺权。朱棣登基后，为避免此现象重演，又找各种理由削藩，以消除隐患。

汉朝为避免解体、维护统一，想尽一切办法；而查理曼帝国并无强烈的统一愿望，解体顺理成章。这种南辕北辙的想法可以归结为一种东西方差异，也造成对国家、王朝等概念的理解大相径庭，但本质的差异是各自处于不同的社会发展阶段。

法兰克王国是罗马帝国解体后，在西欧乱世中逐渐汇聚而成的强国，当然这

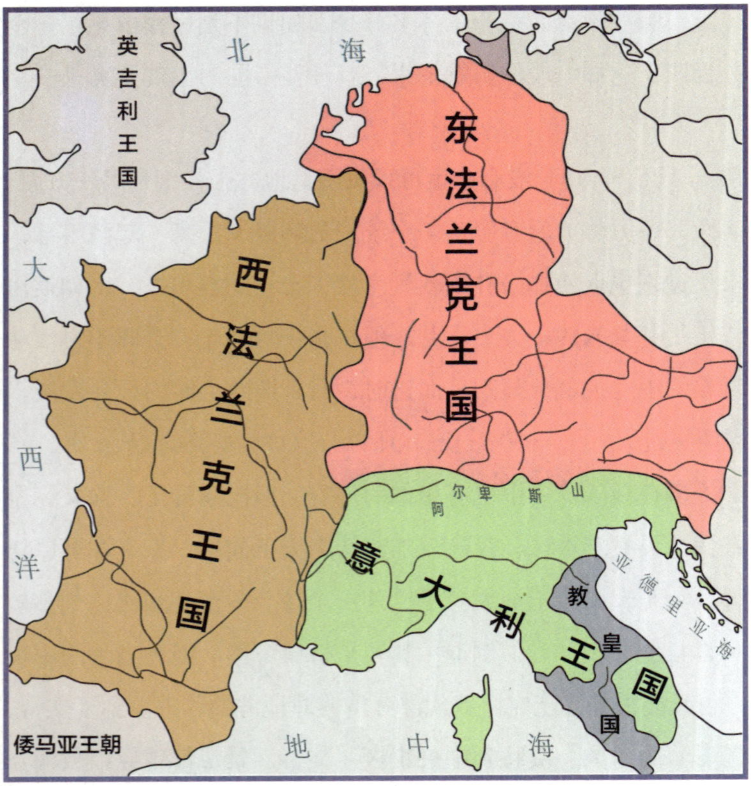

◎ 870 年根据《默尔森条约》，三个国家划分后的疆域。

种强大远不及同期的拜占庭帝国、阿拉伯帝国和唐帝国，更多时候只能在阿尔卑斯山以北称王称霸，文化艺术成就也是乏善可陈。法兰克王国的经济基础是非常落后的农业，商业比重极低。选择封建制的结果必然是重农轻商，有些地区甚至是有农无商。这导致其政治制度更接近于古罗马的王政时代和中国的商周时期，社会综合面貌可想而知，并且，法兰克王国已经没有机会再编撰上古盛世、贤人圣王的故事了。

与法兰克王国的建立需要不断磨合一样，其解体同样是重要的历史事件，不可能一步到位。870 年，根据《默尔森条约》，东西法兰克王国向中间推进并接壤，中法兰克王国仅剩下南部领土，改称意大利王国。三国的位置关系从左中右变成了左右下，就是现在法国、德国、意大利的雏形，西欧的历史从此可以和现代对接了。

在欧洲历史中，法兰克王国如果与罗马帝国相比，绝对是历史的大倒退，几乎退到了仅强于茹毛饮血的刀耕火种时代。但是换一个角度看，如果与中国历史的连贯性进行对比，古希腊、古罗马与现代欧洲及现代希腊、意大利的关联度明显偏弱，只是因为地域重合，才被捏合在一起；法兰克王国反而更像是现代欧洲的真正鼻祖。所以法兰克王国尽管被古希腊、古罗马的光环映衬得极为寒酸落魄，但不能简单地视为原地倒退，转换空间或另起炉灶的意味更强。不过由此展开的关于文化、文明延续性的讨论，可不是几句话能说清楚的。

2.10 阿尔卑斯山和秦岭淮河

从雅典回北京要经德国慕尼黑转机，使我这次旅游的行程又多了一个国家。

慕尼黑位于德国南部阿尔卑斯山北麓的伊萨尔河畔，是巴伐利亚州的首府、德国第三大城市，仅次于柏林和汉堡。记得曾在网上见到过专门推荐到德国南部旅游的文章，以慕尼黑为中心，介绍森林、古堡等等，强调其区别于德国北部的文化独特性。德国的南北差别我还无缘体会，但是雅典和慕尼黑的差别一下飞机就体会到了。两个半小时的飞行，穿越10个纬度，跨越阿尔卑斯山，结果就是从盛夏到深秋。此次旅行，我只带了一套很薄的长袖衣裤，在意大利、希腊都没用上，还后悔带多了。没想到一到慕尼黑，全都套上，还觉得不够用。当日正逢天气阴沉，不见阳光，同时冷风嗖嗖，旅游的心情备受打击。下午在某地看到温度指示12℃，回想昨天雅典的炎热，觉得更冷了。在农业文明时期，有这样的温度差别，阿尔卑斯山以北地区开化晚一些，就不难理解了。

◎阿尔卑斯山脉最高峰勃朗峰，海拔4810米。

慕尼黑在中国的知名度比较高，而且内容丰富。拜仁慕尼黑足球队为球迷熟知，几乎等同于德国足球；工商界人士多关注慕尼黑的高科技产品和多样的展会；历史迷们则兴致勃勃地谈论希特勒的冲锋队和党卫军、啤酒馆政变，因为慕尼黑是第三帝国的发迹之地。

◎奥托一世与教皇约翰十二世会面，绘于15世纪。

第三帝国是希特勒当政时纳粹德国（1933 ~ 1945）的另一称谓，在它前面的第二帝国是1871 ~ 1918年的德意志帝国。它们都承袭着这块土地上更早的一个帝国：神圣罗马帝国，一个名称上容易造成误解的帝国。

查理曼帝国解体后，东法兰克王国的加洛林王朝渐渐式微，最终被另一支日耳曼人建立的萨克森王朝取代。奥托一世（912 ~ 973）将一盘散沙的王国重新凝聚起来，并且出兵亚平宁半岛，保卫罗马教皇。962年，奥托被教皇约翰十二世封为罗马皇帝，显示对罗马帝国和查理曼帝国的继承和振兴。通常以此作为神圣罗马帝国初始建立。帝国延续的时间很长，正式结束是在1806年。帝国并非被灭亡，而是拿破仑自称法兰西皇帝后，受教皇加冕，宣誓为正统，这相当于取代了神圣罗马帝国皇帝的地位。哈布斯堡王朝的弗兰茨二世因此被迫采用奥地利皇帝的称号，辞去或者说放弃了神圣罗马帝国皇帝的称号。

神圣罗马帝国的名称13世纪才出现，被历史学家沿用，后来其全称为“德意志民族神圣罗马帝国”。这一略显冗长、气势豪迈的名称在今天看来显得非常另类，因为它实际上既不神圣，也跟古罗马没有关系，自始至终都谈不上是帝国。所以也有人将其称为“德意志王国”，应该更贴切。

神圣罗马帝国和其前身法兰克王国以及其他欧洲各国一样，也是由王权加贵族组成的松散联合体，15世纪以后长期由哈布斯堡家族把持。别人一般称王，它能够长期拥有皇帝的封号，是因为和罗马教廷关系紧密，并借此拥有了名义上对欧洲广阔领土的世俗领导权。不过这个皇帝并没有一统天下的雄威，对外更多时候像是一种荣誉称号。别人并不在乎，也缺少为此开战抢夺的强大动力。即使对内，后期由于诸侯国势力坐大，皇帝基本形同虚设。这些现象与中国秦朝以后的皇帝截然相反，倒是有些像以前的周天子。

中世纪的欧洲除了教会势力，其政治单元是无数散碎的诸侯国，各自的统治者是封建主，因此延续千年的中世纪被称作封建社会。中国的“封建”本意是“封国土、建诸侯”，原指西周的社会制度，和欧洲中世纪相似。但中国因某个历史

◎自1356年起，神圣罗马帝国皇帝人选由7位选帝侯决定。

原因，现在却将自战国到清末称作封建社会。由于在翻译和描述上难以做到准确，所以“封建”的定义历来有争论。战国以后，中国社会开始向中央集权转变，和此前的封建制有本质区别，似乎称作“农业中央集权社会”更合适。如今说法已经约定俗成，不过还是应该分清此“封建”非彼“封建”，以免发生混淆。

在罗马帝国时期，欧洲的中央集权已经初具规模。至中世纪反而出现倒退，是因为欧洲人活动范围扩展，阿尔卑斯山脉以北地区刚刚深度开发，所以把比较发达的南方地区裹挟到“退步”之中。不过只用封建制概括中世纪还不全面。面对支离破碎的独立领地，欧洲人在精神统一上选择了基督教，政教合一成为弥补封建制劣势的另一种辅助制度。这也是了解中世纪的另一个视角。

中世纪的黑暗令欧洲人自己也常常深恶痛绝，因为这不仅与后来的发达极不相称，也与同时期创造伟业的中国唐朝和阿拉伯帝国形成强烈反差。这样的对比，令现在的部分中国人也产生了某种优越感，不时冷嘲热讽，其实大可不必。

中国从黄河流域扩展至长江流域，从北到南相对容易。地貌几乎是一马平川，一旦克服水乡泽国的困难，“江南好”就成为不变的口碑。相比之下，欧洲从南到北的扩展却是一件困难的事情，是一部充满艰辛的创业史，除了翻山越岭，还要适应气候变化。因为阿尔卑斯山脉是欧洲自然地理的分界线，山脉南北存在较大的气候差异。以南属于地中海气候，更适宜早期人类生存，以北属温带海洋性气候和温带大陆性气候。温带海洋性气候地区，如现在的英国、法国，在罗马帝国时期已经得到初步开发利用。温带大陆性气候地区比较寒冷，尤其是冬季，欧洲内陆一片林海雪原，正常生存都很困难，和中国东北地区早期不能得到开发利用是一个道理。气候差异的无形之手不仅主导了欧洲地区文明发展的次序，还能勘定国界。法兰克王国最后分解成左右下三部分，大致就是这三种气候类型的范围。

中世纪欧洲人最伟大的成就之一是挑战恶劣环境、跨越地理障碍，将南方先进的社会内容向北方的苦寒之地艰难传递。所以不难理解，中世纪很多社会面貌与之前相比，呈现出一种退化状态。但是不要小看这种退化，因为扩大生存范围、增加人口数量，都是欧洲社会大发展的必要铺垫。尤其是自给自足的农业生产，弥补了之前的硬伤。如果中世纪的欧洲还沉迷于古希腊、古罗马不合时宜的成就，苦守一片海水，则太不现实，也不可能有后来的故事。

中国腹地也有一条自然地理的分界线：秦岭和淮河，分开了黄河流域和长江流域。中国的早期文明多在分界线以北，因为南方太热，与欧洲情况正好相反。后来东西方同时发生的北方外族入侵，扩大了两地人们的生存空间。不过由于秦岭淮河一线的南北地域，分别属于亚热带季风气候和温带季风气候，差别相对较小，在中国历史中的实际分割作用，远不能和阿尔卑斯山脉在欧洲发挥的历史作用相比；由气候、地理导致的生产、商业、军事、政治等差异都不在同一个量级。中国乱世时期，秦岭—淮河还能起到一定的军事缓冲作用，而一旦强者出现，这条线则被视若无物。例如南宋和金朝就被这条线分割，二者弱弱相对，拉锯一百多年，最后都被蒙古铁骑踏平。

自然地理分界线产生的冷热差别可以决定早期文明的诞生地，但还不是造成中国和欧洲分别长期维持集权制和封建制，以及小国众多的最主要原因。在农业社会，水具有某种决定性的力量。一系列复杂的地理地貌，导致的河流差异，在其中发挥了重要作用。

中国地势由西向东呈阶梯式下降，河流大多东流入海。中国的主要河流并不是源自秦岭，其中黄河、长江都发源于更遥远的青藏高原。欧洲如果不计俄罗斯和北欧部分，地势中间高周边低，主要河流多发源于比利牛斯山脉、阿尔卑斯山脉、喀尔巴阡山脉一线。中国词人南唐后主李煜写过名句：“问君能有几多愁，恰似一江春水向东流。”如果在中国把范围扩大，从北到南，从海河到珠江，都可以大致方向相同地抒发情感，不过在欧洲就要改成“东西南北流”了。

虽然水灾、旱灾都是大患，但是二者相比，旱灾的破坏力更大，因为择水而居是农业文明的基础。中国的不同水系彼此间独立性弱、关联性强，并且借助自然条件，中国人可以开凿南北大运河，将多条水系连成一体，共同为美好的生活而奋斗。欧洲的不同水系彼此间独立性强、关联性弱，欧洲人绝不会在某种统一意志的领导下，不计成本地开凿一条环欧洲的运河，而是守护着各自的河流，分头为美好的生活而奋斗。趋利避害是生物的本能，同样也是社会发展的本能。中国的集权制和欧洲的封建制，都是受制于自然和生产条件，各自形成的社会选择，和鸟在天上飞、鱼在水中游有相似性。若论相同之处，那就是从中国到欧洲，从皇帝到庶民，长期都有各种烦恼，正所谓“不论春水何向流，天下诸君总有几多愁。”

2.11 欧洲城堡多，中国长城长

从梵蒂冈出来，前行不远就是天使堡，也音译为安琪儿堡。电影《罗马假日》中，有一场戏是在台伯河边的酒吧打斗，背景就是天使堡，所以我对它的外观已有印象。古堡用砖石和混凝土建成，主体呈圆柱形，分多层；外围是一圈正方形城墙，四角各建有一个副堡。走进古堡，顿觉一股寒气袭来。光线骤暗，几盏昏黄的照明灯营造着神秘感。没登多高，转出一门，来到一处平台，又恢复了阳光灿烂的景象。平台上视野开阔，尽览罗马古城风光。俯看副堡，可见垛口和火炮。墙外草地上几名年轻人或安睡、或读书，一片祥和。堡内建筑布局复杂，每个房间都有不同功能。印象较深的是有一间铁匠房，鼓风机等锻造设备一应俱全。以现代眼光看，天使堡像是一座具有防御功能的大别墅。

欧洲许多地名的后缀都有“堡”字，其中一些源自各种城堡，不过现存的城

◎台伯河边的天使堡外景。

堡数量也就是历史上的零头。多数城堡建造周期长，依靠自然地形，多次改建、扩建，所以样式并不规整。像天使堡这样过于周正对称的并非主流，其中的主要原因是它的特殊身世。天使堡位于台伯河畔一片平坦的高地，前身是罗马帝国皇帝哈德良（78～138）及其家人的陵墓，所以结构非常规整。590年罗马城发生瘟疫，教皇组织信众举行忏悔游行。路过此地时，教皇宣称看见天使在上空显灵，因此得名。现在古堡的顶部还留有天使的青铜雕像，以示纪念。天使堡在罗马帝国解体过程中，已作为军事设施使用，后来某教皇下令将其改建成现在的模样。因为四周都是开阔地，要进行同等级防御，所以改建完的城堡依然中规中矩。另外还建有一条与梵蒂冈相通的暗道，遇到危险时，教皇可以来此避难。将皇帝陵寝改建为城堡，这样的奇思妙想估计在全世界并不多见，也算是一种废物利用。后来天使堡的军事功能渐渐丧失，改作军营或监狱。1925年又改变用途，变成博物馆，现在则成为旅游景点。估计这是最终定位，不会再变了。

天使堡无论从建筑规模、样式，还是历史功绩，都不突出，但是名气很大。它不是欧洲最古老的城堡，不过考虑到它的复杂身世，又确实相当古老。另外，位置就在梵蒂冈旁边，上帝的余光总能照到，想不出名都难。

欧洲的城堡建筑随着法兰克王国的崛起而兴起，后来迅速向全欧洲扩展。在此之前的一些建筑也可以称为城堡，但是一般仅具有军事意义。而中世纪的城堡不仅具有军事意义，还具有政治意义，甚至后者还大于前者。中世纪的经济基础以农业生产为主，底层民众从事耕作，向土地所有者领主（也包括教会）交粮纳税，以各种形式依附于土地。领主则组织提供各种公共服务，例如安全、宗教、司法等等。各种领主大大小小、层层叠叠，最高归于世俗的国王和宗教的教皇。

中世纪是一个各种权利极为分散的时期，对某一阶段所谓“统一”的描述只是表明提高了分散的集中度。教皇、君主、贵族在其领地，从本质上说都形成了独立的政治实体：生产独立、商业分配（包括税收）独立、军事独立，从而导致政治独立。尽管各种独立都有相对性，但是与世界其他地区相比，这种政治实体的特点非常明显，就是过于零碎。军事独立是政治独立的重要基础，而每座城堡就是一份独立宣言。从此，欧洲不再建造和维护具有联通作用的输水道，而热衷于修建城堡。

按照中世纪的标准配置，每个领主的领地都有城堡，并常常与教堂配套建造，这是整个领地的核心。城堡可大可小，由经济实力决定。遇到军事威胁时，一旦外围防御陷落，守军及其他人员可以撤进城堡，进行最后的防守，里面有水井和粮食储备及其他一切供长期固守的设施。在冷兵器时代，如果缺少大型攻城装备，要想攻破城堡是一件很困难的事，这就是城堡战斗力的体现。有了城堡提供的安全保证，领主就可以在领地为所欲为了。国际象棋中，车的原意为城型棋子，图形就是城堡，实力仅次于王后。翻译为车，是从中国象棋的战车而来，原意尽失。

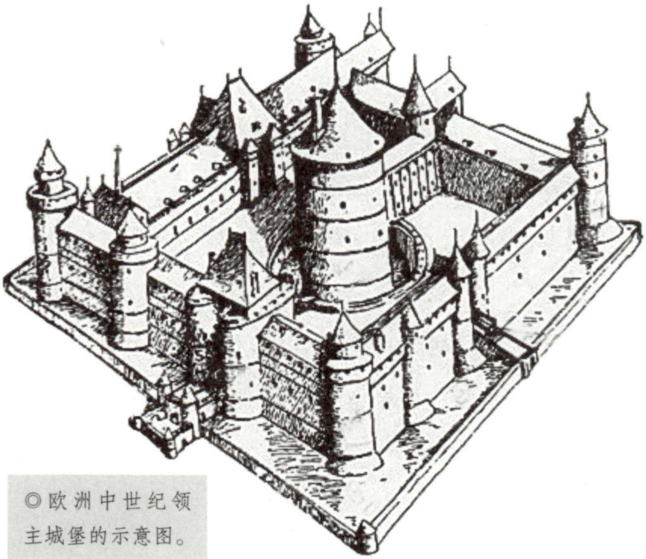

◎欧洲中世纪领主城堡的示意图。

现代国际象棋和中国象棋系出同源，都由印度或中国的古老棋类游戏演化而来。中国象棋定型于北宋末年，国际象棋定型于16世纪宗教改革之后。两种象棋的规则有差别，更有意思的是棋子角色的差别。按照中国的称谓，车、马、相、兵双方均有，国际象棋中没有炮和士，而多了一个极有威力的王后。“马”在国际象棋中是骑士，兼具贵族和战士身份，与中国象棋中代表的骑兵不尽相同。国际象棋的“相”原意是主教，可以随便斜行，与中国象棋中只能走田字格、不能过河的文官相差别更大。另外“王”和“将”“帅”，作用相近。欧洲逐王、杀王习以为常，但是不能如此对待教皇。同理在中国也不能如此对待皇帝，否则是大逆不道。所以教皇、皇帝两位顶尖人物，都没有出现在棋盘中。象棋虽是游戏，但浓缩了很多精华。要想简单说明古代双方的一些社会差异，国际象棋和中国象棋是一对较好的例子。

欧洲当时的社会局面与中国的西周及春秋时代相似，但是中国在经过长期土地兼并后，向战国时代演化，最终由秦完成统一。秦始皇的本质就是中国排名第一的顶级大地主，历代帝王皆是如此。但在中世纪，欧洲受地理条件限制，土地兼并比较困难。如果将西欧与中国东部的地形图加以对比，就不难发现：早期中国的关中平原、华北平原，以及后来开发的长江中下游平原都是大河东流，总体地势平坦，只有一面向海。在这样的地理条件下，生产条件差异小，水利维护需要共同协作，交通顺畅便于管理，缺少分块独立提供安全防务的需求。因此导致权力趋向集中，形成了中国的统一和集权传统。反观西欧的地理条件：三面环海，山脉错落，河流恣意，成规模的大平原很少；阿尔卑斯山脉两边又分属差异很大的气候类型，北海、波罗的海沿岸因纬度高，冬季异常寒冷。这样的地理条件形成的农业生产格局，更像是一个个孤立的沙漠绿洲。要想统一，只怕是有心无力，因为根本无法提供高昂的维持成本，由此形成了欧洲分立与分权的传统。而城堡尚只是最基本的单元，每提高一层，都要经历一番血雨腥风。从古至今，欧洲统

◎福建永定土楼。

◎广东开平碉楼。

一之难超出中国人的想象。同理，中国分裂之难也超出欧洲人的想象。这种差异是中西分野的巨大鸿沟，由此还衍生了其他各种差异，要想理解对方更不容易。

欧洲的城堡后来随着火器普及，迅速做出变革，向大型化发展。一些军事要塞的城堡建造受到重视，一些小城堡则丧失了必要性。在此过程中，欧洲逐渐形成了很多统一的民族国家。原来的一些城堡向住宅发展，改造成宫室、宅邸及后来的宫殿。当火炮的攻击性再度提高后，城堡土崩瓦解，剩下的最终成为旅游景点。

中国古代的军事防御，一般是在城市的中心位置建一圈城墙。如今保留下来的多为明清时期建造，如平遥古城等。它的军事作用与欧洲城堡相同，但是规模更大。在分裂时代也是政治独立的象征，但在统一时则失去这层意义，只是一个地区的行政中心。与欧洲城堡相似的建筑，在中国历史中肯定产生过很多，不过后来大部分都慢慢毁弃了，在中原地区难觅踪影。这很容易理解，因为私自保留军事建筑，有谋反的嫌疑。相反在一些边远地区，中央集权照顾不到的地方，地方政权和民众出于安全考虑，自行建造防御建筑，如西南地区羌族的碉楼。在汉文化区，现存较著名的有福建土楼和广东碉楼。福建、广东两地受武夷山、南岭之隔，均远离政治中心，宋朝以后才充分开发；地形复杂，平原窄小，农业落后，多有匪乱，很多方面与西欧中世纪相似。所以在明清两朝和民国时期造出土楼与碉楼，但仍受控于中央集权，和政治独立还有相当距离。另外，八年抗战期间，日本侵略者在华北平原修建众多炮楼，以加强农村地区的管控和防御，这可能是老一辈中国人对于城堡的最深印象。

其实中国有一个和欧洲城堡作用相同的大家伙，那就是长城。春秋战国时期，各国为了互相防御，都会在地势险要的地方修筑城墙。秦统一后，为防御匈奴南下，将秦、赵、燕三国的北边城墙予以修缮，并连成一体，称作万里长城。以后多朝都曾修建，最后一次明朝的工程最为浩大，东起鸭绿江，西至嘉峪关。长城与中国其他三面的天然屏障，共同围成了一个超级大城堡。清朝疆域扩大，长城被废弃，后来只在抗日战争初期还零星发挥过作用，但垂垂老矣。现在的修葺同样是出于旅游目的。长城与大运河作为中国农业社会特有的顶级工程，是一对绝配。二者一横一纵，一隔一连；外御强敌，内通经济；既展现农耕生产的优势，又都是保持大一统的利器。

修建长城的地理条件看似杂乱无章，实则受降水和气温影响，遵循一道大自然铸就的铁闸。除了东部一小段受气温影响比较显著外，长城其他主要部分是中国东南湿润的季风气候与西北干旱的温带大陆性气候的分界线，大致是一条年400毫米降水线。从农业生产分类来看，这条线是农耕、游牧的分界线，以南可

◎明长城示意图。

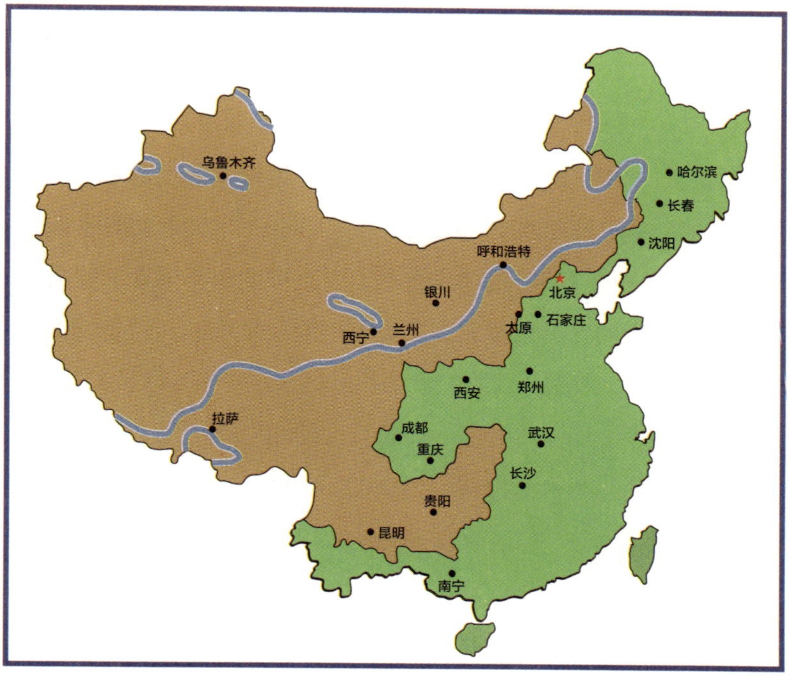

◎图中蓝线为年降雨400毫米等值线，也就是农耕分界线，受气候变化会经常摆动。

种粮，以北宜放羊；从地域文化分类来看，偏南的季风区基本就是传统的汉文化区，偏北的地区则是草原游牧文化区，彼此难越雷池、不易融合。这条线的作用在中国远比秦岭—淮河一线要大，横向对比，也甚于欧洲的阿尔卑斯山脉一线。因为它不仅有气温差异，还有降水差异。另外，令人头痛的是，这条线在自然地貌上并不明显，在很多地区好像是无形的，人们需要各种付出才能找到，然后通过建造长城实现定位。更令人头痛的是，一旦气候发生剧烈变化，在造成社会动荡的同时，这条线会出现摆动，迫使人们需要重新寻找，进而影响长城的位置。明朝比秦汉时期气候要寒冷，农牧分界线南移，造成明长城比秦汉长城位置偏南。

为了建造和守护这道北方防线，历朝历代，多少壮丁费尽移山心力，多少将士戍边埋骨他乡。及至近世，天然屏障被突破，早已摧毁自家古老城堡的外敌多从海上来。中国自身形成的这座大城堡，四面漏风，也就慢慢消散在历史中了。

2.12 不能大一统，退而求其次的政教合一

跨过台伯河上的维克托·伊曼纽尔二世桥，再走几十米，一条笔直的大道呈现在眼前。前方就是国中之国梵蒂冈，已经可以看见远处的圣彼得大教堂和广场。此时我有些疲倦，在路边休息片刻，无意中发现不远处一栋楼的外墙上插着一面中国台湾地区的青天白日旗。我走到近前仔细观瞧，这是一栋五层建筑，台湾旗帜立于四层，二层是一面加拿大的枫叶国旗。一层实木大门的右侧挂着一块铜牌，写有中文“中华民国（台湾）驻教廷大使馆”，另外是意大利文和英文。此刻我才想起梵蒂冈还与台湾保持着外交关系，因为它不仅是一处旅游名胜和全球天主教徒的圣地，还是一个政教合一的政治实体。

自从第一个共产党国家苏联诞生起，梵蒂冈教廷就一贯反共，共产党国家也一贯反教廷，新中国就是在这样一个大背景下和教廷关系不睦的。有一种可能性是，即使梵蒂冈和台湾断交，中国也未必和梵蒂冈建交。因为矛盾的焦点并不是“一个中国”，而是中国天主教会的管理权问题。这首先要从基督教和中国的历史渊源说起。在鸦片战争以前，基督教共有三次传入中国的记录。时断时续的经历，也表明其影响无法与佛教、伊斯兰教相比。

第一次是唐朝的景教。“景”为光明之意，景教是中国的称谓，指基督教中的聂斯托利教派。其创始人聂斯托利（380 ~ 451 年）曾任君士坦丁堡的牧首，因提出“基督二性二位说”引发教派冲突，被判为异端。聂斯托利遭革职流放，信众被迫远走西亚传教。其教派随丝绸之路于唐初传入中国，信众多为西域人。景教寺庙初称“波斯寺”，后称“大秦寺”（中国对罗马帝国古称“大秦”），一度也很兴盛，但还是属于小教派。后世出土的《大秦景教流行中国碑》是记述该段历史的重要资料，文献价值极高。845 年唐武宗灭佛，史称“会昌法难”，景教受到波及，从此衰落。唐朝灭亡后，景教不知所踪。

第二次是元朝时期。丝绸之路再次被打通，景教又随色目人（元朝对西域人的统称）传入中国，同时传入的还有天主教。元人不能细分，统称为“也里可温教”，俗称“十字教”。信众多为蒙古贵族，影响范围依然有限。随着明灭元，基督教

在中国再次消失。

第三次是明末清初。天主教耶稣会士从海路来华传教，影响较大，双方史书记载颇为详细。后因反对祭祖祀孔，与儒家思想和礼仪抵触太烈，康熙晚年开始禁教，至道光中期又几乎绝迹。

鸦片战争以后，西方列强依靠坚船利炮轰开中国的大门，基督教各教派随之涌入，在中国遍地开花。其中不乏为中国发展做出贡献的传教士，但在利益冲突的大背景下，教案频发，为此也赔上了众多各色人等的性命。民国时期随着蒋介石皈依基督教（新教）和中国主权逐渐回收，矛盾有所缓解。梵蒂冈教廷于 1946 年与中华民国建交，开设驻华使馆。1949 年新中国成立，梵蒂冈驻华公使被逐，天主教在中国自行发展，直到今天。

异域宗教传入中国，是历史发展过程中必然出现的现象。传入中国的基督教与中国的各种宗教一样，都遵循自治、自养、自传的三自原则，随着国家社会情况变化而做整体起伏。宗教领袖依照国家法律和各宗教习惯推选、任命，世界其他各国也多是如此。唯有天主教比较特殊，因为梵

◎《大秦景教流行中国碑》制作于唐建中二年（781 年），碑文由波斯传教士用中文撰写。石碑顶部刻有十字架，下部还刻有少量古叙利亚文。

蒂冈教廷依据自身传统，实行圣统治，管理全世界的天主教徒，各地主教必须由教廷任命。其实这也没什么，小小的教廷不可能对世界各地的主教一一考察，所以一般都是各教区上报人选，教廷任命，但是这一政策在共产党国家遇到了问题。比如中国天主教会倾向于那些具备较高神学造诣、同时又热爱和忠实自己国家的人当选主教，而梵蒂冈教廷则根据自己的消息来源，愿意挑选那些与政府关系不好、甚至反共意识强烈的人当选主教，于是就凸显了梵蒂冈干涉中国内政和所谓的中国干涉宗教自由之间的矛盾。教廷作为反华大合唱中的一员，在中国看来，经常扮演不光彩的角色。

中国与梵蒂冈之间的矛盾只是今日世界的一个小问题，但是类似的矛盾在欧洲历史上却是一个大问题，用了将近一千年的时间才解决。由此引发的故事对于中国来说都是域外奇闻。

梵蒂冈作为国家的前身是教皇国，因756年法兰克国王丕平赠送土地而建立。从此教廷在拥有教权的同时，还拥有了比之前更大的世俗权力，可以直接管理一个不大不小的国家。千余年后的1861年，意大利基本实现统一，成立意大利王国。1870年兼并了教皇国，罗马成为意大利首都。此后几代教皇自称“梵蒂冈之囚”，拒绝承认失去世俗权力，而此时，即使最虔诚的天主教徒也不会再为教廷进行圣战。1929年墨索里尼当政期间，与教廷签订《拉特兰条约》，达成和解，同意建立一个独立的梵蒂冈城市国家。于是诞生了世界上最小的国家：以梵蒂冈城墙为界，面积仅0.44平方公里。联想到北京故宫面积0.72平方公里，辛亥革命后，末代皇帝溥仪还在里面玩了十几年小孩子过家家，年号、称谓照旧，与梵蒂冈倒有几分相似。

教皇国的最高领袖是教皇，从耶稣的门徒圣彼得到如今的教皇共二百多位。另外在某些特殊时期，还有部分敌对的教皇并存。早期的教皇与中国的三皇五帝一样近于传说，多是后来追授。自基督教合法以后，以教皇为首的宗教势力逐渐壮大，但尚处于弱势地位，教皇的任免经常受君权支配。这一时期的教皇及重要神职人员多出自贵族，以罗马地区居多。962年，皇帝奥托一世为压制封建贵族，巩固统治，与教皇缔结《奥托特权》协定。虽然规定君权高于教权，但同时确认了教权的世俗地位。此后，教会拥有采邑，各地的主教也拥有了和领主同样的世俗权利。随着教会财富增加和信众增多，教权越来越大，教皇的选举程序和权力的实施也愈发独立。11世纪，罗马天主教与君士坦丁堡东正教决裂后，开始挑战君权的强势地位，焦点是地方主教的任命权。而依照原来的传统，这一权力基本属于君权。

教廷对此似乎早有准备。为了扩大世俗权力，争取更大的领土，在8世纪时，教廷曾伪造过一份《君士坦丁惠赐书》，声称4世纪初君士坦丁大帝曾允诺教皇拥有高于其他大牧首的精神地位、管理信仰和礼拜一切事务的权力，以及管辖西罗马帝国的世俗权力。这份相当于中国的矫诏、非常明显的假文书，在中世纪不容置疑，并被广泛宣扬。在此基础上，教皇格里高利七世于1075年发布教皇敕令，宣布教会和教皇拥有的特权，其中有几条非常扎眼。比如“只有教皇能任命或废黜主教；教皇有权废黜皇帝；任何人不得对教皇进行审判；罗马天主教会过去不曾犯错误，今后也永远不会犯错误”等等。如此嚣张的敕令已不是经过包装后慈眉善目、嘘寒问暖的宗教，而是明目张胆、赤裸裸的政治宣言。狂妄源自实力，广泛的信众基础和封建领主之间的矛盾都让教廷信心满满。在政权上无法统一的西欧需要精神统一，而在此之前，以教会为主体构建的神学知识体系已经成为社

◎表现君士坦丁大帝向教皇西尔维斯特一世惠赐的画作，绘于13世纪。

会主流，各种巫学、其他宗教及有损天主教权威的思想都被斥为异端，受到压制。教廷拥有了绝对的话语权，君权就不许随便说话了。

不甘心君权的地位被降低，教皇的敕令遭到当时神圣罗马帝国皇帝亨利四世的强烈反对，双方爆发激烈冲突。不过不是引起战争，而是教皇将皇帝逐出教会并宣布废除他的皇位。其他贵族对此袖手旁观，亨利四世无计可施，做出了一个惊人的举动。他于1077年1月踏雪越过阿尔卑斯山，在意大利北部的卡萨诺城堡拜见教皇，于是出现了世界史中神奇的一幕。亨利表情沮丧，神情卑贱，赤脚站在雪地之中，身穿破烂的忏悔衣，恳求教皇宽恕。教皇出于神父的职责，必须宽恕忏悔者，于是收回了驱逐令。亨利发誓改过自新，回去复位，伺机反抗。后来双方又继续争斗，但是在禁止世俗授权的问题上，教廷取得了决定性胜利。这就是现在梵蒂冈教廷插手中国天主教事务的由来。

此后，欧洲城堡屈从于教堂，君权和教权的力量关系出现逆转。一座教堂等于一家业绩稳定的公司，教会占有的财富快速增加，最多时超过欧洲总财富的三分之一。到教皇英诺森三世（1160 ~ 1216）时，教廷权力达到顶峰。他可以驱使欧洲的君主，甚至决定他们的去留，还可以组建军队为教廷打仗。此时的教廷已经制定出完善的宗教法律，拥有一个庞大的管理机构，兴办教育，扶危济困，

◎亨利四世与妻儿赤脚前往卡萨诺城堡拜会教皇格里高利七世。

教临天下，令行禁止。如果隐去宗教的光环，教廷似乎已将欧洲统一，建立了一个全新的天主教帝国。但好景不长，13 世纪末君主们再次反击，换了一个议题，要向教会收税，这次斗争的结果是君权小胜。君权随后乘胜一路反攻：文艺复兴、宗教改革、新教自立、收回土地和各种权力，直至将教廷的世俗权力限制在梵蒂冈城。最终实现了宗教的归宗教，世俗的归世俗。

政教合一是政权和教权合二为一的政治制度，基本特点是政治领袖和宗教领袖合二为一，法律以宗教教义为依据，同时宗教教义是处理一切事务的准则。维持政教合一，或者借用宗教实现世俗统治，都要依靠暴力，不管念什么经都一样，因为信仰宗教并不等于信仰非暴力。

长期以来，政教合一最显著的是伊斯兰世界，直到近现代才有所改变。欧洲中世纪天主教的政教合一，只在某个阶段或某些地区曾经完全实现，封建主的权力在大多数情况下依然独立，只是有时偏弱。而东正教及后来的新教一直受世俗政权控制，与政教合一无缘。并非只有一神教才能出现政教合一，在更为落后的地区多神教同样可以。例如中国西藏地区信仰藏传佛教，因为自然环境恶劣，就形成过较为原始的政教合一。

汉文化区是否存在过政教合一，是一个新话题。道教是中国的本土宗教，源于巫术，托道家之名而起。作为一种宗教，道教注重长生不老、得道成仙，缺乏具有悲悯情怀的系统理论，尽管常被民间起义借用，或者受到皇帝推崇，但难成气候。佛教传入中国后，传播广泛、信众无数，看似有实现政教合一的基础，但始终无法冒犯君权，难越雷池一步。道教或佛教曾被一些朝代奉为国教，但是与基督教和伊斯兰教世界相比，这种推崇有很大的随意性，远没有达到政教合一。由此可以理解道教和佛教在中国宗教史中比较有趣的关系，争吵不断却又相安无事。如果置于大背景下，更像是在家长的权威和管教下的两个永远长不大的孩童，不可能威胁家长的地位，彼此也不会真正兵戎相见。

另外一个讨论的视角是，儒家能否被视为儒教。通常认为，如果具有教义、教仪、教团，就是一种成熟宗教。但通过比较，很难得出儒家是宗教的肯定结论。儒家各种异化、伪托历史的小动作不少，营造出早期的悲剧色彩。比如将秦始皇坑杀方士的事件演化成坑儒，而当时的儒生不过是读书人中的一部分。历代都有儒士冤死，但那都属于政治迫害，而非宗教斗争。山东曲阜是儒家圣地，圣迹编得荒诞不经，家谱续得天花乱坠，但一直坚持等级观念，走上层路线，不笼络穷苦大众。孔府、孔庙、孔林的当家人即历代衍圣公，只是一个受尊重的世袭大地主，并无统领儒家门生的号召力和实权。新王朝夺得天下，衍圣公立刻上表拥护，对待外族的元朝、清朝也是一视同仁，势利得像个奴才。唯一的例外是对待新中国，末代衍圣公深知土地改革的厉害，缺少做“曲阜之囚”的资本和勇气，只好随国民党去了台湾。

对如何分清孔子、孔家，儒学、儒家，中国人常有争论，却不会因此发生宗教战争。因为地主不是教主，官员不是神父，没有所谓的儒教势力争权夺利，只有儒家思想在发挥作用。为孔子而战，或者为谁是正宗的儒家而战，都闻所未闻。因为农民的丰收、军人的胜利、商人的财富，甚至皇帝的宝座，都不需要通过念诵“孔圣人保佑我”或“孔圣人与我同在”，期待出现神迹。老天爷、祖宗牌位、佛祖天尊的法力要远大于这个反对怪力乱神的孔夫子。总之，儒家的世俗特性明显，所谓的宗教特性多是驴唇不对马嘴的牵强附会。

儒佛道三者在中国的地位，即使是最为正统的儒家，都无法与基督教、伊斯兰教对各自社会的涵盖范围和影响力相比。三者能够在同一片土地上一并发展，正是由于彼此本质上并不对立，更多情况是混合互补，才共同成为汉文化的重要内容。只有将汉文化与基督教文化、伊斯兰文化做同级别的比较，才能厘清政教

◎山东曲阜的孔庙大成殿（拍摄于1921年）。

合一之类问题的来龙去脉。

实现中央集权是所有政治强人的目标，但相应的社会成本也高，政教合一是其中一种退而求其次的选择。不过这种政治统一非常脆弱，回归分裂是常态。但已经取得正统地位的一神教难以逆向发展成多神教，于是宗教的地域文化属性凸显，在利益冲突下只好教内分派。结果是上帝互掐、真主互博，引发宗教战争，精神统一变成精神分裂。与此相反，佛教在中国的分宗立派异常温柔，因为天大地大皇权最大，笼罩在强大的中央集权之下，只会出现不同的佛祖互辩，绝不可能互殴。

按照今天的标准，政教分离代表社会进步。但是从历史发展来看，政教合一的出现，在阶段性也代表社会进步。君权管理能力低下的时候，往往需要借助教权分担部分管理权，至少做到精神统一，以实现社会稳定；而宗教势力要想获得管理权，先实现宗教统一是一种捷径。因此，政治因素在宗教理论中得以体现，导致一神论的出现，然后再与君权争权、妥协、合作，甚至合并，政教合一由此形成。在古代中国，有儒学做辅助，佛教、道教等做陪衬，君权足以承担管理国家的重任，所以只要确保皇帝的权威就可以了，并不需要基督教世界或伊斯兰教世界的政教合一和国教。再进一步，不必产生一神论，神学知识体系也不会成为社会主流。

2.13 十字军东征的意外收获

雅典有一家拜占庭博物馆，面积不大，当天游客稀少。这里的文物与古希腊时期相比，艺术风格迥异，让人真不敢相信产生于同一块土地。展品内容许多都是宗教题材，人物表情木讷，比较沉闷。在艺术类型上，出现了大型木板绘画，这是古希腊所没有的。一个时代有一个时代的特色，拜占庭的名气远不如古希腊和古罗马，但在强盛的时候，也是四周穷邻居们学习的榜样。

我长期对希腊的完整历史没有一个连续的概念，对古希腊也一知半解，至于古罗马、拜占庭、奥斯曼和希腊的关系则非常零乱。后来才知道，这块土地在希

◎《查士丁尼及其随从》，镶嵌画，6世纪。
当时绘画还缺乏透视技巧，脚部显得很怪异。

腊化时代以后几易其主，丧失了单独存在的资格，因此在历史中只能和其他地区混合，作为一个较大的整体出现。罗马帝国解体后，东罗马帝国依然自称是“罗马帝国”，国民还自称为“罗马人”。如果被称为“希腊人”，则是一种侮辱，代表着原始和愚昧。由于君士坦丁堡所处位置在古希腊时代是拜占庭城邦，所以17世纪以后，史学家为了和罗马帝国及神圣罗马帝国做出区别，习惯上将东罗马帝国称为“拜占庭帝国”。

拜占庭帝国亡于1453年。如果从罗马帝国395年解体算起，存续达千年以上，要是再加上罗马帝国，更了不得。解体之时，东罗马帝国实力已超过西罗马帝国。外族入侵过程中，东罗马力求自保，其雄厚的财力和充足的兵源，确保帝国没有遭受太大的损害，从此开始独立发展，走上了与西欧不同的道路。基督教中的东正教在拜占庭拥有崇高地位，但教权始终置于君权之下，没有获得更多的世俗权力。帝国的法律和政府机构基本照旧，帝位沿用世袭制；文化方面已经找不到古希腊的影子，但是至少官方语言是希腊语。因此，古希腊的遗风虽然没有得到继承和发展，但是很多学术经典却被继承下来。

拜占庭皇帝们的理想是如何收复西面的领土，恢复罗马帝国的荣光。查士丁尼大帝（527 ~ 565在位）是拜占庭历史中最有作为的皇帝，也是最接近这一理想的人。他出兵西征，收复北非和意大利，连西班牙也占领了一半，几乎将地中海变成帝国的内海，但难以维持。在他去世后不久，外族反扑，西部的疆域被迫收缩。此时东面的对手波斯萨珊王朝也乘势进攻，占领了叙利亚。伊斯兰世界兴起，拜占庭的疆域迅速缩小。尤其642年失去粮仓埃及后，也就失去了当帝国的资格，只能凭借地缘优势存活。到了8世纪，拜占庭的领土只剩下巴尔干、小亚细亚及小部分意大利。拜占庭随后迎来了两个世纪左右的小复兴，面积又有所扩大。在此期间，拜占庭还做了一件具有深远影响的事，和神圣罗马帝国几乎同时向东欧方向扩张，将该地区的斯拉夫人引入文明的轨道。后来东斯拉夫人和南斯拉夫人主要接受了东正教，西斯拉夫人则主要接受了天主教。

十字军东征之后，拜占庭的日子更加一年不如一年。领土被多方逐渐蚕食，几度甚至只剩下君士坦丁堡孤城一座，但它就是能够苟延残喘，衰而不亡。一直挺到1453年，被奥斯曼帝国完成了最后一击。临终前的几十年，拜占庭向西方求救，希望能看在上帝的份上伸手相助，西方也曾组织小规模的十字军来帮忙，但是无济于事。营造千余年的君士坦丁堡城墙依然坚固，可是奥斯曼人已经拥有大炮，轰开城墙，一切终于结束。罗马帝国的最后一抹余晖消失在天际，古希腊地区又有了新的统治者。

拜占庭走向衰落的过程中，不仅遭受来自穆斯林的进攻，十字军东征也非常重要。十字军东征是中世纪基督教和伊斯兰教之间发生的重要事件，持续近二百年（1096 ~ 1270）。也有观点将其下限延至1492年西班牙在伊比利亚半岛的胜利。因为每名战士都可以佩戴十字，十字军故此得名。

当时的天主教世界经过几百年的发展，人口增加非常显著，结果造成社会各阶层出现了一些变化。由于长子继承制的实行，没落贵族增多；教会发展，获得闲职的教士增多；粮食生产提高，平民、农奴也增多。但是，资源财富的增长没有跟上人口增长的速度，土地明显不够用了。要是不能以内战方式解决矛盾，最好是进行对外侵略，因此拉丁世界上下都在寻觅扩张的战机。

而在此时，伊斯兰世界也发生了一些变化。阿拔斯王朝的鼎盛时期仅保持在8世纪中叶至9世纪中叶的一百年间，其后许多地区建立的小王朝逐渐削弱了中央集权。阿拔斯王朝的哈里发虽然还有名义上的统治权，但实际控制范围已经大大缩小。不仅如此，这时军政大权旁落，哈里发的废立已经任由军事强人操纵，连哈里发也渐渐变得有名无实。1055年中亚地区新崛起的一支突厥部落塞尔柱人攻入巴格达，取得统治权，建立了塞尔柱王朝（1037 ~ 1194）。其领袖被哈里发赐予“苏丹”称号，同时又剥夺了哈里发的世俗权力，但是并未灭亡阿拔斯王朝。

塞尔柱人没有止步，继续攻占小亚细亚，直接威胁到君士坦丁堡。天主教和东正教虽然已经决裂，拜占庭帝国和拉丁世界的关系也不好，但是面对威胁，拜占庭皇帝迫于无奈，于1095年写信向教皇求救，希望能够派兵帮助东方的基督徒。拜占庭的求救正中教皇乌尔班二世下怀，不过帮助拜占庭抗击塞尔柱人，这个理由太世俗，号召力不强。经过深思熟虑，教皇在法国克勒芒召开的宗教大会上发表了著名的拯救圣地演说：

……本着主赐予我的权柄，我郑重宣布：凡参加东征的人，他们死后的灵魂将直接升入天堂，不必在炼狱中经受煎熬；无力偿还债务的农民和城市的贫民，可免付欠债利息，出征超过一年的可免纳赋税；凡动身前往的人，假如在途中，不论在陆地或海上，或在反异教徒的战争中失去生命的，他们的罪过将在那一瞬间获得赦免，并得到天国永不朽灭的荣耀。向着东方出发吧，不要犹豫，不要彷徨，为荣耀我主，去吧，把十字架染红，作为你们的徽号，你们就是十字军，主会保佑你们战无不胜！……

进行圣战、解放耶路撒冷、赶走残暴的异教徒，有了这些振奋人心的口号，上帝的名义就掩盖了所有的经济、军事、政治目的。

动员令非常有效，十字军迅速组建起来，其主力由欧洲骑士阶层构成。骑士阶层是欧洲中世纪形成的一个特殊社会群体，关于他们的各种浪漫故事和文学演绎有时会模糊历史的原貌。骑士主要由没落贵族和没有继承权的贵族子弟构成，尽管有贵族头衔，却很少有自己的领地。他们依附于领主，是一群自配装备的职业军人，靠战争建功立业。基于对财富和荣誉的追求，再加上宗教信仰，骑士与教廷的主张一拍即合。不过领军人物是几位更有雄心和财力的封建主，普通士兵则由怀揣梦想的农民和平民组成。1096 年开始第一次东征，十字军和拜占庭结成同盟，但因战略目标不同，很快决裂。1099 年，十字军经过艰苦战斗，攻下耶路撒冷。战士们大肆庆祝，烧杀抢掠，穆斯林和犹太人都未能幸免。随后，十字军在地中海东岸还顺路建立了几个十字军国家。

◎十字军东征时期，医院骑士团在叙利亚改造的城堡。

第一次东征的丰硕战果让拉丁世界感到振奋，所以当穆斯林反攻后，又组织了第二次、第三次……直到第八次。经过近二百年的战争，人们的宗教热情已被耗尽，战果越来越少，费用越来越高，东征终于停止。一切都似乎回到了原点，但是这段时光注定不会虚度，一切又肯定发生了变化。

最倒霉的是拜占庭帝国。自己请来的十字军有好几次都充当了侵略者，洗劫君士坦丁堡，控制皇帝的废立，妄图合并东正教，欺压残害东正教徒……下手比穆斯林还狠，根本看不出同是上帝子民的亲密关系。相反，伊斯兰世界遭受的损失较小，为齐心协力对付十字军，还出现过萨拉丁（1138 ~ 1193）这样的英雄人物。他顺势推翻法蒂玛王朝，建立阿尤布王朝（1171 ~ 1250），带领埃及地区重归逊尼派阵营，并夺回被基督徒占领多年的圣城。可一旦十字军威胁减少，伊斯兰内部的战乱又重新开始，埃及地区后被马穆鲁克王朝（1250 ~ 1517）取代。在西亚，1194 年塞尔柱王朝被中亚的花剌子模王朝消灭，而花剌子模在 1231 年又被蒙古人灭亡。随后成吉思汗之孙旭烈兀率军西征，1258 年攻陷巴格达，杀死哈里发，灭亡阿拔斯王朝，建立伊利汗国（1256 ~ 1335），混乱局面才渐渐结束。

十字军东征不仅暴露了天主教和东正教之间的长期不和，也将基督世界和伊斯兰世界之间的矛盾引向深入，妖魔化对方的同时频频举起圣战的大旗。后来多少人不断感慨，同源的宗教为什么不能平息纷争？宗教的宽容难道只是表面文章？道理其实很简单，因为有人言必称上帝，有人言必称真主。而要调和这两位的关系，在宗教层面无解。

十字军东征对伊斯兰世界的影响远不如塞尔柱人和蒙古人的西征。不过虽然战火在外，东征却对天主教世界影响更大。从短期看，欧洲的生产情况并没有大的改观，主要是政治格局改变了。十字军东征前期均由教廷主导，因一次意外，后期主要换成由世俗君主主导。这一变化发生在第四次东征期间，其过程很有意思。

第四次十字军东征（1201 ~ 1204）的发起者是英诺森三世，历史上最强势的教皇。军队决定在威尼斯集结，乘船走水路去圣城耶路撒冷。因为高估了军队人数，战船租多了，这意味着要多付钱。威尼斯共和国的贵族将领提出要求，只要十字军帮助他们夺回几年前被匈牙利王国占领的亚得里亚海东岸的扎达尔港，就可以免除部分租费。十字军欣然同意，于 1202 年攻占扎达尔，并交给了威尼斯人。

◎第三次十字军东征双方基本战平，1192年狮心王查理与萨拉丁达成停战协议后撤兵。

英诺森三世得知此事，勃然大怒，与十字军断绝了关系。因为攻击一个虔诚的天主教国家，有违组建十字军的初衷和教皇的权威。

尽管免除了部分债务，但是十字军依然无法支付远征圣城的费用。此时，因拜占庭皇位之争出走的一位皇子向十字军许诺，如果能帮助他的父亲重夺皇位，他将付给十字军相当于欠款额数倍的酬金。十字军将领经过商议，认为收益大于风险，欣然同意，这意味着放弃了占领圣城的计划。

十字军渡过爱琴海，围攻君士坦丁堡取得胜利，将皇子和他的父亲立为共治皇帝（这种父子组合类似中国太上皇和皇帝的关系，另外还有兄弟组合等形式）。但是，拜占庭皇帝却没能付给足额酬金。面对君士坦丁堡的富庶与繁华，十字军

◎《十字军进入君士坦丁堡》，德拉克洛瓦，19世纪。

露出本性，变本加厉地烧杀抢掠，各种真假难辨的圣人遗物最受青睐。多数将士都捞得盆满钵满，衣锦还乡。同行的威尼斯人不仅获得了巨大的商业利益，还侵占了拜占庭的领土。血腥过后，十字军在此建立拉丁国家，逃亡的拜占庭皇帝几十年后才复国。

第四次十字军东征极富戏剧性，教皇、封建贵族、军人、商人在盟友、掮客、对手多种角色间来回互换，既在意料之外，又在情理之中。评判他们都是唯利是图之人，并不为过，但也太过简单。类型相同的故事在中国历史中似乎没有，而同样的故事在中世纪前期似乎也已成绝响。其中一个重要差别是商人集团作为一个重要角色，从始至终全程参与，并且军事行动必须尊重和保护商业利益。所以十字军东征除了减少人口、缓解社会矛盾、提升君权地位之外，另一重要成果是再次强劲激活地中海经济，恢复了古希腊、古罗马的商业传统。而历史曾经证明，地中海的商业游戏规则中具有某种神奇的能量。

剥掉圣战的光环，十字军东征是欧洲再次崛起前的先兆。尽管扩张行动不尽如人意，只能伺机东山再起；但意外收获是开阔了眼界，增加了交流，并引进了部份东方的先进技术，尤其是将在拉丁世界失传的古希腊、古罗马学术文化经典，以及伊斯兰世界的学术成果悉数带回。对于当时封闭晦暗的西欧来说，这些无异于一股清风徐来。一些人开始掀起数百年的翻译浪潮，开始学习耶稣诞生之前的知识，开始修正上帝创造的完美世界，而教皇及每名十字军战士在行动之初都绝对料想不到会有这样的结果。

◎《返回的十字军》，莱辛，19世纪。

2.14 “技术领先世界”的宋朝总受欺压

与伊斯兰世界应对十字军东征同时，中国的宋朝也在遭受来自北方民族的冲击。

唐朝灭亡以后，经过短暂的五代时期（907 ~ 960），后周大将赵匡胤陈桥兵变，黄袍加身，取代后周，建立北宋（960 ~ 1127）。经过十几年的征讨，重新统一，但疆域远不及汉唐。宋朝善于精耕细作自己的一亩三分地，造就了一个经济繁荣的朝代。手工业发达，大运河交通繁忙，商业比重提高，海外贸易兴隆，随之文人闲人增多。所以宋朝又是一个文化艺术昌盛的朝代，在诗词散文的烘托下，迷倒无数后人。

但同时又不可否认，宋朝是一个军事羸弱的朝代。弱宋的烙印挥之不去，给所有的辉煌蒙上了厚重的阴霾。宋朝立国之初，北方由契丹族首领耶律阿保机建立的辽国（916 ~ 1125）早已经营多年，不时南侵，对北宋形成威胁。979 年，

◎《清明上河图》局部，张择端，北宋。

宋太宗灭北汉后，顺势北伐辽国失利。北宋疆界退至燕山以南的华北平原，结果基本无险可守。因疆域未能达到汉文化区传统的农耕分界线，而北宋又无法改变这种安全劣势，迫于无奈签订《澶渊之盟》，花钱买和平。从此北宋丧失天朝国威，与辽称兄道弟。

战略安全的先天不足引发了连锁反应。党项人首领李元昊在河西走廊地区建立西夏（1038 ~ 1227），公开与宋对抗，切断了西域的商业通道。宋与西夏多次交战，无力消灭，只能又是花钱买和平。不过陆上丝绸之路的失控反倒促进了海上丝绸之路的繁荣。

源于东北地区的女真族兴起后，首领完颜阿骨打建立金朝（1115 ~ 1234），对辽形成威胁。北宋看到机会，与金联手灭辽。但事与愿违，辽亡后，金顺势南下灭掉北宋。中国古代书画造诣最高的皇帝宋徽宗赵佶与儿子宋钦宗赵桓，还在稀里糊涂之中就已经城破国亡被掳，后被贬为庶人，在金国的领土内颠沛流离。两位皇帝都坚守"即便不得好死也不如赖活着"的人生观，先后惨死异乡。

宋高宗赵构建立南宋（1127 ~ 1279），后定都临安（杭州）。疆域退至秦岭淮河一线，地位也再降一级。为保安宁，南宋只好向金俯首称臣。丢失的国土更像是甩掉的包袱，"直把杭州作汴州"，结果南宋迟早作北宋。南宋偶尔做些无力的反扑，还曾与蒙古联手灭金，但总体收效甚微，只能静等着灭亡时刻的到来。当然也造就了岳飞、文天祥等一批民族英雄，但纵有满腔热血却无力回天，仅供后人凭吊。

伟大的王朝一般难用固定的模式来衡量，但能否保家卫国，则是一个最基本的标准。宋朝拥有被打断脊梁骨之后的繁荣，并伴随着丧权辱国、称臣纳贡、割地赔款、生灵涂炭，以及皇帝被掳、逃亡、投降、跳海，总之惨不忍睹，无需细说。后世不论再为《杨家将》《岳飞传》的故事如何拆旧翻新、多续子孙，把老弱妇孺都塑造成英勇的战将，也改变不了败局，艺术的夸张反而更衬托出军事的无能。

宋朝的政治地位很低，莫说汉唐，也不如明清，是中国历史中不配称为帝国的大王朝。立国后不久，宋朝从整体上就一衰到底，个别战役的胜利根本无法抵消战略上的失败。面对颓势，也有不少勇于变法的人站上潮头，但不论理想与实践，只要最终不能锻造出既能维护统一又能抵御外敌的军队，一切都是白费。到底是战是和（降），两派争论、争斗了三百年，至宋亡都没搞清楚。看上去宋朝的贪生怕死之徒多过尽精报国之士，而把失败归于昏君和卖国贼则是一种简单的处理方法。

宋朝积富积弱，经济繁荣与军事无能并存且贯穿始终，看似令人费解，其实相辅相成。不论辽、夏、北宋，还是金、夏、南宋，都像是魏蜀吴三国鼎立的时空放大版。三方相互牵制，任何一方都没有足够的实力取得全胜。希望重现汉驱匈奴、唐逐突厥的场景，对于宋朝来说是强人所难。相持的局面下，彼此半斤八两，辽夏金先后汉化，颓势不逊于宋；宋朝军事弱，能靠商业弥补一些劣势。另外宋有一个优势是开始地域大，家底丰厚，所以输得起、赔得起，疆域越来越小，寿命得以延续，反而最后灭亡。

宋朝不仅对外花钱买和平，对内也是如此。宋朝士兵总量巨大，兵种繁多，军费支出高企。但是统治者养兵的主要目的不在于强军，而是防止内乱，于是经常荒年募兵，把流民收入军中。所以，两宋农民起义次数不少，但造成严重冲击的却没有，因为不能剿灭的最后都被招安了。率领这样的军队，有野心的将领也难有作为。而像岳飞那样在抗金战斗中扩充军队，有成为军阀趋势的异类，是无法存活的。

重文轻武、文官节制武将、压制军队在国家权力中的比重，正是宋朝总结汉唐灭亡得出的经验；即使长期没有安全保障，也不做变更。宋朝与汉唐比较，很清楚地展现出一种矛盾：收权则外患，放权则内乱。宋朝在承受外患和避免内乱之间走钢丝。反正最后都是死，吟风弄月肯定比戎马倥偬舒服一些。与其空耗物力人力，做无用功，不如先过一段安稳日子。宋朝的选择有违大国风范，表面上很丢人，实际上是审时度势、扬长避短，体现出一种无奈下的明智。这种弱小国家常用的生存之道，“大宋”运用起来倒也颇为得心应手。明清对宋朝的军事制度有所借鉴，但弱宋的教训也警示后来者竭力避免。

别看宋朝如此软弱，经过现代人的整理，却拥有一个技术强国的光环，并且世界领先，这就让人费解了。先不说技术强国的论证过程有何缺陷，至少与军事失败有矛盾，因为常理是技术强国必然有过一段军事强国的光辉岁月。而宋朝在结束五代十国乱局后，就没有强过。终其一朝被打得磕头求饶、苟延残喘，看不到技术强国的风范。相比之下，汉唐的表现才符合技术强国的特征。

农业社会的生产技术主要是农业和手工业。中国在农耕技术上长期有优势，宋朝并无飞跃。宋朝在手工业的某些方面如瓷器制造，有重大进步。但这些领先技术零碎松散，地域性极强，主要为商业服务。而技术只有为军事服务，才能高下立判，产生快速改变社会的力量。先进技术的功效向军事领域传导延伸，实现连接，在任何时代都有必然性，对于大国尤其如此，因为战斗力强能获取更大的利益。所以，对于宋朝是技术强国的观点不必一一论证，也不必为生产技术向军事技术转换遇到阻碍寻找各种借口。宋朝是技术强国的现代阐述，只能让人认为是另一部经过文学演绎加工的评书。例如北宋仁宗年间由文臣编写了一部《武经总要》，内容包括军事理论和军事技术两部分，有很多实物图画，被尊为百科全书式的军事著作。可惜此书近似杂耍卖艺，中看不中用。书中所载武器设备的功效如能发挥后人想象的十之一二，宋朝即使不能逞强，也不至于当受气包。

认为宋朝是技术强国的错觉首先来自横向对比。因为同期欧洲和西亚乱象丛生，宋朝尽管一败再败，却能保持经济繁荣，着实幸福很多。但经济繁荣不等于国力强盛，也不意味着全面的技术领先，因为繁荣与技术强大没有必然联系。只

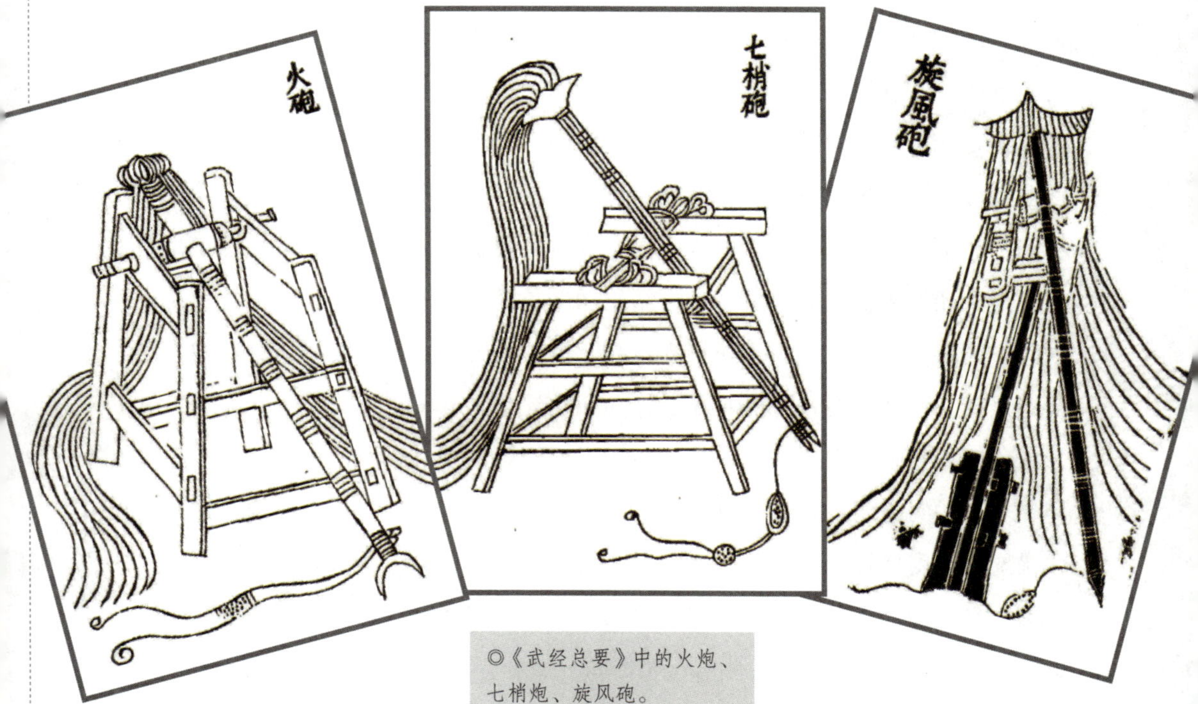

◎《武经总要》中的火炮、七梢炮、旋风砲。

要资源与人口匹配，少战事，即使偏安一隅，也能享受一段繁荣期。宋朝不过是一隅有些大，繁荣期有些长而已。就像最后一只待宰的肥羊虽然结局早已注定，也会有一段优哉游哉的好时光。宋朝的商业水平在中国历史中确实浓墨重彩、可圈可点，但在抑商的大环境下，与欧洲和伊斯兰世界相比，水平并不高。连广泛流通的贵金属货币都没有产生，更别说形成以商人为核心的重要军事、政治势力。如果再细究一下，欧洲十字军时代的混乱其实是崛起前的冲动、寻觅，而宋朝的繁荣则是覆灭前的放纵、迷惘。

更大的错觉来自丰富的书籍。这要归功于一项令人骄傲的技术成就——发明于隋唐、成熟于两宋的雕版印刷术。书籍大量印刷出版，图文并茂，为后世提供了宋朝比所有前朝更为全面的社会信息，其中不乏生产技术的内容。宋人只管记录，没有详述前后传承，加之文采飞扬，确实迷人。但只依靠书籍就把功绩都归于宋朝，未免有失公允。另外，经济繁荣之下，很多人会有很多奇思妙想并付诸实践。宋人是捡进篮子就是菜，先记录再说，不管是否成熟或能否推广应用。

夸大的文字描述与真实的技术功效之间，经常在有意无意中充满了欺骗性，最典型的例子就是沈括在《梦溪笔谈》中记述的毕昇发明的泥活字印刷术。在考古发现中，宋朝嵌在汉唐与元明的中间，综合技术发展保持一贯性和正常积累，不存在奇峰突起，如果进行量化比较，也没有什么实质性突破。

有观点认为宋朝市民阶层活跃，官学私学兴起，皇帝与士大夫共天下，在人文精神方面堪比文艺复兴。一连串的窝囊废皇帝确实缺少权威，官民发声也是好事，但宋朝搞来搞去的人文精神，结果居然是推崇圣人训的程朱理学。“为天地立心，为生民立命，为往圣继绝学，为万世开太平”。这种酸腐的呓语被当做时代的强音，哪里有文艺复兴中质疑上帝说的影子？

宋朝只是中国农业社会中的一环，不管如何自娱自乐、自夸自恋，都无法改变“弱宋”的定位，自身的诸多特色实质上并不具有被后人赋予的现代性。其社会状况更不支持技术强国的判断，反而由于军事软弱，政治保守，致使汉文化的影响力呈现萎缩之势。就像兴起于宋朝上层社会妇女缠足陋习的演变过程一样，当后人习惯于将中国的落后归罪于明清时，造衅开端实际是两宋。

宋金厮杀相持之际，更北方的蒙古草原崛起了一支新生力量。一代天骄成吉

◎成吉思汗

◎忽必烈

思汗（1162 ~ 1227），没有文采，不懂风骚，只识弯弓射大雕，在阵阵罡风吹袭下，1206年统一蒙古诸部落。其后，蒙古铁骑凭借高效的军事能力，呈辐射状向外迸发，祖孙三代，横扫东欧、中亚、西亚，灭西夏金宋。蒙古帝国最终在西面受阻于喀尔巴阡山、小亚细亚和埃及一线，在南面受阻于湿热的印度和中南半岛，东临太平洋，北至极寒之地，但因为疆域太大，不久很快解体。

蒙古帝国扩张迅速，过程非常惨烈，屠城是常用的手段。对手如果不能有效抵抗，投降是唯一的办法。成吉思汗的儿子和孙子不需要任何艺术的烘托，就是历史中权势最大的一群儿子和孙子，掌管着钦察汗国（也称金帐汗国）、察合台汗国、窝阔台汗国、伊利汗国和元朝。一群军事强人，接下来必然是你争我斗，最终的结果或解体、或被吞并、或与当地融合。

蒙古帝国维持的时间很短，它可能从来就没有真正统一过。除了那张大大的地图，并没有留下太多的文化遗产，重新打穿东西通道是其最大的贡献。在此期间，一些汉人工匠随军远行，一路施展各种才艺，火药、雕版印刷也被传至西亚。其中最有趣的插曲是全真教道士丘处机。他从山东被召至兴都库什山附近觐见成吉思汗，为之讲授长生成仙之法。道教很难得地出了一次远门，留下一本记述沿途风貌的《长春真人西游记》。有来有往，伊斯兰的大批商人来到中国，西亚的回回炮、医学随之传入。而最传奇的故事则是威尼斯商人马可·波罗疑似来到中国，回到欧洲后也留下一本游记。

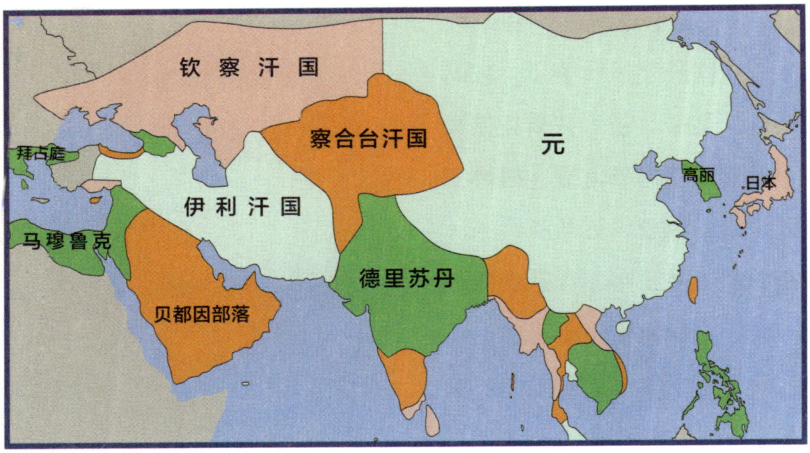

◎ 1335 年的亚洲版图。此时窝阔台汗国已经灭亡，蒙古人的势力范围包括其他三大汗国和元。

蒙古帝国对世界的主要影响是西征，对中国的主要影响是南下：拆散夏金联盟、消灭西夏、联手南宋、消灭金朝。忽必烈（1215 ~ 1294）是成吉思汗之孙，继位蒙古大汗后，于 1271 年建立元朝；随后势如破竹，灭亡南宋。中国的汉文化区第一次迎来了真正意义上的外族统治者。新领导带来了新气象，汉人受到排挤，汉文化也受到压制。后人述史经常耿耿于怀，对于元朝的统治充满了不满和不屑。不过正是因为缺少汉文化的约束，元朝的很多作为反而有些国际风范，只熟读圣贤书的人难以领略。

元朝没能像法兰克王国扭转欧洲进程那样扭转中国的进程，其新拓展的疆域与汉文化不能相容。蒙古人和汉人的交流也不成功，在元末农民起义的大潮中，又退回蒙古高原，成为固守漠北的最后一支民族。西北的钦察汗国分裂成诸多小汗国，后来有些与俄罗斯民族融合，有些则退守中亚。蒙古人数量少，西征过程多拉拢借用突厥人，以致后来留在西亚、中亚的蒙古人慢慢被伊斯兰化、突厥化。曾经出现的帖木儿王朝（1370 ~ 1507）是中亚地区最后一个统一的大帝国，其创始人帖木儿自称是成吉思汗的后裔。即使所言不虚，也是已经被突厥化的蒙古后裔。帖木儿帝国解体后，中亚政治版图的演化开始向现代靠拢。

蒙古帝国耗尽了漠北的能量，一片神奇的土地归于平淡，各种军事优势渐渐不复存在，很难再向外迸发激情与血腥。蒙古帝国来去匆匆，与亚历山大帝国何其相似。它们一为西征，一为东征，都想将已知的世界划归统一的版图，都成功了大约三分之二。亚历山大、成吉思汗两位强人的伟业是最顶级的一将功成万骨枯，但是都无法持久。

辽宋金元更替时期的另一个深远影响，是中国的政治中心发生了变化。唐朝后期，关中平原因千年持续开发，植被破坏及水土流失严重，已无地利可言。唐末，长安、洛阳毁于战火，五代中除后唐定都洛阳，其他四朝均定都于华北平原的汴梁；随后北宋也定都汴梁，完成了政治中心的一次东移。但是汴梁地势过低，地理条件较差，靠近黄河和大运河的便利不能抵消水患连连，最终在辽金的持续冲击下被放弃。同期，长江中下游流域的生产优势进一步得到展现，南宋都城杭州就是个典型的商业城市，不过因离腹地过远，不适合成为政治中心，在明初被更有历史渊源的南京取代。在这一轮寻找政治中心的过程中，华北平原北部、燕山南麓的北京，看上去并没有太大的竞争优势，却悄悄登场了。

北京的历史一般从商周时期的蓟国和燕国算起，用北京猿人和山顶洞人给北京增寿的做法，没有任何意义。秦汉以后，北京所在的地区作为汉文化的边缘地带，长期处于戍边防御状态。地区的行政中心基本围绕着海河水系的河流来回迁移。北京因有永定河之利，也位列其中。

契丹族兴起后，游牧民族因经常迁徙，所以设有多个都城。北京被辽于938年定为陪都，称做南京，开始摆脱边陲重镇的角色定位。金灭辽后，于1154年在北京正式建立都城，称中都。元灭金后，于1272年定都北京，称元大都。从此，北京又从区域政治中心跃升为全国政治中心，维持至今。北京曾三度受到南京的挑战，分别是明初、太平天国和民国时期。

与长安、洛阳、汴梁、南京等都城先经后政的发展路径不同，北京如果不是后来成为国家的政治中心，北方经济中心的地位就无从谈起。脆弱的经济基础本是政治中心的硬伤，很多都城都因经济衰落被废弃。而北京一旦出世就能反向运行，迫使其他竞争者“王气黯然收”，并在多年的转换和拉锯中保持优势，看似有些不合常理。因为这种政治中心和经济中心长时间分离的现象，在世界史中非常少见。但是如果仔细体会，却又最符合中国特色，因为在大一统的要求下，这是北方军事优势和南方经济优势平衡后的结果。只有选择北京，才是长安的正宗延续，也是汉文化为摆脱弱宋困局所做的努力。

2.15 大不列颠岛孕育《大宪章》

雅典卫城旁边有一处综合市场，店铺林立，主要销售希腊的特色旅游纪念品。行程即将结束，我也想选几件，为这趟旅游，除了照片和记忆，再添加几样实物。走进一家，随意浏览。店主人是一位五十多岁的老者，非常健谈，得知我来自中国，非常高兴。店内并无其他客人，彼此多聊了几句。老者兴致很高，还为我冲了一杯自制的咖啡，让我受宠若惊，觉得享受到了超值服务。老者是一位历史爱好者，最崇拜亚历山大。对于中国，他的评价非常正面，还特意拿出昨天的报纸，给我看有关学习中文的招生广告，说这是年轻人找工作的新途径。他问我北京有多大，我说具体不清楚，反正常住人口有1600多万。他瞬间瞪大眼睛，张嘴表示惊讶。这一数字超出了他的想象，因为希腊全国总人口才1100万。中国的人口数量之多不是世界上大多数国家人们能想象的，只有印度这样的国家才是知音。我向他解释因为人口多，不仅给北京，而且给中国带来的种种问题。他总是摇头，还是表示对这种数字无法形成概念。

老者在言谈中对英国极不尊重，我开始并不明白。后来他说，正在建设的卫城博物馆将为被英国掠夺的雕像设置展位，提醒观众展品还在偷盗者的手中。我才知道他所指的是笔陈年旧账。老者越说越气愤，甚至显露出种族倾向。尽管都是欧盟国家，他攻击起来却毫不留情。他说，希腊人和中国人在创造文明的时候，英国人还在吃死人呢。要论骂英国，中国人也很有发言权，但听到如此激烈的言论，把英国人的祖宗都给骂了，我实在没有能力接着往下说。

老者的愤怒是有道理的。18、19世纪，英国曾大量盗运古希腊文物。有些雕像整个搬不动，就敲掉人头，与后来在中国敲佛头一样。其中最著名的是19世纪初，英国驻奥斯曼大使额尔金爵士通过某种利益交换，将卫城帕台农神庙的部分重要雕刻拆掉运回英国，现藏于大英博物馆，并被命名为“额尔金大理石”。20世纪80年代起，希腊政府开始索还这些雕刻，英国百般推诿，至今还未解决。因为此事，希英两国经常口角。额尔金的儿子小额尔金在中国近代史中也有一笔记录。1860年作为英国对华全权专使，小额尔金率领英军偕同法军焚毁圆明园，劫掠大量珍贵文物；并强迫清政府签订《中英北京条约》，割让了九龙。受英国这对父子所祸，希腊和中国还能同病相怜，真让人苦笑。往事不堪回首，百味涌上心头。

从长远来看，对于归还文物其实不必太悲观。大英博物馆、法国卢浮宫将来估计会瘦身，物归原地是正确的选择。位于北京的中国国家博物馆将来也会面临类似的问题，要把从各省征集的文物再送回去。重要文物出生在哪里，就应该摆放在哪里，至少要回到原地区。这是对历史和文化的尊重，在大部分人的内心深处不会有太大异议。可是要实现这一目标，对全世界社会发展水平要求很高，所以这一天还很遥远。

后代崛起有能力抢文物，和祖先吃死人并不矛盾，希腊人和中国人的祖先也曾有过茹毛饮血的阶段。再说，强者不怕出身低，后起之秀才是社会前进的新动力。但是，强者不能无中生有，应该问明出处和成功的前因后果。英国的猖狂源自它的实力，说来话长。

大不列颠岛位于欧洲西部，面积 24 万平方公里。大致依照东西北，分为英格兰、威尔士、苏格兰三部分。在三者没有真正合并以前，都有各自的一段历史。不过对英国前期历史的记述，通常被英格兰历史替代。“英国”一词所包括的范围在不同时期有差异，中文中“英伦三岛”的说法是近代以讹传讹的产物。

英国早期居民建造的巨石阵依然有很多未解之谜，但是并不能据此得出任何过于神奇的结论。至前古罗马时期，岛上的主要居民是凯尔特人。恺撒西征曾两

◎英国的巨石阵，建造于约公元前 2300 年，可能与宗教及天文观测有关。

◎哈德良长城。

次率军入侵登岛，均未成功。岛屿的南部于1世纪才被征服，并入罗马帝国版图，开始接受文明的洗礼。岛屿作为蛮荒之地，当时没有什么经济优势，主要是进行矿产开采，用资源换取其他商品，这与英国发迹后的商业活动正好相反。为防止岛上北方民族的侵扰，罗马皇帝哈德良还在岛屿的狭窄处，主持修建了一条东西走向的城墙，全长约120公里。因与中国的长城相似，所以中文译为“哈德良长城”。

5世纪，与北方外族入侵罗马帝国同步，日耳曼人的一支盎格鲁－撒克逊人进入不列颠。社会长期陷于乱局，连亚瑟王和圆桌骑士们的事迹都只能停留在传说之中。6世纪，基督教传入后人口增加，经济发展。8～9世纪，北欧海盗维京人入侵，混乱过后，英格兰于10世纪初初步完成统一。1066年，西法兰克王国的诺曼底公爵威廉征服英格兰，将欧洲大陆的各种先进成果传入，使英格兰跟上了欧洲发展的脚步，并积极参与十字军东征。

此后很长一段时期，英格兰对外关系中主要是和法国有争端。1203年法王派兵进攻诺曼底，占领了英王长期拥有的领地。英王约翰在此后十年间力图武力收复，但最终失败。在此期间，他向臣民征收繁重的苛捐杂税，激起民怨。屋漏偏逢连夜雨，教皇英诺森三世也向约翰发难，在坎特伯雷大主教的任命问题上，逼迫约翰让步。最终约翰承认教皇对英国教会的领导，而且还同意每年进献数目可观的贡赋。约翰的全面失败导致贵族群起反抗，他们聚兵伦敦，威胁温莎城堡，在1215年6月强迫约翰签订了赫赫有名的《大宪章》。

《大宪章》一共63条，主要规范权利和财产，有三部分内容比较重要。一是第2条至第9条，规定了贵族土地、财产的继承和保护问题，主旨是不能轻易受到国王侵犯。二是第12条和第14条，规定了国王的征税权限，即不能随意增加新的赋税。三是第61条，也是最重要的一条，如果国王违反《大宪章》，臣民有权反抗。原文为：

> ……该25男爵得与全国人民以其权力对朕施抑制与压迫（即夺取朕之城堡土地与财产或以其他法），至该项错误已依照彼等之意见改正时为止。……

其中“25男爵”是指一个由贵族组成的委员会。该条中最严厉的莫过于“或以其他法（and in such other ways as they can）”，让人可以想象到当年约翰签约时的窘境。这三部分内容勾连出了一条非常简单而清晰的脉络：我的财产不容侵

◎英王约翰在众多贵族的压力下，在兰尼米德草原（位于伦敦和温莎城堡之间）签署《大宪章》。

◎大英图书馆收藏的1215年原版《大宪章》。

犯，你也不能乱加税，如果胡来，我有权揍你。在这样的规则下，本应至高无上的君权被套上枷锁施加监管，不能再胡作非为。

很难说《大宪章》的出现表示英国当时发生了翻天覆地的社会变革，因为这种将国王视为与贵族等同、只是排名首位的观念，以及王权和贵族寡头之间商定、限制国王绝对权力的约定，在农业社会并不鲜见。但是在其他地区，类似《大宪章》的制度经过一段时期后，通常会被废弃，权力重新集中。即使在英国，后来很多最高统治者均做过各种努力，想将其废弃或降低其约束力，某些重要阶段也曾成功地将《大宪章》束之高阁。但英国的特殊之处在于，对最高权力的制衡机制成为国家政治制度演变的一条主线，不同时期，都有人借《大宪章》向王权发难。所以《大宪章》几经沉浮，屹立不倒，最终回归，并且没有原地踏步，居然还继续向下分权，在17世纪慢慢导出了君主立宪制、现代议会及民主制度。然后再配以工业革命先行者之利，日不落帝国横扫全球，古希腊和中国的部分文物也就顺带进入了大英博物馆。

《大宪章》是人类政治史上的神来之笔，它前有雏形，后愈完善。而当年的一项城下之盟，无意间却续上了古希腊的香火，恩泽后世，不能不让人啧啧称奇。其实，《大宪章》的出现和古希腊没有直接联系；通过十字军东征获得的古代文献在拉丁世界刚刚受到重视，英国还没能分享。由此看来，现代西方的民主制度和古希腊的血缘关系并不直接，只是从中汲取了营养。如果没有制度的传承，那么肯定是其他社会内容遇到了相似的条件，才孕育了相似的制度。

制约最高权力从偶发变成必须遵守，传统得以保持，可能和英国的地理位置有关。在英法百年战争后，英国失去在欧洲大陆的领土，从此大不列颠岛孤悬海外，国家的整体安全性有一定保证，所以从长期来看，不需要强大的中央集权。而君权与贵族、平民的权力协调合作，也总能在对付外来威胁时发挥出巨大力量。

欧亚历史上，英国是立国之后总能侵略他国、自身却很少被外来战火波及，并且从未被外来政权征服过的国家。无论是西班牙的无敌舰队，还是纳粹德国的战机，均无法攻克大不列颠岛。在风云变幻的亚欧大陆，英国的安全性之强、悲剧之少、扩张获利之多、容错空间之大，其他国家难以望其项背。诸多因素致使英国能够长期保持政治独立性，即使结盟也是核心。不过好时光终有尽头，二战后，当苏联核武器的杀伤力能够覆盖全欧洲时，英国还是沦为了美国的随从。

是《大宪章》成就了英国，还是英国成就了《大宪章》，有时很难说清楚。他人踏破铁鞋无觅处，英国却得来全不费工夫。从罗马帝国计起，此后千余年，欧洲在政治制度方面纷纷扰扰、起起伏伏，并无重大创新。但是，当一支从法国来到大不列颠岛的征服者，和一群原住先民融合后，不出二百年就诞生了《大宪章》，竟然顽强存活，未被历史湮没，与近现代完成衔接。这是只属于大不列颠岛的传奇，西方世界为之惊叹，东方世界对此只能视为神话。

2.16 另一个老大帝国奥斯曼帝国

2009 年新疆 7.5 事件爆发后，以往一些不问青红皂白就指责中国的国家显得异常安静。但是异军突起，有部分土耳其人发出强音，引发了一场中土外交小风波。他们认为，新疆维吾尔族和土耳其民族同属于突厥族，因此不能坐视不管。

从秦汉时的匈奴算起，到蒙古帝国期间，北方各游牧民族除了进入中国，还一批批向西南方向，梯次进入广袤的欧亚腹地。西至欧洲，南至印度，如多米诺骨牌层层递进，民族融合随时随地都在发生，不可能有独善其身者。悠扬的驼铃声伴随着战马的嘶鸣在丝绸之路飘荡，丰厚的利润和战果激励着商人和战士冒险的脚步。在商业与战争的过程中，欧亚大陆间交流的通道伸向四面八方，几大文化区域的诸多优势项目相互传递。直到元朝退居蒙古，奥斯曼帝国兴起，才将这一局面改变。欧亚腹地东西两端停滞，大规模的民族迁徙减缓，陆上商路被海路逐渐取代。战乱虽未停息，但是比此前的两千年安静了许多。这以后，各个民族的历史才相对清晰固定。如果往上追溯所谓的纯正血统，那是一笔笔不能算清楚的糊涂帐。

西方对蒙古帝国之后，包括东欧、小亚细亚、中亚等地区被突厥化后操用突厥语的各民族，习惯上统称为突厥。因为距离远，不能细分，这是可以理解的，就像后来中国对所有欧洲人统称西夷一样。可是这样的称谓也留下一些隐患。土耳其在 20 世纪初产生泛突厥主义思潮，妄称其势力范围应该从黑海到中国长城。细究起来，这不过是政治扩张的野心在作祟，借助历史素材为极端民族主义找寻理由。

突厥是继匈奴、柔然之后，于 6 世纪在中国北方崛起的一支游牧民族，善于打铁，起初附属于柔然，做锻工。552 年突厥破柔然，建立疆域广阔的突厥国。582 年分裂为东突厥和西突厥，先后归于唐。余部又建立后突厥，745 年亡于回纥（维吾尔族前身）；其中一部向中亚西迁，有些部落最后辗转来到西亚。

奥斯曼人是从中亚来到小亚细亚西北部的一支突厥部落。塞尔柱王朝衰落之际，奥斯曼人于 1299 年成立了一个小国，创建者是奥斯曼一世，后来国家就以

◎穆罕默德二世率军进入君士坦丁堡。

他的名字命名，并沿袭塞尔柱王朝的传统，称领袖为苏丹。苏丹一词在阿拉伯语中有“力量、统治”的意思，职能类似于总督，最早由中亚的伽色尼王朝使用。不过奥斯曼帝国的苏丹，几乎相当于中国的皇帝。

奥斯曼经过战斗，在小亚细亚取得控制权，紧接着向虚弱的拜占庭发起进攻，在东南欧获得大量土地。但由于君士坦丁堡城墙坚固，未能攻克，拜占庭又存活近百年。奥斯曼随后将目光转向东方，此时正值帖木儿帝国向西扩张。两强相遇，1402 年在安卡拉附近发生大战。结果奥斯曼惨败，苏丹被俘。不过由于帖木儿帝国的重心在中亚地区，所以对奥斯曼没有斩尽杀绝，而是采取招抚政策，使其成为藩属国。1405 年帖木儿在东征明朝的路途中去世，帝国迅速衰落解体。此后，奥斯曼摆脱束缚，再次崛起。1453 年苏丹穆罕默德二世终于用火炮轰开君士坦丁堡厚厚的城墙，灭拜占庭帝国。奥斯曼帝国定都君士坦丁堡，这座城市穆斯林更习惯称为伊斯坦布尔。两种叫法曾长期混用，1930 年才被官方正式更名成伊斯坦布尔。

此后又经几代苏丹征讨，奥斯曼占领巴尔干半岛，灭亡埃及马穆鲁克王朝。至苏莱曼一世（1494 ~ 1566）时，帝国达到极盛。苏莱曼一世在苏丹称号的基础上又加上哈里发，成为伊斯兰世界世俗和宗教的绝对统治者，尽管这一做法长期受到阿拉伯人的非议。西方面对他的不可一世，曾经惶惶不可终日；誉其为苏莱曼大帝，充满了敬畏和恐惧。据说苏莱曼非常欣赏并希望有亚历山大大帝的作为。二者相较不太容易，但苏莱曼无疑开创了属于自己的时代。与晚了一百多年的中国清朝康熙皇帝相比，他们都是旧时代最后辉煌的缔造者，文治武功非常了得，连几个儿子的继位之争都同样精彩惨烈。

奥斯曼帝国崛起过程中，东面的对手是波斯地区取代帖木儿帝国的什叶派萨非王朝。两国同属穆斯林，却没少交战。萨非王朝基本处于劣势，但凭借伊朗高原的地利，未被征服。北面的克里米亚是金帐汗国分裂后的众多汗国之一，1478年起成为奥斯曼的附属国。奥斯曼因定都伊斯坦布尔，无论是扩张或求得军事缓冲区，最主要的精力必然放在向欧洲进军。首先，复仇十字军东征，将西亚的基督教残余清除或招抚；进而占领巴尔干，控制多瑙河，兵临维也纳。面对奥斯曼的威胁，欧洲多国被迫联合抵抗，以哈布斯堡王朝为核心，双方经常打得昏天黑地，其中自然少不了基督教大战伊斯兰教的旗号。

强盛时期，奥斯曼帝国的疆域在欧洲到达多瑙河与喀尔巴阡山，黑海成为帝国的内海，亚洲领土主要是西亚部分地区，非洲拥有北非大部。在几个方向都达到地理极限后，就不能再前进一步了。当时的欧洲人总担心被奥斯曼完全征服，其实欧洲东南方向自然地理的防御效果极佳。蒙古帝国不能完成的目标，奥斯曼帝国同样不能完成。

奥斯曼帝国在地理上亦欧亦亚，所以在某些方面又显得不欧不亚。它没有重蹈该地区帝国通常迅速解体的宿命，而是保持了较长时期的统一。能够出现这样的局面，首先是因为生产上注重农业发展，借助农业技术进步，提高了粮食供给的保障性。同时在军事上保持高度集权，严格监控地方武装，减少地方势力扩大带来的解体风险。其他方面，奥斯曼注重东西商业贸易，但是严格控制利益分配，宁赠友邦不予家奴，将商人阶层置于中央集权之下。另外，奥斯曼帝国是多民族、多信仰的国家，对境内非伊斯兰教民族实行米勒特制度，让他们享受宗教自由和宗教自治，以缓解民族矛盾。并且奥斯曼建有庞大的官僚体系和完备的司法制度，保证在政治上可以实现高效的中央集权，维持国家正常运转和安定统一。奥斯曼帝国的苏丹也兼任哈里发，由此形成的政教合一明显是重政轻教，与天主教的政教合一相比差距很大，反而与中国世俗的中央集权更为接近。

对内强，对外要更强。奥斯曼帝国疆域广阔，几面均是对手，能国脉绵长，实属不易，主要得益于长期军事实力不处于下风。奥斯曼的陆军、海军战斗力都很强，其中火炮的应用最为关键。所以在与西方的对抗中，能将军事均势一直保持到工业革命初期。

◎ 1529 年苏莱曼派兵围攻维也纳，以失败撤兵告终。

火炮最迟在 12 世纪的中国宋朝已经有了雏形，最早是非金属材质，实战效果不大。元朝加以技术改进后，造出青铜火铳，威力初显，但体量较小，应用并不广泛。随着蒙古西征，火铳技术传至西亚和欧洲，人们如获至宝。火炮在奥斯曼崛起以及欧洲各种混战中历经磨练，体量逐渐变大，技术日趋成熟，成为战场主角。从此人类进入热兵器时代，战争水平跃上一个新台阶。由血肉之躯借助刀光剑影，近身搏命拼杀的传统军事技术已无优势可言，借用机械装置、高效利用化学能成为新的技术取向。敌对双方可以施展的战斗空间也越来越大。不过火器在军事领域的崛起，不能像铁器淘汰铜器一样，只能与铁器并存。并且随着冶炼技术的提升，从炼铁进步到炼钢。

◎ 15世纪西欧制造的一款重型火炮，重6吨，能把180公斤重的石球射至3公里之外。

火炮技术主要分为火药和冶金两项。黑火药大约在9世纪末起源于中国，除了烟花表演，军事上被用于火攻战术，但不易操控。中国的冶金技术，无论铜还是铁，长期都很高。在中国，火药与冶金二者没能完美结合，使火炮仅停留在技术雏形阶段，而未演变为成熟技术，这是很多人的遗憾。既然最初的基础技术没有问题，那么一定另有阻碍火炮技术发展的原因。自秦大一统之后，中国的安定期远大于战乱期。对外战事减少，对内限制地方武装发展，改朝换代引发大战的间隔期很长，战争频率大为降低。安定是人心所向，无可厚非，但是如果时间过长，就会造成军事技术发展时断时续，总体出现停滞。军事技术和普通的生产技术一样，要在实践中提升。正所谓“拳不离手曲不离口”，所以军事技术需要在较高的战争频率中不断尝试和验证，在道高一尺魔高一丈中钻研发展。

由于铁的使用，中国的军事水平到汉朝已经接近冷兵器的高峰，即使到了盛唐，进步的空间也很有限。中国军事技术前期早熟，后期停滞，没有自觉进入热兵器时代并不奇怪，要是恰逢春秋战国或汉唐那种状态则有些可能。宋朝诞生火器像是游戏之作，元朝好战，推进火炮技术前进了一小步。明清两朝正处于世界火炮技术的成熟发展阶段，但它们都是区域内的大帝国，国运长、对手弱，同级别的战争很少。同期的奥斯曼帝国在与欧洲的征战中，一度跟上了火炮发展的脚步，甚至是领跑者。不过与欧洲多国家、多民族背景下的高战争频率还是不可同日而语，奥斯曼最后也被甩下。

◎右图：16世纪欧洲铸造火炮的作坊；下图：17世纪明朝《天工开物》中的瓷器窑。

明朝后期和清朝前期，在传教士的帮助下，中国以欧洲进口火炮为基础自造火炮，曾经接近当时世界的先进水平，并且培养了一批熟练的工匠。可是战事一旦减少，多睡几个懒觉后又被落下，昏睡到鸦片战争才被打醒。即便如此，从惊醒到清醒还需要时间，更何况要掌握这时的军事技术已不是朝夕之功。所以直至清末，中国军队都没能实现热兵器对冷兵器的全面替代。用火炮技术的演变，对比中国同期精益求精的瓷器技术，许多问题不言自明。鱼和熊掌真是难以兼得。

奥斯曼帝国与西方长期对抗，后来渐渐吃力，再也跟不上了，慢慢褪变成一个老大帝国。众多社会内容与中国历史的后半程相似度越来越高，暮气沉沉中政治上的波诡云谲几乎可以互换。如果再细化一些，奥斯曼帝国和清王朝简直就是一对双胞胎，而且最后一起沦落为难兄难弟的命运都相同。

2.17 海上强国威尼斯共和国

纳夫普里翁位于某海湾的东侧，是一个港口小城。该城有一处旅游景点，导游图上介绍名叫“威尼斯城堡”，就在我所住旅馆不远处的小山顶上，抬头就能看到外部轮廓。

早晨我顺着山道拾级而上，来到山顶。回头一望，全城尽收眼底。买票后走进城堡，发现这是一处纯粹的军事设施。朝向海洋的一侧，山势陡峭，壁立千仞，几乎直插大海。随着山势起伏，建有一道围墙。由于山体已有一百多米高，具备了攻击和防御优势，所以城堡内的建筑并不高大，但是占地面积较广，配备各种设施。临墙远眺，视野极佳，港湾内一片宁静，只有几艘游艇在漂荡。远处的海面飘浮着一层薄雾，微微露出些杀气，仿佛隐藏着准备来袭的敌船。

这是一处极具军事优势的城堡，保卫着港口，保卫着它身后的各种利益。但它为什么叫威尼斯城堡呢？它和意大利水城威尼斯有什么联系呢？

威尼斯位于亚得里亚海的西北角，现在只是一座小城，以旅游业闻名于世。

◎纳夫普利翁的威尼斯城堡。

遥想当年，它也曾有过一段风采照人的历史。威尼斯地区早期是由潟湖形成的一片盐碱地，有渔民在此为生。西罗马帝国灭亡后，人口逐渐增加，威尼斯人依靠经商，从贩卖当地特产咸鱼和食盐起步，换回粮食和其他生活必需品。咸鱼和食盐在古希腊时期不算是重要商品，但是到了中世纪，欧洲内陆人口增多，对盐的需求增大，就变成了高利润商品。这与中国的情况非常相似。

威尼斯早期属于拜占庭帝国的势力范围，后来又紧邻法兰克王国。于是威尼斯在政治上力求左右逢源，免受可能遭到的灭顶之灾。当经济地位上升后，威尼斯开始寻求政治的独立性。这对于综合实力并不强大的弹丸之地来说，通常很困难，但是威尼斯做到了，在9世纪初获得自治权。此后两大王国的势力逐渐衰退，已经羽翼丰满的威尼斯大展拳脚，居然在权力真空区来填空了。

咸鱼和食盐的老本行不能放弃，威尼斯人又开始多种经营：橄榄油、葡萄酒、木材、金属、玻璃、奢侈品，甚至奴隶，获得丰厚利润。威尼斯人自己保持的核心制造业是造船，包括各种形式的商船和战船，以及配套的军事装备，还设立了一套专利制度鼓励创新和加以保护。威尼斯人组建的强大海军，成为各方都不敢小觑的一股力量，并借此在十字军东征期间大发横财。有了商业和军事双重保障，威尼斯人建设城市、扩张领地，逐渐取得东地中海的控制权。此后的几百年，威尼斯城跃升为西方第一大港。最强盛之时，威尼斯拥有亚得里亚海东岸大片领土和岛屿，伯罗奔尼撒半岛部分地区，克里特岛、塞浦路斯以及爱琴海诸多岛屿，各种威尼斯城堡相继建立。商品种类涵盖欧亚非，经济利益触及整个已知世界。马可·波罗就是出身于威尼斯商人世家，他的经历只是众多威尼斯传奇故事中比较著名的一个。

威尼斯本身属于天主教地区，但是独立性极强，黑白两道，里外通吃。面对罗马教廷、神圣罗马帝国、拜占庭帝国、阿拉伯地区，以及后来的欧洲新兴君主制国家、奥斯曼帝国，从来都是利字当头，不卑不亢。捍卫宗教独立，不让罗马教廷多拿一块金币；和欧洲其他地区做生意，没有优惠政策；帮助拜占庭抗击北方诺曼人的侵扰，获得在拜占庭帝国境内的特殊商业权利；当这种权利受到削弱时，又可以伙同十字军洗劫君士坦丁堡，然后又照样生意往来；为了通商，可以和伊斯兰的王朝结成军事同盟；后期有时被奥斯曼帝国压得抬不起头，以致兵戎相见，可是转过头为了做生意，依然笑脸相迎。面对威尼斯的强势和利益，各方眼红的势力组织过多次联盟与之交战，双方有输有赢，但它长期屹立不倒。威尼斯的历史表现并不像莎士比亚名著《威尼斯商人》中义薄云天的安东尼奥，而更像那个见利忘义的犹太商人夏洛克。

虽然威尼斯是一个不折不扣的经济动物，但是丰厚的商业利润也造就了灿烂的文化成就。在暗淡的中世纪，它是最先升起的一颗明星。有了钱，首先要建造一些与财富相匹配的建筑，其中最著名的当属圣马可大教堂。其实原来有一座旧圣马可教堂，为存放威尼斯商人从埃及亚历山大偷来的圣使徒马可的遗骸而建，但在10世纪毁于一场内乱。于是威尼斯人修建了欧洲中世纪最宏伟、最豪华的教堂新圣马可教堂，比罗马教廷的旧圣彼得大教堂还大。教堂为拜占庭风格，主体建完后，扩建、外装、内饰、陈设持续进行了好几百年。教堂被打造得金碧辉煌，

◎圣马可大教堂外景。

各种奇珍异宝点缀其间，其中包括第四次十字军东征时，从君士坦丁堡掠来的古罗马时期的四匹著名铜马。如此明显的僭越之举在中国是灭门之罪，可对于威尼斯来说却是无上的荣耀，令欧洲其他教堂黯然失色。更何况这座教堂实质上不属于教会，而归总督和威尼斯政府所有，直到1807年才成为天主教威尼斯教区的主座教堂。

以威尼斯城为中心的威尼斯共和国是欧洲中世纪商业重新兴盛的产物。与诸多君主制王国不同，它的行政构架接近古罗马共和时期，而国家性质更接近古希腊的城邦。在罗马帝国后期和中世纪前期，由于社会运转对农业土地的严重依赖，再加上封建制和政教合一，高效的商业环境似乎已经消失了。威尼斯拥抱海洋，依靠商业立国，铸造的金币成色高，童叟无欺，同时拥有强大的海军。在政治上从僭主到贵族寡头再到共和，选举总督代表共和国最高权力，设有大小议会，兼顾平民利益。这套政治制度的产生，没有直接的老师，也非强行输入，乃是浑然天成，自然发生。如此看来，欧洲局部地区的综合状况，已经越来越有古希腊的韵味了。

威尼斯的海上强国地位是打出来的。它有一个长期势不两立的对手，就是与其性质完全相同的热那亚共和国。地理位置都相似，只不过热那亚在亚平宁半岛的西边。两个共和国在13～16世纪的强盛时期，为了争夺地中海的商业霸权，定期高频率进行不同程度的战争。其他各方势力也参杂其中，双方的缠斗互有胜负。由于威尼斯在东方的贸易利润更大，所以整体实力占上风。

1298年，马可·波罗参加了一次威尼斯对热那亚的战役，不幸战败被俘，幸运的是在监狱里遇到一位作家。马可·波罗吐沫横飞，口述游记，被人称为“百万先生”。现在对于马可·波罗是否来过中国、游记内容的真伪存在争议，并且还会争论下去。不过对于大历史而言，就像许多古代书籍一样，内容真伪、对错有时并不是最重要的，对后世的影响力更体现出它的价值，而《马可·波罗游记》无疑做到了这一点。

在威尼斯和热那亚以及多方的海战中，欧洲的造船技术迎来一次飞跃。经过千年积淀，一种更有商业价值的三桅帆船（也有四桅），融合萃取各种技术优势，并做出取舍后，于15世纪在地中海及西欧沿海诞生了。三桅帆船在各种风向条件

◎ 一艘15世纪晚期的三桅克拉克帆船雕刻，尾桅上挂有三角帆，并配有尾舵。

下都能向前航行，并且逐步取消了以前不能缺少的桨手。因此，人员及消耗减少，船舷可以封闭加高，船体容积增大，进而能够装载更多的货物。三桅帆船是一个大家族，有一种叫克拉克帆船，相对宽大，装货多、吃水深、速度慢，多在地中海使用；另一种叫卡拉维尔帆船，相对窄小，装货少、吃水浅、速度快，多在大西洋沿岸使用。三桅帆船使跨洋航行成为可能，是开启大航海时代最重要的技术铺垫，世界的海洋从此开始准备迎接航海家的到来。当各种三桅帆船再来一个混合搭配，装上火炮，组成舰队，就不只是寻找宝物，而是要征服世界了。不过这些都是后话。作为制造三桅帆船的高手，威尼斯人没能冲出地中海，所有努力最后都给葡萄牙人和西班牙人做了嫁衣。

奥斯曼帝国强大后，威尼斯的海外领土慢慢失去。不过在反复斗争中，威尼斯曾经两度拥有纳夫普里翁，威尼斯城堡就是当时的产物。尽管和奥斯曼有种种的不愉快，但是从互惠互利的角度出发，威尼斯在奥斯曼的领土上依然保有许多重要的商业权利，只是远不如拜占庭时期。因为奥斯曼帝国的中央集权控制力极强，卡住了重要商路，若想自由通商，必须缴纳高额费用。威尼斯不过是凭借地理优势还能获利多一些，其他很多欧洲国家只能望利兴叹，另想它途了。

天无绝人之路，热那亚人哥伦布怀揣梦想，坚信世界是个圆球，在西班牙国王的资助下，1492 年扬帆西去，开创出一片新天地。从此之后，威尼斯和热那亚共和国，地中海双星开始暗淡，最终陨落，同时于1797 年消失在拿破仑的权威之下。1861 年意大利王国建立后，两座城市先后并入，但是发展到现在，情况差异较大。热那亚借助西欧经济优势，保持着地中海沿岸第二大港口的位置，仅次于法国马赛。而威尼斯除了旅游信息，就是快要沉没的新闻。威尼斯人正在撤离，现在的常驻人口只有几万人，相当于中世纪一个中等规模城市，而最繁荣时的威尼斯是 20 多万人。由于水位升高，拯救威尼斯绝非危言耸听，否则将来圣马可大教堂可能要在盐碱地里参观了。威尼斯人还不至于重操旧业，划着贡多拉小船贩卖咸鱼和食盐。但时过境迁，面对千年过往的辉煌，追忆城市生命的起点，威尼斯仿佛走过了一个轮回，有些人不免在穿过叹息桥下时发出一声叹息。

◎叹息桥建于1603年，因经过桥上的死囚发出叹息声而得名。

2.18 古代中国是海上军事强国吗

2008年5月初，一场从印度洋生成的热带风暴，由西向东，以近200公里的时速横扫缅甸，造成重大自然灾害。事后由于缅甸军政府拒绝国际援助，自身能力又有限，导致救灾不力，不免在国际社会又引发一次有关人权的讨论。2009年8月初，太平洋热带风暴台风莫拉克从东南向西北横扫中国台湾省，造成人员和财产损失，为多年罕见。两岸血浓于水，大陆伸出援手，在外部救援和台湾同胞的共同努力下，力争早日完成灾后重建。

近几年中国东南沿海受到台风侵袭时，经常有现场画面的报道。一线记者身披雨衣，手拿麦克风，有时还要靠绳索固定着身体，在狂风暴雨中描述亲身感受。这类报道让中国内地观众了解了台风的威力，年轻的记者也经受了锻炼。电视画面中，许多大树被连根拔起，横尸街头，难得一见的树根仿佛还在抽搐；有的树被拦腰折断，仿佛人体骨折，看着白晃晃的断口，让人似乎能听见断裂时被风声淹没的“咔嚓”一声。台风过后，一片狼藉，不仅造成财产损失，还有人员伤亡。看来要想人定胜天，只能走曲线道路，千万不能硬碰硬。

◎在西北太平洋、中国东南方向形成的台风。

在农业文明时代，热带风暴是中国东南沿海、东南亚地区和印度洋沿岸整体发展缓慢的一个重要原因。人类的基本生活不外乎衣食住行，而该地区除了穿衣一项因气候和暖具有优势外，其他三项的稳定保障程度都很差。人们辛辛苦苦劳动几年甚至几代，一场无法躲避的风暴袭来，立刻就被打回石器时代。古希腊神话中有一则推石头的故事，西绪福斯每次费力将石头推至山顶，又自然滚落地面；重新再推，周而复始，原地踏步。故事用来比喻受热带风暴影响较大的地区非常合适。热带风暴造成很多成果功亏一篑难以积累，其中也影响到航海技术的发展。

因大陆和海洋温度差异造成气压变化，在夏冬两季都能产生定向、准时的气流，称为季风，中国古代也称之为信风。热带风暴台风是夏季季风中一种狂暴的特殊形式。对缅甸和中国台湾造成灾难的就是夏季季风。冬季季风从大陆吹向海洋，破坏力没有台风大，但是对航海的安全性还是很有影响的。古人对于强烈的季风既恨又爱，因为造成风灾的同时，它还是太平洋西岸和印度洋沿岸船只往来的主要动力。东方人掌握季风规律，形成适应季风的航海技术花了很长时间。地中海地区没有这种影响，所以东方航海技术的成熟要比西方晚很多年。公元前后，西印度洋沿岸的人们出于航海贸易的需要，首先掌握了季风规律，之后缓慢东传。但是太平洋西岸的情况更为恶劣，要想远洋航海，绝非朝夕之功。

中国先民从事海洋捕捞的历史很久远，但只在沿海附近；远途商贸航海依靠人力划桨无法完成，要靠风帆，所以为了安全起见，主要还是沿海岸线前进，总

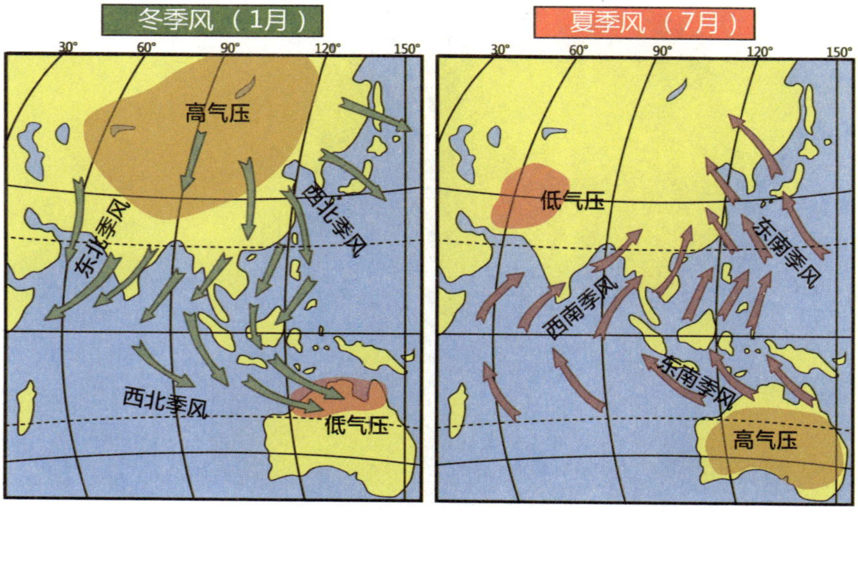

◎亚洲的季风和风向。

之不能轻易摆脱对陆地的依赖。中国渤海和黄海北部远离热带风暴，除了渤海湾内通航，还可与朝鲜半岛往来，是中国最早从事跨海航行的地区。不过也因陆路交通之便，所以海洋交通优势不显。黄海南部、东海，海面变宽，跨海难度加大，有关的早期记载不多。秦朝方士徐福受秦始皇之命，渡海寻找仙药，不知所踪。即使按传说到达日本，也是有去无回。三国时期吴国大将卫温到达台湾，曾停留近一年，有去有回，非常难得，但因无功而返，入狱被杀，没有继续。南海地区开发较晚，早期缺少中国人出海远洋的事迹。隋唐以前，中国的航海技术水平比较低，海上对外交往很少，只有些零星的商贸往来。因为人们除了捕鱼，实在找不到更多利用海洋的重要理由。广袤的陆地有取之不尽的资源，而遥远的海上除了传说中的神仙，似乎并无他物。

唐朝时期国力强盛，沿海地区得到开发。同时，周边地区如日本也有所发展，造成海上往来增多，中国的造船业开始从江河向海洋过渡。江船与海船因使用环境变化，制造技术有重要差别。另外航海知识的积累、航海人员的培养、相关配套行业的形成，都需要一个漫长的过程。即使中国人再聪明、再努力，航海业也

◎鉴真大师木质雕像，现存于日本奈良唐招提寺。

不可能在短期内迅速崛起，所以当时的航海技术只能算是起步。

鉴真法师（688 ~ 763）是中日两国传统友谊的标志性人物。他生活于唐朝开元盛世，受遣唐使邀请，去日本弘扬佛法，六次东渡，最终成功。六次其实是虚数，第一、三、四次由于其他原因，还没下海，计划就被中止。第二次是从扬州出发，未出长江口，遇风浪船坏；修好后出海，又遇风浪，船飘至舟山群岛受困，后被民众救回，东渡失败。第五次最为惊险，也最感人。出发后在东海遇强大北风，船被吹向西南，而日本在东北。十几天后在海南三亚登岸，鉴真辗转海南岛、广西、广东、江西、安徽，历时两年返回江苏扬州。一路弘法，途中双目失明，跟随人员多有死伤，但是鉴真名声大震。他发誓“不至日本国，本愿不遂。”754年冬，鉴真搭乘日本遣唐使船队第六次东渡，过琉球，最终仅剩一船抵达日本九州。同行不同船的日本留学生阿倍仲麻吕（中国名晁衡，曾在唐朝为官）被风吹至越南靠岸，比鉴真上一次还远，两年后才回到长安。因误传他已死，好友李白还曾作诗悼念。

◎日本14世纪镰仓时代绘制的《玄奘西行图》。

鉴真东渡成功，赶上了历史的末班车；因为第二年安史之乱爆发，中日交往暂时中断，再无机会。当然，他也因此再无机会回国。鉴真在日本传法九年，圆寂于奈良唐招提寺。阿倍仲麻吕则因战乱不能回日本，最终客死长安，一生所学，尽付东流。两人的经历皆为后世佳话，但渡海之难，可见一斑，也能反映出当时东亚的航海水平。而比鉴真早一百多年的玄奘法师，一人独行去印度取经，穿沙漠、越高山，也是历尽艰辛；终于求得真经，平安返回长安，还留下一部珍贵史料《大唐西域记》。玄奘与鉴真相比，不好说是低投入高回报，但至少成功率是百分之百。俗话说的“在家千日好，出门一时难”，还有个态度问题。而陆行千里易，可以没有技术支持，因为人有双脚，但海航一寸艰，则必须借助技术手段，因为人不是鱼。

自宋朝起，海洋贸易增幅迅速，中国航海技术进一步提高。对于宋元明三朝中国的航海技术到底居于何种水平，各种论述之间存在严重的自相矛盾，非常令人困惑。有观点把这一时期的中国笼统称为海上强国，而所谓海上强国，不外乎军事和商贸两项，在西方二者必为一体，在中国则需要分别论述。

南宋经营南方多年，利用海上贸易，获利颇丰。元兵南下，宋军节节败退。1276年元军包围临安，小皇帝赵显投降。1278年大臣张世杰、陆秀夫带着又一个小皇帝赵昺退至广东新会，做最后抵抗。次年，元兵进攻，陆秀夫见大势已去，背负赵昺跳海而死；张世杰的船队遇海风沉没，南宋灭亡。因闻元兵凶残，跟着跳海的兵民很多，史载几天之后，海上浮尸十余万。南宋败亡的几年中，从临安到新会，众人或陆或海，沿着海岸线逃跑，只有极少数人借海路逃亡至东南亚。其他人不做亡国奴就蹈海赴死，连皇帝都未能幸免。南宋海军其战斗力纵然不济，但好像缺乏最基本的驾船远逃技能，令人不禁疑惑：做了大宋的忠臣义民，到底

◎日本《蒙古袭来绘词》中两军交战的场景。

是程朱理学深入骨髓，还是面对大海无计可施？东南亚就在南方，指南针却在哪里呢？南海就在眼前，南宋领先世界的航海技术又在哪里呢？

元世祖忽必烈曾两次派兵渡海远征日本。1274 年元军联合高丽军队，从朝鲜渡海登陆，与日本作战。主要因为补给跟不上，再加上遭遇台风而败回。1281 年元军分南北两路，合高丽军队、南宋降军共十几万人、战船四千余艘，登陆九州。激战月余，未能攻克日本人的城墙。此时太平洋台风又起，连续四天风暴，元军舰船大部分被毁，结果惨败，只有少数人逃回。元军两次攻日，台风均发挥了作用，日本人认为是天皇的神灵护佑，因此将其尊称为“神风”。二战中“神风突击队”的名称即由此而来。这两次战役并非严格意义的海战，而是典型的登陆作战，但难度极大，非常考验航海技术。此外，元朝还曾远征爪哇，也以失败告终。元朝的海外扩张未能延续，原因众多，但至少表明海战能力有限，与陆战相差甚远。

明朝中期，倭寇作乱。倭寇主要由少量日本浪人和大批中国沿海居民组成，走私犯禁、烧杀抢掠。早期一般获利后乘船离开，猖狂时在陆地建有据点。抗倭名将戚继光（1528 ~ 1588）率领军队，全力清剿，成绩斐然。戚继光剿灭倭寇是依靠陆战，除了军力占优，也采取了群防群治、严防死守、坚壁清野等战术，让倭寇不能获得资源，困顿消退。而在海上捕捉战机，或主动攻占倭寇的海上据点，甚至进攻祸源地日本列岛，这种最直接的攻击方式明军并不掌握。所以一旦放松

军事压力，倭寇又能迅速死灰复燃。

以上三例都能从侧面反映出这一时期，中国航海技术在军事方面的应用水平。其实在西方航海技术东传之前，中国可能就没有打过一场为争夺海权而进行的真正海战。宋金元及明前期的所谓海战，最多只能算是水战的近海版。惯于把江船当海船使用，遇到海上风浪，便溃不成军。所以中国的海军更像是船载陆军，船只的主要功能是运兵运货，而不是战斗。例如，南宋乘船撤退，元朝远征日本、爪哇，明朝戚继光用船调运军队。没有海战，海军的成色肯定不够光鲜，更谈不上借助海军、通过海洋开疆拓土。与海战难觅相反，中国在内陆河湖发生过很多水战，尤其在长江流域。如果以此来认定“中国长期保持在淡水水域的军事强国地位”估计没错，但是没有什么特别的意义。放眼全球，没有另一个地区总在内河水域打水战，因为没有类似长江连带洞庭湖、鄱阳湖的地理条件。

不只是中国，顺着西太平洋沿岸一直到印度洋沿岸，同期都缺少大规模的海战。按照常理，有商业利益之处，必有战争。但是该地区海域广阔，商路通畅，主要敌人是恶劣的自然条件，利益分配已经在陆地完成；同时海盗水平也很低，商船配备些基本防御即可，所以长期未能形成争夺海权的军事格局。进行海战的核心目的是争夺制海权，海权如果无所谓，自然没有海战的必要，进而也就没有战船技术发展的需求。这与火炮技术在中国发展停滞是同样的道理。

综合来看，宋元明三朝，中国作为地区海上军事强国的范围一般不出南海，而且时断时续。更重要的是，因为整个地区缺少争夺海权的需求，缺少真正的海上强敌，导致所谓的海上强国含金量极低。那么再退一步，中国能算是一个海上商业强国吗？

2.19 子虚乌有的宋元海商集团

2010 年 1 月 1 日，中国与东盟 10+1 自由贸易区正式建立，开启了该地区发展的新纪元。虽然将来会取得什么样的成绩，不好预估，但在共同努力下，追求地区和平、人民幸福生活的目标不会止步，而中国的企业和商人也拥有了更为广阔的施展空间。

东南亚地区位于太平洋西部的赤道附近，主要包括中南半岛、马来半岛、菲律宾群岛、印度尼西亚群岛，自然地貌与古希腊比较相似，但是气候条件差异极大。如果将此地区的热带季风气候和热带雨林气候换成地中海气候，应该有演化出另一个古希腊文明的潜质。无奈天公不作美，物质积累困难，造成社会发展缓慢。在西方人到来之前，东南亚的社会制度整体仍然原始，多建神庙、巫术横行、各种小政权多如牛毛。受恶劣的自然条件制约，建筑物很难保存，石刻、雕像遭受海风、雨水侵蚀，另外又缺少文字记述，所以东南亚早期的文化家底很薄。不过偶尔出现一两个地区强者，也能留下一些惊喜，比如柬埔寨的吴哥窟，始建于 12 世纪，是供奉印度教毗湿奴的神庙群。东南亚文化的形成受外来影响较大，早期传入印度教、小乘佛教文化，之后传入伊斯兰文化和汉文化，最后传入基督教文化。多种文化在这里汇合，再融合地区因素，最终形成了独特的东南亚文化。

在农业社会，信息传递并不顺畅。一种文化的对外传播有我往和你来你回两种。我往，相对主动的传播效果强于后者，形式无非商业、战争、出使、传教。你来你回，对于我相对被动。不论哪种，一般只有在异地形成长期居住的群体甚至移民，才能实现文化的有效单向传播。如果要实现互相传播，最好彼此都有人在对方常住，而且部分人有去有回。

汉文化圈的范围在唐朝基本定型之后，扩展缓慢，有时甚至出现萎缩，这和人员外出减少有直接关系。此后的中国人常被说成缺乏冒险精神。要是此说成立，等于承认中国人发生了某种变化，而强盛时的唐朝人应该还具有冒险精神。但是唐朝长安、洛阳两都，多种宗教的寺庙香火齐烧，外国人无数，定居者很多；经商传教，甚至做官，其中不乏波斯人、阿拉伯人的身影。而同时期阿拉伯帝国的

◎吴哥窟15世纪后被逐渐废弃，19世纪后半叶又为世人所知。上图绘于1860年左右。

大马士革、巴格达是同样繁盛的景象，但除了不会说话的中国商品，却少有中国人的身影。这是一种极大的反差。东西交通已经打通，在伊斯兰文化的腹地，更别说在基督教文化地区，都缺少汉文化的踪迹，看来唐朝人的表现也不过如此。

非战争时期，商人是文化传播的主要群体。趋利冒险、有去有回的职业特性促使商人必须远行，进入其他文化的核心区。同时商人也是军队、使节、僧侣的先锋官，否则打仗、外交、取经弘法都找不到目标。唐朝商人没有出现在大马士革和巴格达，是因为唐朝繁荣的对外商贸并不是由中国商人完成，而主要由外商完成。这又得牵扯到中国重农抑商的传统。

中国自战国到汉，形成“农为本、商为末”的观念，并执行重农抑商的政策。从实践来看，重农的核心是重视农业，并非重视农民，否则不会有那么多苛捐杂税和农民起义。与此相反，抑商的核心并非抑制商业，而是抑制商人。中国所谓的农耕社会自给自足只是相对而言，除了原始社会，商业在社会活动中都不可或缺。但是，商人阶层对农业社会的中央集权有威胁，可以养肥却绝不容许坐大。

政府对商业严加管束，听话的商人才能存活。同时利润丰厚的资源和商品，如盐、铁、铜、丝、茶等多实行国家专卖。抑制商人肯定会削弱商业效率，甚至要容忍官营的低效和腐败，却顺应更高层面的社会运转效率。

在对外贸易中，如果将整个中国看成一个市场，那么中国商人只是一种在国内组织货源或接收外商货物的坐商，各层收益皆可监管，最高者是官商或者商官，最大获益者是政府。而外国商人多是行商，负责跨国远途双向货物运输。偶有漏网之鱼的中国行商又遵循线路越长、数量越少的规律，所以很少有人能抵达远方。如果不将某些有经商传统的少数民族算在内，中国古代有域外经历的人比例极低，有姓名有事迹的人更是凤毛麟角。

在唐朝，曾经有一批通过非正常途径来到阿拉伯帝国的中国人。他们的身份比较特殊，是一群俘虏，最著名的一位叫杜环。杜环是一名随军书记官，这一职务对于历史而言很重要，否则后人难以了解他的经历。怛罗斯之战唐军大败，被俘者上万，部分人一路西行，被带至阿拉伯帝国的中心区域，杜环是其中的一员。后来杜环摆脱俘虏的身份，可能成为了某位权贵的随从，在西亚和北非地区游历。762 年乘阿拉伯商船回国，将自身经历撰写成《经行记》一书。原书已失，仅留下千余字，散落在其他史书当中。不要小看这千余字，因为是作者亲历，所以与由官员闭门编纂、貌似严谨、道听途说而成的介绍异域书籍不同，具有特别的历史价值。

杜环人生轨迹的起点和终点与大部分唐朝人并无区别，只是期间画了一条复杂的路线图，远远超过之前的甘英、法显、玄奘等人，涵盖陆海两条丝绸之路。杜环见过大世面，尽管不是出于本意，是中国古代对外交往中的稀缺型人物。这也从一个侧面反映出当时唐朝的情况：贸易繁荣，交往频繁，但走出去的中国人很少。亚洲西部已是极限，更不要说欧洲了。

杜环陆去海回的路线表明东方海上远洋贸易的兴起。其实约从汉朝起，海上贸易已经开始，只是规模小，次数少，也曾有皇帝派人员去印度洋地区购物的记载。唐朝时出现一个小高潮，促使朝廷在广州等地开放港口，建立官方垄断的市舶制度，鼓励对外贸易。外商涌入定居，其中广州人数最多。唐末黄巢起义，屠城广州，中外皆杀，导致外贸受到重挫。

五代后期至北宋，海上贸易再次恢复。南宋和元朝对海上贸易都非常依赖。丝绸、瓷器、漆器等大量外销，香料、棉布、玻璃和各种土特产大量进口。外贸繁荣带动相关产业发展，中国的生产与消费都受到影响。瓷都景德镇就是在元朝开始兴盛的，而棉布的进口导致后来引种及大面积种植，成为新兴产业。在东南沿海，广州、泉州、宁波几座港口城市兴旺发达。启航和回港时期，港口帆樯如林，货物装不完卸不尽；城中商人穿梭，贸易额总量惊人。同时，造船业蓬勃发展。中国是海上丝绸之路的重要造船中心之一，利用茂密的植被、成熟的工匠，可以大量制造船舶。面对如此景象，宋元时期的中国似乎肯定是一个海上商业强国。可惜这一切都是雾里看花，中国只能算是陆上贸易大国和沿海造船大国。

在农业社会，一旦克服技术难点，海路运输就拥有了一些陆路运输无可比拟的优势。无奈海上丝绸之路依然延续着陆上丝绸之路的余韵，很多中国制造的商船，载着中国出口或进口的商品在海上航行，但行商绝大部分依然是外商，中国

◎福建泉州的艾苏哈卜清真寺，又名麒麟寺，由穆斯林商人建于北宋年间，后多次重修，是中国现存最早的清真寺。

商人还是没能脱离坐商的本色。季风的定时性造成东方海上贸易的周期较长，从中国出发的商船是冬季出海，夏季回航，阿拉伯地区正好相反，因此一年时间最多只能走一个来回，无风时商人必须在港口附近常住。宋元共四百年，海上丝绸之路的沿岸没有出现过中国商人的聚居区，也少有人客死他乡。反观中国泉州，清真寺、穆斯林墓地保存至今。这是因为穆斯林商人很早就达到中国沿海经商，并且传承有序。鼎盛时期，几大海港的常住人口，包括商人及家属，多达几万人，头领甚至从政当官。而类似的事情发生在中国人身上却非常晚，就是今日遍布世界的唐人街（中国城）。

宋元时期，中国商人也有一些出海经商的记载，多限于日本、朝鲜、越南及东南亚，很少能出马六甲。对这种行为及连带与外敌联手的担心，肯定让朝廷感到了潜在威胁，否则不会招致海禁政策的出台。各朝建立市舶制度，就是希望官商垄断商业利益，不愿民商拥有巨额财富。朝廷长期拿走大部分利益，引发部分商人尝试出海行商，或者私自对外商投资，获益颇丰。宋元政府发现后，实施海禁，并没收一些商人财产。结果发现收益减少，只好再适度开禁。然后再禁、再开，几度博弈，朝廷在与民争利和防止商乱之间来回徘徊。宋元两朝，中国从事外贸的商人一直被严格控制，经常连商船下海都属违法，人员无法走远，资本积累艰难。内陆商人在抑商的政策下都噤若寒蝉，少有作乱之举，更加不易管理的海上商人怎能自由发展壮大？这样的背景下也能产生海上商业强国，那是亘古未有的奇闻。

宋元时期中国商人的海外行踪非常有限，不宜夸大。如果真的存在一个幽灵般的庞大海商群体，中国历史肯定会有所改变，至少中国沿海地区将呈现地中海沿岸的众多社会风貌及进程。但情况并非如此，连近在咫尺的台湾岛都没有得到开发。事实上，东方的海路贸易在欧洲人到来之前和陆路贸易一样，主要由阿拉伯人、波斯人掌控，中国勉强当个配角。所以宋元时期，中国的远洋航海技术即使在东方也不过是多些文字记载而已，算不上先进，更不可能孤立发展。而一些中国制造的、进行远航的船舶，很可能和那些船上的瓷器一样，也是一种外销商品，或者被外商租赁使用。

众多匆匆过客中有一人值得一提。元朝人汪大渊，生平不详，是不是商人不能确定，只留下一部《岛夷志略》，便消失在历史中。能够著书立说，汪大渊首

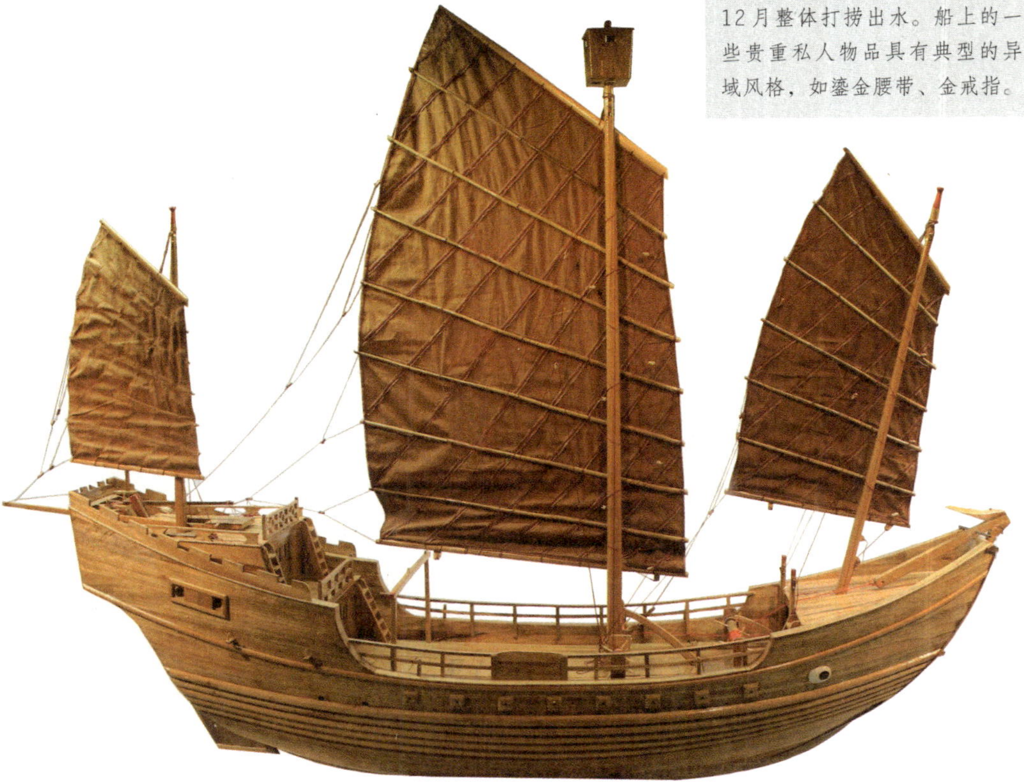

◎广东阳江海域南宋古沉船“南海一号”模型。该船船长约30米，运载大量外销瓷器，于2007年12月整体打捞出水。船上的一些贵重私人物品具有典型的异域风格，如鎏金腰带、金戒指。

先是一位读书人，其次估计是一位富家子弟。依书中记载，他共出洋两次，跨度从1330～1339，出发与回港都在福建泉州。汪大渊所到之地较为广泛，东南亚、印度、波斯、阿拉伯、东非都曾涉足。虽然有些地方难以考证具体地点，但应该不会超出商贸范围，毕竟他不是一位探险家。第二次回来后，汪大渊受地方官员邀请，写成《岛夷志略》。他的创作态度严谨，“皆身所游焉，耳目所亲见，传说之事则不载焉。”此书价值较高，其中有一些中国人在海外活动的内容，不过也反映出一种历史的遗憾。受各种因素影响，汪大渊所到之处多是不发达地区，异域风情等于荒蛮未开化。由于未能深入，所以《岛夷志略》不会造成《马可·波罗游记》那样的强烈冲击。

从秦到清，山有两面，大海无疆，为什么别人来易，国人去难？看上去像是文化问题，实际是地理差异。汉文化核心区的地理环境相对封闭，广大的农耕疆域已经足以维持一个庞大国家的正常运转和王朝更替。对外商贸能换回所需即可，让商人赚钱太多很危险；疆域扩张能将对手驱逐远一点即可，不毛之地缺乏利益诱惑。另外远方行政管理和军事行动耗费极大，将领拥兵自重，不受控制更危险。正是由于对外缺少利益追求和对内考虑国家安全，汉文化核心区建立了不鼓励，甚至是禁止国人外出的制度。即使在所谓开放的唐朝，例如玄奘西行求法，其实是违法偷越出境，回来时还要向皇帝请求赦免。而鉴真东渡弘法是具有一定官方背景的对外宣传活动，不在此列。

因地理差异而导致的一系列结果，造成中国人走出去的综合难度要远大于他人（例如穆斯林）走进来的难度，并且逐渐形成了华夷之别、夷夏之防等排斥、鄙视异域的文化传统，反过来又压制各种新形势下走出去的萌动。所以中国从古代到近代，在对外交往中，都是来者多、去者少。没有商业和军事扩张做背景，再荒诞的人也杜撰不出某个儒生，到巴格达、君士坦丁堡、罗马去宣讲孔孟之道的神奇故事。缺少对外探险实践与所谓的人种、人性都无关，是古代中国社会长期运行后的必然结果之一。这种孤岛的状态与印第安人受制于美洲大陆类似，只是从表面看不太明显，隐藏较深。

中国在农业社会时期的主要发展脉络，是较典型的封闭国家。经过汉唐两朝的努力，已经勾勒出汉文化对外扩张的地理极限。后来为了对付海患，经常执行将沿海居民内迁的迁界措施，各种海禁政策的综合效果其实就是在建造另一条长城。这种今天看来的笨方法，正好说明古代中国的社会整体利益及安全保障无需深入海洋，自然也没有成为海上强国的必要和动力。

但是中国人向外流动也并非没有成效，只是规模和幅度远逊于基督教和伊斯兰教世界。14 世纪以前，中国大陆向东南亚地区的人口流动偶有发生，规模很小。元末明初，因战乱移民数量激增。移民潮一旦涌现，不会轻易停歇。明清两朝直到民国，中国移民间歇性地不断来到东南亚。中国旧称东南亚为“南洋”，因此移民的过程被称为“下南洋”，与后来的闯关东、走西口如出一辙。从此东南亚地区成为除朝鲜、日本、越南北部以外，汉文化影响力最大的地区。千里之行始于足下，别看走得不太远，但已是千年积累的结果，汉文化也成为传入当地的多种文化之一。相比于印度文化和伊斯兰文化，汉文化明显来得晚、影响小。尽管东南亚很多国家在明清两朝都承认中国的宗主国地位，但是汉文化不具备重大改变地区面貌的能力，华人也未取得强势地位。欧洲人到来后，才一切重组，不只是东南亚，还包括整个海上丝绸之路。

华人的到来为地区发展做出贡献，不过好像没有带来什么先进的航海技术，而是把中国人的看家本领农耕技术传播开来；并因地制宜加以改进，在低纬度地区继续营造田园风光。华人实力增强后，曾经形成过各种大小不一的政治势力。但明清政府对海外华人的态度并不好，多视为叛民，并不关心他们的疾苦，即使出现被当地人或欧洲人大规模杀戮的事件，也不闻不问。朝廷的冷漠看似无情，可是站在他们的立场上也不无道理。

鸦片战争以后，时代已变，国门洞开，中国人逐渐大量外移。劳工、商人、学子遍布全球，定居者成为华侨。当华侨和中国内地居民频繁往来后，不免“结匪成患”，宛如倭寇又重来，只是旧貌换新颜。清末，东南亚、日本、美国都是革命党的后方基地。中国播撒的海外遗珠散发出耀眼的光芒，历代皇帝的担忧终于成真。

◎广州黄花岗七十二烈士陵园，烈士中有二十多人为南洋子弟。为纪念1911年4月27日黄花岗起义失败而建。

2.20 郑和下西洋不是探险

2008年12月，中国海军派遣南海舰队两艘驱逐舰和一艘补给舰，配备特种兵，从三亚起航前往亚丁湾索马里海域执行护航任务。消息一经宣布，引起各方关注。部分媒体将其称为中国海军15世纪以来的首度远航，与明朝郑和下西洋做比较，禁不住感慨一番。

护航行动的起因是索马里连年内战，民不聊生，部分渔民另谋职业，当起了海盗。他们的主要运作方式是抢劫船只、扣押人质、勒索赎金。因获利丰厚，更多的人倾情涌入，结果规模越搞越大，成为一个国际新问题。依据现在的国际惯例，商船通常不配备武器，因此为保障航行安全，才有了各国派军舰护航的无奈之举。

护航行动引发国人联想，非常正常。中国近现代海军力量薄弱，一般用“有海无防”来描述。即使现在国力增强，上海港吞吐量荣登世界第一，中国商船穿行四大洋，扪心自问，也没有一个人敢说“中国是世界海上强国”。因为对比非常明显，美国数量庞大的航空母舰群、遍布世界各地的海军基地，向世人表明什么才是当今的海上强国。而“中国曾经是世界海上强国”这一判断的形成，除了宋元时期繁荣的外贸，郑和下西洋被作为最有力的证据。

郑和（1371 ~ 1433），原姓马，云南人，回族。因父辈曾去麦加朝觐，所以从小知道一些域外的事情。他11岁被阉割，后进入燕王朱棣府内做太监。朱棣发动靖难之变（1399 ~ 1402），从侄子朱允炆手中夺得皇位，民间传说朱允炆没有死，逃往南洋。一般认为，明成祖派遣船队下西洋目的有二：一为宣扬国威，以示自己正统；二为寻找朱允炆。郑和因为深得朱棣信任赏识，又曾出使暹罗和日本，掌握一些造船和航海知识，所以能被委以重任。

郑和下西洋（1405 ~ 1433）前后七次，历时28年。航行路线是海上丝绸之路，最远到达东非索马里、肯尼亚沿岸。所到之处，歌舞欢腾，赏赐中国商品，带回奇珍异宝和进贡使节。但并没有发现朱允炆，判断其已死。朱棣对下西洋乐此不疲，永乐年间，共进行过六次。其孙宣德皇帝继位后，又续写荣耀，封郑和为三宝太监，命其再下西洋。此时郑和年事已高，在回途中病逝。随行人员先后写成《星槎胜览》

《瀛涯胜览》《西洋藩国志》三本书，都是珍贵的历史资料。

下西洋活动因为耗费巨大，没有经济效益，起初就有众多反对者。郑和航海的资料消失于成化年间，据说起因是皇帝又想组织下西洋，反对的大臣将资料毁匿，让皇帝彻底断绝念头，之后再无皇帝提及此事。郑和的事迹因为热闹，在明朝民间一度享有盛誉，逐渐被异化、神话。百余年后，万历年间出了一本《三宝太监西洋记通俗演义》，简称《西洋记》，属于神怪小说，结构与《西游记》相似。讲述郑和是一只天河里的蛤蟆精转世，在主人公碧峰长老的护佑下，率神兵下西洋，一路平妖除魔，功德圆满。作者在小说中把出使变为西征，可能是受倭寇祸害，借文字抒发情怀。

除小说流传之外，清朝关注此事者甚少，但是近现代风云突变，因为欧洲大航海震烁古今。在中西对比的框架下，先行一步的郑和下西洋首先引起了梁启超的注意，随后被逐渐深度发掘，如今还是一个热门话题。不过由于缺乏详实资料，受某些情绪影响臆猜妄断，又快变成一部新小说了。

郑和下西洋被认为是中国航海技术领先世界和曾经是海上强国的铁证，主要证据是“两大”“两早”。“两大”是船队规模大、船大，“两早”是比欧洲大

◎明万历年间新刻全像《三宝太监西洋记通俗演义》插图，很多是陆战内容。

◎一幅郑和船队的模拟想象图。这样的密度和排列，很容易发生碰撞。

航海早、比欧洲人到达印度洋沿岸早。

郑和的船队是运输船队，并非舰队。人员最多时接近 3 万，包括船工、官员、军人等等。船型大小不一，在 300 艘左右，是人类历史上绝无仅有的访问船队。前人没有创先，后人没有继承，非不能也，实不屑为也。因为如此赔本赚吆喝的壮举只能是特殊时段的个例，而郑和船队的规模在历史上不是最大。希波战争期间，波斯人出征古希腊，舰船数量在千艘以上，人员数十万；元朝第二次远征日本，船只数量在 4000 艘以上，人员近 20 万，可见战争的动员能力比出访更大。

郑和宝船的体量最被人津津乐道，争议也最大。根据记载，宝船长 130 米、宽 55 米左右。由于对明尺的选取及换算有差异，具体数值有多种，但都属于同一数量级。如果记载属实，如此大的木船能在海上航行也的确是空前绝后。但现在的观点是记载有误，认为郑和的宝船长 50 米、宽 20 米左右比较适宜。

宝船不能那么大，关键是技术障碍。帆桨时代的木质船受制于材料的性能，长度上的技术极限是 70 多米。宋元时期的造船资料和船只遗存表明，当时的大船长不过三四十米左右。明朝继承前人经验，难有重大突破。按照郑和宝船的超级尺寸，现代人做出了很多小模型，但是没有大型仿真船复制下海，因为根本做不到。

西方也有超级木船的记载。罗马帝国时期的古希腊作家普鲁塔克（46 ~ 120）在《希腊罗马名人传》中，记述埃及法老托勒密四世时期曾制造过长约 130 米的战船，有 400 名水手、4000 名桨手，另外可载 3000 名士兵，内容非常超凡脱俗。

◎一款郑和宝船的模型。

但学者估计，这是一种由多艘战船相接的连体船，主要用来显示权威做摆设，并非用于实战。

人类制造实用器物，以适用为最佳。商用方面对性价比要求非常高，军事方面常说的不计成本、不惜代价只是相对商业而言，大规模应用也不能摆脱经济约束。宋元明时期的东方海船确实普遍比同期的西方海船略大，但这不是技术问题，因为就连海船中的最小单体，最不体现技术难度的中国小渔船也比西方的小渔船大。出现差异是由于航海环境不同，形成了不同的技术需求，而双方都会力争在各自环境中做到最好。海上丝绸之路季风猛烈，马六甲以东部分尤甚，船体过小安全无保障；加之贸易周期长，所以船体要大。但阿拉伯海相对风平浪静，只在该地区航行的船只就不大。而地中海无季风，船体过大需要更多的桨手，商业上并不划算；加之贸易周期短，所以船体要小。大航海之后，西方远洋贸易增加，船体也就越来越大。争取做大只是综合技术追求中的一项指标，不一定完全代表最先进的造船技术，就像最大的体育场、最大的凯旋门并不代表最先进的建筑技术一样。郑和宝船的功能是为了装载海外宝物，故此得名。它确实很大，但不是战船，技术含量有限。类似今天的超级油轮，体量可以超过航空母舰数倍，不过功能仅仅是运输原油而已。

郑和下西洋比欧洲大航海时间早是不争的事实，但因此视为探险则不成立。首先对于东方世界来说，郑和没有开辟新航路，跟地理大发现毫无关系。船队所走的路线主要由西亚民族开辟，早已定型，否则不会有东晋法显、唐朝杜环的经历。即使考量线路长远，也没有超越元朝汪大渊。郑和下西洋不过是上万人坐新船、走老路，除了出使访问、政治宣传、公款购物，只能视为游历。与充满未知、挑战、冒险、牺牲的欧洲大航海相比，可谓是优哉游哉。航海家应该有探险的精神或经历及成果，是海上探险家，是为地理大发现做出贡献的人，所以郑和被冠以航海家的称号有过誉之嫌。在这一点上，他还不如明末旅行家徐霞客。至于为了增加探险内容，让郑和船队到达美洲、环游世界，则是典型的现代《西洋记》。要是依然不过瘾，不妨继续创作，多些妖魔鬼怪，远到南极、北极也是可以的。其次，如果郑和下西洋能像张骞出使西域一样影响后世，那么尚可与欧洲大航海相提并论，可惜事实并非如此。郑和只是短期内在千年航线上重复七次，其后便默默无闻。没有证据表明，在郑和与达·伽马相差的几十年中，以及此后的几百年间，该地区或中国受此影响发生过重要变化。

强调郑和下西洋比欧洲大航海早，等于是用出生年月来论资排辈。至于更早到达印度洋沿岸，除了时间因素，等于是在论证为什么北京人比上海人能更早到达天津，而答案只是因为距离近。似乎很少有人想过同类型的问题——考证欧洲人到达非洲西海岸、绕过好望角，比中国人早多少年。要是在航海领域的“早”字上做文章，西方的家底更殷实，得出成百上千个类似的结论不成问题。

另外指南针也常被用来作为宋元明时期中国航海技术领先的证据。有人认为司南是古代辨别方向的仪器，是指南针的原始雏形，但是也有人认为司南不是器物，说的是北斗星。司南的具体

◎司南模型。

◎候风地动仪模型。

情况后人所知甚少，如果一个神奇、好玩的小物件出现如此之早，却又如此难觅，与后来在风水方面大行其道的罗盘形成鲜明对比，有些说不通。有人根据古代书籍零星、模糊的记载，运用现代技术制造出司南，不是复制而是新造。勺子的材质是经过磁化处理的人造磁铁，再将勺子与盘面做抛光处理。加强磁性、减少摩擦，实现指向功能，这些在古代都无法办到。司南模型制出后，由于极强的艺术感染力，迅速风靡，经过几十年的传播，已经成为代表中国古代科技的标志性符号。一件现代臆造品能拥有如此殊荣，真是意味深长。另外水运仪象台、指南车、候风地动仪的模型也有类似的经历。

古代指南针也称罗盘或罗经。其磁针受地球磁场影响，能够指向，尤其是在晦暗天气中作用很大。而在以前，人们主要借助各种自然现象来辨别方向。中国和欧洲在12世纪几乎同时将罗盘用于航海，出现记载的时间中国略早几十年。据此判断中国人最早使用指南针可以成立，但说欧洲的指南针是由中国传入的，缺少有力证据。中国长期使用浮针，与方位盘结合后，制成的是航海水罗盘；因为磁针不能固定，所以误差很大。欧洲早期也是水罗盘，但不久就制造出可以固定磁针的航海旱罗盘，比水罗盘更为准确方便。不过罗盘只具有指向功能，要想实现导航，还需要配合其他手段。

对于航海，罗盘在东西方发挥的作用差异很大。没有证据表明罗盘出现前后，东方航海有什么重大变化，依然还是在那些早已固定的航线上航行。中国至今没有发现留存的早期航海罗盘实物，如果据此推断都随船沉于海底，好像并不光彩。其实水罗盘的应用范围极为有限，只能在出发或途中靠岸时使用。因为在海中航行时，船体摇摆，水罗盘不可能实现稳定指向。中国的水罗盘长期停留于技术雏形阶段，先进性无从体现，是由于当时东方的航海环境对罗盘没有更高的要求。而罗盘在西方的发展完全是另一种面貌，层层推进，脉络清晰。历经几百年的努力，固定、磁偏角、磁化、充液、地域差异等问题逐一攻克。伴随着蒸汽动力船的出现，到19世纪，罗盘的技术难题才被彻底解决。但是技无止境，当今人类已经从航海时代进入航空航天时代，指向技术则已经进入电子陀螺仪时代。陀螺仪的基本装置，西方可能在16世纪才掌握，有趣的是，考古发现它的工作原理最早在唐朝已被用于制作非常精美的火炉和香囊。不过这种时间上的超前，对于指向技术没有太多意义。

◎唐朝的银香囊，经过与两个同心圆环及外壳的连接，最内的焚香盂可以始终保持水平。

郑和下西洋多是近海沿岸航行，主要借助观测天象的牵星术导航，而随行的众多外邦向导比什么仪器都管用。认为哥伦布借助从中国传入的罗盘发现新大陆的观点非常荒唐，先不说哥伦布使用的罗盘和中国是否有关系，哥伦布向西航行，并无准确的目的地，只要不是向南或向北，总可以达到美洲。哥伦布也并不是驾驶潜水艇，还没有无知到离开罗盘，就不分东西南北的地步。

造船技术和罗盘只是航海技术中的一部分，中国的航海技术也只是东方世界的一部分。中国航海技术的发展不稳定、起伏大，原因是多方面的，仅海禁政策一项，每次都能造成长时期的停滞和倒退。综合来看，欧洲的航海技术才是总体居于世界领先，学习创新能力自不必说，对不同环境卓越的适应和应变能力是最有力的证明。

许多曾经被历史忽视的事件，因为被证明对后世有重大影响，会重新得到认识和评价。可惜郑和下西洋不在此列，其成就没有必要被无限放大，如果描述严谨一些，完全是另一幅模样。明朝制造了当时世界上最大的木质帆船，派出人类历史中最大规模的、上万人的访问船队，进行政治宣传和表演，顺带采购奢侈品；因为郑和比达·伽马出生早，及中国离印度洋的海上距离比欧洲近，所以先行先到。中国拥有当时海上丝绸之路最先进的航海技术，在已知的成熟路线上往返七次，但始终不知海权为何物，满打满算间歇性做过28年没有打过海战的地区海上强国。最重要的是，郑和下西洋对后世影响极小，热闹过后，如一阵轻风飘逝，仅此而已。

唐朝诗人李白曾诗云“海客谈瀛洲，烟涛微茫信难求。”抛开浪漫主义色彩，这就是古代中国总体认识海洋及海外之国的真实写照。没去过的瞎猜乱记，偶尔去过的，年代一久，后人也不明所以。因为缺乏连续性，海外知识难以积累，及至近世，还是两眼一抹黑。这种结果不是一朝一夕形成的，更不会因一人一代而改变。今天，部分人仍喜欢关门论海，用时髦的概念生搬硬套古代的现实，得出的结论与纸上谈兵相似。造船、外贸、航海可以是三个独立的概念，造船大国加外贸大国，不等于一定是航海大国，古代中国正是如此。类似现在中国的某个阶段，可以是制造业大国和外贸大国，众多商品上印着“MADE IN CHINA”行销世界，却不一定是技术强国一样。也正是因为古代航海能力的缺陷，所以置于国际视野之下，中国的造船和外贸总体是被动的，有不能逾越的障碍和致命的硬伤，否则世界历史真要被改写了。

纠缠于罗盘、尾舵、隔舱、三角帆等等，将东方航海与欧洲大航海做技术对比，视角有些落于下乘。同理，纠缠于保守或勇敢，及所谓的民族性格更是空谈，都无助于理解欧洲大航海的产生及历史地位。其实，与中国在农耕领域极具自然禀赋一样，欧洲在航海方面拥有先天优势。另外，单纯的航海技术对于大航海来说只是表面文章，文章之外的社会综合助推作用才是真功夫。

2.21 明朝最后构建的不和谐社会

明朝（1368 ~ 1644）因为与1500年前后，这一人类历史当中的重要时段重合，所以看待明朝的所作所为经常别有一番滋味。

明太祖朱元璋（1328 ~ 1398）取得胜利后，为巩固政权推出海禁政策，“片板不许入海”，禁止民间制造可以通商的大船。如果发现谁与外国通商，处以重罪。朱元璋的想法是隔离外患，利于内部休养生息，迅速恢复农耕地区的实力，而且确实取得了显著成效。朱元璋制定的海禁政策作为祖训被执行近二百年，政府长期对此有统一的认识，觉得并无不妥。朱棣登基后稍作调整，重设浙江、福建、广东的市舶提举司，主要目的是朝贡，而非自由通商。

朝贡是指中国周边地区和国家向中原王朝称臣纳贡，同时获得受封和赏赐，并且赏赐额远远大于纳贡额。中国给朝贡者的厚赏对自身经济有损害，不过置于外贸总额巨大的背景下，凭借经济实力还可以承受，而由朝贡制度衍生的朝贡贸易对于弱小国家的经济意义极大。因为地理环境等综合因素，春秋战国以后，古代中国周边缺少同等级别的国家，所以不知国家间平等为何物，难以形成类似西

◎故宫又名紫禁城，始建于永乐十四年（1416年）。朱棣于永乐十九年（1421年）正式迁都北京。

◎南京阳山碑材有碑额、碑身、碑座三部分。图中前面的碑额高10米，后面的碑身长近50米。据估算，如果完工，总重达3万吨，依当时技术条件根本无法完成，是自欺欺人的面子工程。

方的国际概念。有外国使节来访，朝廷一律视为朝贡，多有厚赏，很少派员回访，造成很多外国商人冒充远方大国使节来求利。史官不辨真伪，结果中国史书自汉朝以来，一些貌似珍贵的国际政治交往记载都是单方孤证，又无下文，搞得后人也难辨真伪。

唐朝时期由于对外交往频繁，形成了比较完备的朝贡制度，并且此后还慢慢形成以中国为中心的梯级分布。朝鲜、日本、越南向中国朝贡，再有地区小国向它们朝贡。与常见的强者施威豪夺、弱者被迫缴纳的政治经济关系不同，朝贡制度几乎是反向而行。政治上，朝贡方主动放弃尊严；经济上，受朝贡方主动损己利人。但正是因为实力差距和各有所需，该制度才得以长期维持。中国依托于大一统，朝贡关系相对稳定持久，看上去有些特殊。其实以朝贡的形式维系强弱国家之间的关系，是世界史中的普遍现象。这种复杂的政治生态今天依然有变相的形式存在。

明朝因正常外贸断绝，在厚赏薄贡的利益驱动下，朝贡者趋之若鹜，恨不得天天来贡。皇帝们享受快感的同时，官员疲于应付，后来不得不限制朝贡名额和次数，日本地方势力彼此间甚至为争夺名额开战。由于缺少庞大的正常外贸做支撑，明朝前期的朝贡制度，实质是靠财政补贴输血，很难带动国内相关产业蓬勃发展，沿海居民所得实惠很少。长此以往，入不敷出，对整体经济造成损害。

◎郑和船队从非洲带回的长颈鹿，被认为是瑞兽麒麟。

朱棣因有篡位之嫌，所以在位期间为宣扬自己的正统地位，花费财力搞了很多大工程。修建故宫、编纂《永乐大典》、在南京阳山为朱元璋孝陵开凿巨型石碑、郑和下西洋等等。各项工程后世褒贬不一，其中有观点将郑和下西洋视为明朝，甚至是中国古代开放的代表。但事实正好相反，它本身就是闭关锁国的产物，其实是闭关锁国的代表。即使人走得再远，也不代表开放。

因帖木儿帝国横卧中亚，明朝对西域的影响力减弱，加上受靖难之变影响，朝贡制度遭到破坏。结果是朱棣登基后，只有少数国家来使朝贡，场面冷清。郑和下西洋在宣扬国威的同时，是为朝贡制度服务的外使招募团和奢侈品采购团。首次航行效果显著，带回很多国家的贡使，所以反复进行，还带回过长颈鹿这样貌似麒麟的瑞兽。当时已是15世纪初，而这些来朝贡的国家大多默默无闻，发展水平和国际地位可想而知。皇帝们对此并不在意，只喜欢万国来朝的景象，上演夜郎自大的正剧。郑和下西洋没有与西方发生关系，也没有进入伊斯兰世界的核心区，只是更进一步验证了华夷有别。任务一旦完成，下西洋不再继续，船队永久停港，腐烂在岁月中。

和平之旅及不远征是顶在下西洋活动上的另一道光环，往往用来为明朝乃至中国人爱好和平做历史注脚。郑和下西洋带着军队以壮声势，虽然沿途为了伸张自认的正义，以及对藐视天朝的行为也动过一些干戈，但总体平静；不过这种和平与不征是由于明朝缺乏海外扩张动力造成的，因为统治者认为该地区除了遣使来贡，没有其他价值，不像后来的欧洲人满眼是金山银山，所以今人没有必要把不可能发生的远征当做天大的优点来宣扬。平等才是和平的真正基础，而明朝绝无此意。朝贡制度极不平等，是在强迫或引诱其他国家臣服。一再强调下西洋的和平意义，等于是在宣传恃强凌弱。

明朝疆域逊于汉唐，大于宋朝，依然长期受北方外族威胁。明成祖曾经五次亲自出马征讨元朝残余（1410 ~ 1424），时间上与郑和下西洋轮番交替进行。征讨功效不大，耗费极多，最后皇帝自己也病逝于回师途中。瓦剌是西部蒙古族一支，1449 年遣使朝贡，因主事太监克扣赏赐，遂出兵袭扰。明英宗效仿明成祖御驾亲征，在土木堡（今河北怀来东）兵败被擒，损失惨重。此时距郑和最后出航不过十几年，看来明朝不是不想征，而是征不赢。

郑和下西洋是宣言书，是宣传队，却不是播种机，难以担当不匹配的文化传播重任。商业、军事、政治、技术、思想、语言、民族等诸多方面，很少有与之相关的重大影响得以延续。印度洋沿岸年复一年的季风涤荡了全部痕迹，后来只有东南亚部分华人还对三宝太监的声威代代相传。在中国本土，下西洋的壮举在明朝中后期已成神仙往事。尽管用劳民伤财来换取天朝国威的方式有很多种，但下西洋却被此后的皇帝们放弃了。

明朝对外影响力不出汉文化圈，也没有获得对西域的控制权，北部疆界就是长城一线。只要能守住汉文化的核心区，足以过上一段好日子。中国自宋以降，以秦岭—淮河为分界线，改变了此前经济格局北强南弱的局面，实现逆转，至今如此。明朝前中期，因为北方恢复战乱损失和迁都北京、南方遭受海禁压制，所以南强北弱的差距较小。嘉靖年间，南方民间外贸逐渐增加，走私泛滥，倭寇作乱，朝廷难以剿灭。面对现实，就在戚继光从抗倭前线调任北方御敌的同一年，1567 年隆庆开关，解除海禁，放松管制，中国民间商人借助这一难得的历史机遇，大量扬帆出海。在大航海催生的全球贸易带动下，国内商品外销，美洲白银流入，经济活力受到激发，不过这一切主要还是南方经济受益。反观北方，外患不断，天灾连连，瘟病大疫，民不聊生，最终导致李自成、张献忠等领导的农民起义爆发。明朝末期的经济实力从总量看并不弱，但分布却是南方极富北方极穷，结果是南方乱，北方更乱。

明朝和宋朝一样，也是重文轻武。皇帝和文官对将领最为忌惮，约束极严，太监监军时有发生。高级将领多是科举进士出身，从文官转业而来，虽然也有于谦、袁崇焕这样的帅才，但更多是庸才。像戚继光和吴三桂依靠世袭和武举出身的将领，必须要凭借战功才能做到高职，数量较少。为和文官交结，减少猜忌，他们还要学习读经写诗。明朝军队长期的最主要任务是防止民变，而要维持一支庞大的庸兵，就很难形成精兵。因为精兵要是不听话，麻烦更大。庸兵对付百姓尚可，对付外敌就有些无能为力，导致戚继光抗倭还要自练戚家军。明军后来借助从欧洲传入的火炮，曾获得一些军事优势，但最终还是于事无补。

明朝的政治最为人诟病，很多皇帝常年荒政，太监专权乱政，特务组织密布，庞大的官僚体系养着众多冗员；层层设卡，各个部门互相牵制，管理效率和应变能力极低。政府总体僵化，局部的改革会被很快恢复原貌，有想法的官员会被弹劾的奏折淹没。经济实力是政府浑浑噩噩的资本，大家不是终日内斗，就是混吃等死。

明朝的文化艺术成就可圈可点，尤其是富庶的江南地区，大运河南端的扬州、常州、苏州、杭州等地都是商业重镇，富甲一方。画家仇英借鉴张择端的构思，以16世纪中叶苏州城为背景，也画过一幅《清明上河图》，繁花似锦，美不胜收。经济富足促进文艺发展，工艺制造再攀历史高峰。永乐青花、宣德炉、景泰蓝、成化斗彩、万历硬木家具、紫砂壶都受后人钟爱。昆曲余音绕梁三日，章回小说风靡市井，文人下海卖艺为生，秦淮河边的名妓才色俱佳，豪气不让须眉。

历史的各个阶段，只要局部有富裕地区，一般都会产生灿烂的文化艺术，被后人铭记。但迷惑性也在于此，如果以偏概全，得出的结论往往差之毫厘谬以千里。明朝的文化艺术对于国家安全而言，不能当饭吃当兵使，承袭两宋遗风，缺乏健康之美，毫无汉唐气韵。北方的农民和满族有更质朴的追求，犹如两把钢刀轮番插向北京。明朝的灭亡指日可待，突然出现的财政困难使其进程加速。北方百业凋敝，战乱频发，朝廷征不到钱，用兵却要花钱。南方提供的财税支持逐年加重，不仅如此，还经常有出兵勤王的任务。南方苦不堪言，感到向北方输血是个无底

◎《清明上河图》局部，仇英，明。

洞，开始找借口拖欠。地方一旦不听中央调遣，送饷出兵，都是自立分裂的前兆，只是初期较为隐蔽。

国难当头，崇祯向富有的皇亲大臣们借钱，少人响应。缺少财政支持，国家的管理体系迅速崩塌，从低效变为无效。李自成军队攻破北京，崇祯皇帝已经被彻底抛弃，大臣们跑得一干二净。崇祯在景山自缢，只有一名太监陪伴身边跟随自缢。这似乎是南方希望的结果，各地随后建立起许多小朝廷。皇帝多，自然高官也多。因为有钱，依然可以歌舞升平，醉生梦死。李自成的政权沉溺于北京城的富贵温柔，迅速腐化，军队已成乌合之众。顺治元年（1644），吴三桂降清，清军挥师南下。李自成与之交战，败于山海关，次年亡于湖北九宫山。南明小朝廷一盘散沙，继承低效传统，被清兵各个击破。清取代明，定都北京。

在此过程中，以郑成功为首的政治势力表现非常抢眼，是中国历史中难得一见的风景。缺少海盗传统是中国并非海上强国的另一佐证，而自明中期西方人来到东方后，受此影响，中国的航海技术短期内有了一次飞跃，海盗水平也陡然提升。开放海禁后，发展更为迅猛，形成了多股以海盗加海商为基础的政治势力。郑氏政权是其中的佼佼者，在其形成壮大、辗转生存的几十年中，包括经济来源、战争方式、政商关系、军商关系、对外交往等内容，以及据守金厦、攻取台湾、缠斗西方列强、隔海对抗清廷等事件，都与中国社会的常态相悖，而是典型的地中海方式。但是这道风景转瞬即逝，最终被大一统抹去。

王朝更替不外乎遭受外侵、底层起义、内部取代三种方式，如果同时发生，一般有主次之分。而明朝集历史之大成，在灭亡过程中，三种方式的功效几乎是均分。明朝获此待遇，也许是巧合。不过以今天的视角看，明朝确实有将各种弊端汇于一身的倾向；而且很多方面眼光独到，总能做到差中选差，逐渐病入膏肓，组成由昏君、庸官、弱将、酷吏、腐儒、奸商、衰兵、刁民构建的不和谐社会。即便如此，明朝的精英们依然拥有超级的优越感。

过度责怪某个朝代没有太大的现实意义。秦汉隋唐宋元明清，其实同为一体，与一个人的成长过程有相似之处。经过前期的激情澎湃，汉文化自身的造血功能在明朝已近衰竭。即使张居正改革成功，袁崇焕不被冤杀，也只是缓些时日。明朝继承宋朝传统，产生了更多具有悲剧色彩的爱国人士，同理也产生了更多的叛徒卖国贼。而被后人夸大的所谓技术领先，以及把资本主义萌芽描绘成参天大树，不过都是些原地空转的无用功。徐光启、徐霞客式的人物是那么另类，注定会如流星般逝去。此时的中国，即使警示格言再有感染力，八股文章写得再漂亮，反复强调“知行合一”或者“声声入耳、事事关心”也无济于事，因为社会发展找不到新的着力点。没有创造性的毁灭并无太多新意，只有通过战争削减人口获得短暂复兴。清朝前期的兴盛是最后的回光返照，汉文化前进的脚步越来越沉重，形成恶性循环。若想获得新生，焕发青春，必须要汲取新的能量。

朝起朝落，自身纵向的对比即将结束，另一种更大范围、面对面、硬碰硬的横向对比即将展开。汉文化将要彻底结束世外桃源般的生活，养在深闺人未识、少年不识愁滋味的时代一去不复返了。中国的历史无法再保持孤立，很多内容需要重新定义和再认识。因为“萧瑟秋风今又是，换了人间”。

第3章

大航海·全球化

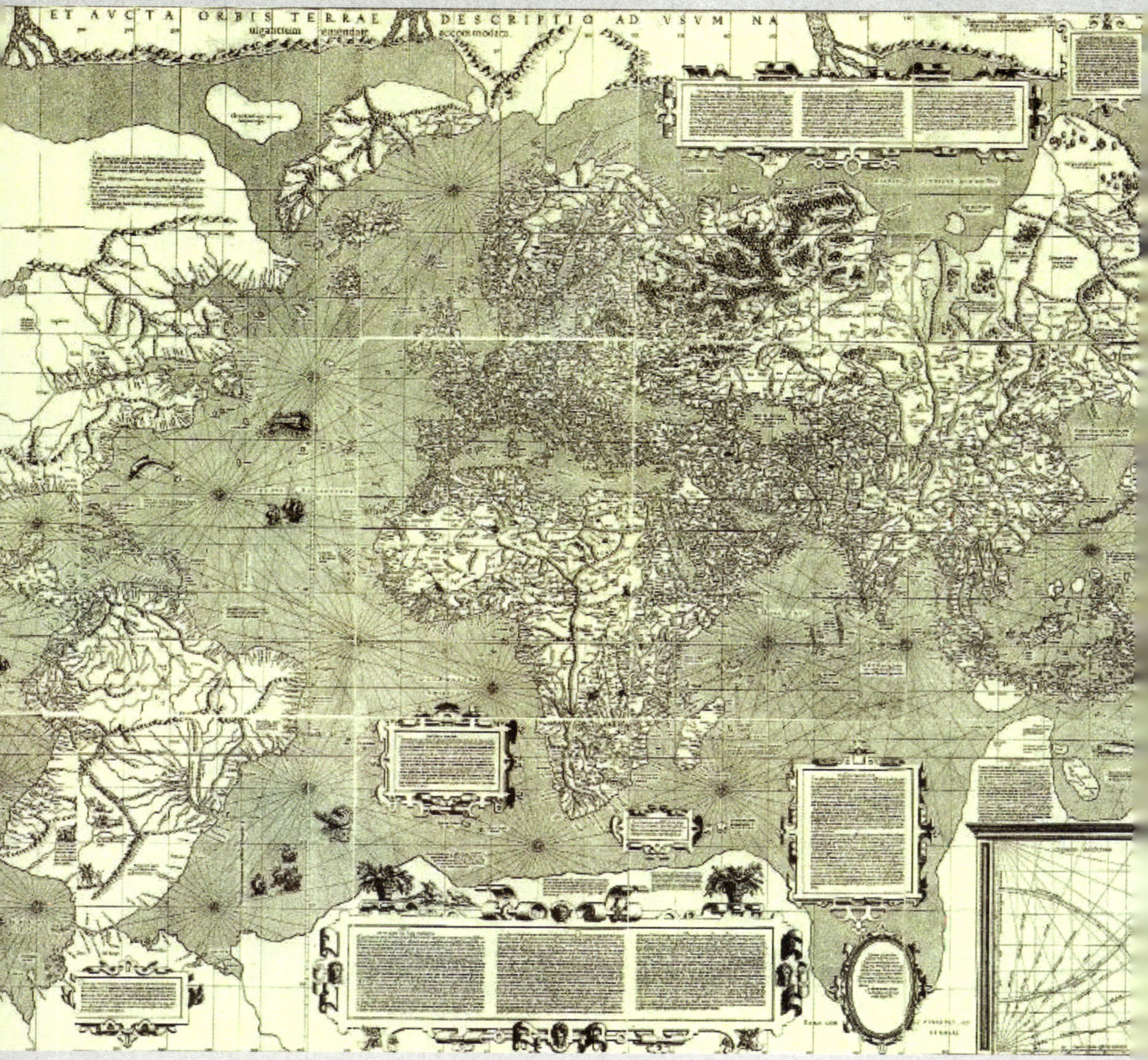

3.1 理论航海造就不远航的航海家

2009 年 12 月 20 日，澳门特区政府举办隆重纪念活动，庆祝回归 10 周年。追根溯源，澳门的经历与欧洲大航海有直接关系。

大航海最早始于 15 世纪的葡萄牙，起因很简单，就是想赚钱发财。欧洲对于更远的东方世界，主要是中国和印度，有各种传说，包括宗教、政治、文化等诸多方面。在与临近的西亚民族交往中，他们得到的东方信息亦真亦幻，充满神秘色彩。就连自己人马可·波罗口述的游记，可能由于太真实，反而显得不真实，只能成为所有传说中的一部分。西方形成对东方的迷恋，有很多社会因素，其中一点是源自商业传统，即对香料、黄金、丝绸等贵重商品的渴望。所以最让西方人向往的传说不是东方的强大，而是东方的富庶。相比之下，古代中国对于西方毫不在意。虽然通过丝绸之路，中国已经知道有个西方世界，但是整个社会连编织传说的兴趣都没有，更不要说向往。越到后来越认为外藩等同禽兽，不能与之相通。

◎右图：澳门大三巴牌坊，是圣保罗教堂（建于 1580 年）留存的前壁。因“圣保罗”的葡语发音接近当地方言“三巴”，故此得名；左图：1569 年荷兰地图学家麦卡托采用投影法绘制的世界地图（局部）。

伊比利亚半岛最西端的葡萄牙王国 12 世纪获得独立，14 世纪末形成中央集权，国王的权力显得很大，是欧洲第一个统一的民族国家。葡萄牙面积不大，是在与伊斯兰势力的斗争中成长起来的，并且与邻国卡斯蒂长期不睦，所以发展空间很有限。

◎亨利王子

丝绸之路的中间地段被伊斯兰势力控制，与之常打交道的威尼斯、热那亚共和国能获得较大利益，其他欧洲各国商人的收益只能逐级递减。由于地理位置离亚洲最远，葡萄牙处于东西贸易链的末端，看着别人吃肉，自己只能喝汤，有识之士非常着急，希望能通过非洲，找到一条通往东方的新路线，摆脱商业上的窘困。这一思路极富创新意义，但是一直缺少启动资金。当时整个欧洲所有领导人，包括教皇在内，都有商人的遗传基因。探索新航路，有生命危险并不是最重要的，因为有钱能使鬼推磨；但对于商业风险，投资人却必须考虑。就在此时，一位新时代的航海家出现了。他就是葡萄牙的亨利王子（1394 ~ 1460），倾其一生及财富，为航海事业鞠躬尽瘁。令人惊讶的是他本人从未扬帆远航，却当之无愧地拥有“航海家”的称号。远航者不一定是航海家，这容易理解，但从未远航者，也能成为航海家，则令人费解。不过正是这位神奇的航海家，打下坚实基础、指挥他人起锚扬帆，开启了欧洲大航海的伟业。

亨利王子热衷航海，除了商业目的还有一个政治理想。当时的欧洲依然延续着十字军东征的激情，誓言要消灭伊斯兰势力。但这是很难独立完成的重任，需要找个盟友，因此出现了东方存在一个基督教王国的传说。亨利希望通过航海能够与之取得联系，然后结盟共同战斗。这与张骞出使西域的背景非常相似，后来的哥伦布西行也带有与中国联盟的任务。商业是欧洲大航海的主线，政治这条副线的作用也不能小视。

亨利领导的航海事业复杂而且艰辛，抛开技术层面的内容，以今天的眼光看，其运作过程充分体现了集中力量办大事的优势。大航海在起步阶段最为困难，因为要承受长期没有收益的痛苦和煎熬，另外由于没有参照，就不能确定最终的结果。亨利王子将自己所能掌控的资金陆陆续续全部投入航海事业：建立航海学校，创设航海服务工厂，研发航海仪器、用具，绘制海图，培养专业航海人员，兴建天文台，组织探险队出航……前后四十年，面对各种冷嘲热讽，义无反顾地坚持着。幸好他的父亲、弟弟、侄子三代国王都支持他，另外被他的宗教理想感动，教皇也给予资金帮助。亨利逝世时，他的航海活动似乎没有获得太大成功，也谈不上商业收益。探险最远到非洲大陆佛得角以南的塞拉利昂，连几内亚湾都没有到达。

从地图上看，亨利王子船队开拓的新路线并不远，但在当时已经突破了欧洲人的地理知识极限。撒哈拉沙漠阻碍非洲大陆的南北交流，仅有几条较为艰险的陆路交通线。伊斯兰势力扩张后，商贸活动增加，尤其是尼日尔河流域的黄金名满欧洲和伊斯兰世界。欧洲人要想避开穆斯林去撒哈拉沙漠以南，只能沿着海岸线前行。此前欧洲人对于大西洋的宽广海域有着各种耸人听闻的传说，因此形成了巨大的心理障碍。在亨利王子的鼓励下，他的船队破除迷信，冲破了这层窗户纸，证明那些传说都是谎言。一旦解决了认识上的难题，此后的探险过程就变成较为纯粹的以技术手段挑战自然、发现真相了。

亨利王子去世后，葡萄牙的航海事业没有取得新进展，进入了短暂的蛰伏期，但是他奠定的航海事业基础并未遭到破坏。后来亨利的侄孙若昂二世全面继承他未竟的事业，积极投资航海。1471 年船队到达黄金海岸（今加纳地区），黄金和黑奴被运回欧洲，多年的投资取得回报。1488 年，迪亚士绕过好望角，地理的拐点成为历史的拐点。1498 年达·伽马到达印度，以低价换取香料等商品，获得重大商业利益。

葡萄牙人踏入印度洋后，除了进行正常贸易，很快洗劫并占领了几处东非沿岸的商业重地，然后经常抢掠。这些暴行遭到了传统经商的阿拉伯人反对，并引发了军事冲突。1509 年在阿拉伯海的印度第乌附近，双方爆发海战。但马穆鲁克王朝及其盟友的联合舰队甚至未能靠近敌舰，就已经被火炮击沉。欧洲航海业

◎好望角最初名风暴角，并不是处于非洲大陆最南端。但绕过好望角后，继续向东航行，可以顺利进入印度洋。

的军事优势尽显，葡萄牙人难逢敌手，一边大肆侵略，一边进行分化笼络安抚。1510年，葡萄牙舰队占领印度半岛西岸的果阿，建立军事商业基地，当上了印度洋的霸主。葡萄牙在短期内飞速发展，建立了众多海外殖民地，商业利益转化为军事和政治利益，一跃成为欧洲强国。

葡萄牙人双手沾满鲜血一路东行，1514年来到中国广东珠江口沿岸。他们希望同明政府进行贸易，未获批准；于是在屯门建立据点，进行走私活动，造成地方不宁。1521年明政府决定清剿，军民奋勇。葡人寡不敌众，败逃，次年再战再败。两次战斗规模都很小，葡人面对强硬又庞大的明朝，觉得无利可图，销声匿迹多年。

随着明朝海禁政策越来越难以严格执行，葡萄牙人卷土重来，1553年借口晾晒商品，初登澳门半岛；1557年通过贿赂当地官员，开始定居，活动范围不限于澳门一地。这一次未燃战火，除了一般贸易，还喜从天降，获得了很多中国沿海的贸易权。他们百思不得其解，明朝禁止远洋贸易，与近邻日本的直接贸易居然也禁止？于是葡萄牙人心甘情愿充当中间商，只要老老实实做人即可，并且导致日本的航海技术得到大幅提升。1567年明朝正式解除海禁后，各种争利者纷纷涌现，葡萄牙的优势反而受到削弱。明清政府对澳门一直进行着管理，并未失去主权，只是对其作为港口有些特殊政策。直到 1887 年，澳门才被葡萄牙政府强行租借。澳门所占面积一直增幅缓慢，至回归之时仅几十平方公里，与香港上千平方公里相差很大。在侵略扩张方面，葡萄牙并不是心慈手软之辈，不过在19 世纪已经衰落。1999 年 12 月 20 日澳门回归，现在已经成为中葡两国人民友谊的纽带。亨利王子当初肯定想不到会有这样一个政治结果。

老路走千遍还是老路，新路走一遍可能粉身碎骨，也可能别开天地。大航海是欧洲对过去航海活动的一次超越，更是人类历史的一次飞跃。因为海路有很多优势胜过陆路交通，一旦征服海洋，必将改变历史原有的走向。可惜由于各种综合因素，东方没有出现这样的机会，也就谈不到把握机会了。

远洋航海的直接动因主要是追求商业利益，像郑和下西洋那种赔本生意注定难以为继。经过比较不难发现，东西方最早的水上航行都是划桨扬帆；来到大洋又都主要用帆，好像并无太大区别。但是人类发明何种技术、采用何种技术并不是随性而为，要受到外部环境的诸多制约和影响。正是因为环境差别，所以造成东西方航海技术后来的发展貌似同路，实则殊途。东方仍旧依赖季风被动航海，借风行船，靠天吃饭；西方则发展成任尔东西南北风的主动航海，驭风行船，自己做主。如果只有商业内容，两种航海也许差别不大，但是商业的另一面是军事，不能靠和气生财。而被动航海和主动航海形成的不同军事制度，导致海上军事力量并不在一个量级，其悬殊远远大于以农业作物和经济作物为基础形成的军事力量差异。西方人已经在世界上最大的陆间海地中海和较少受到热带风暴侵袭的北大西洋东部水域，这两片演兵场操练了两千多年，腓尼基人、古希腊人、古罗马人、维京人、威尼斯人等等一脉相承。一旦冲出老巢，结果就是西方战船来到东方，没有耗费太多的军事成本，就轻易掌控了利益丰厚的海上丝绸之路，并且开辟了全新的香料之路。别看你也航海，我也航海，直到真刀真枪面对面，才知道原来此航海不是彼航海。

除了商业和军事的比较，东西方航海的对比还可以更深入一层。郑和航海资料作为历史记录，其毁失值得可惜，但如果从航海本身考虑，痛心疾首则大可不必。因为 15 世纪的东西方航海在相遇之前，早已不在同一层级。东方还停留在经验航海，而西方已步入理论航海。这种差距犹如冷兵器对比热兵器。

航海图是展现航海水平和成果的重要标志。郑和下西洋的航海图是东方航海最高成就的经验总结，主要用牵星术，即通过测量方位星的位置来计算船只与陆地的方向和距离，从而实现导航。这种海图依靠多年的经验积累，注重地点和线路，如勤劳的蚂蚁匍匐前行，穿针引线，年复一年。但由于对平面的认识始终模糊，一旦偏离固定航线太远，就会难以定位；如果因意外进入陌生海域，更会无所适从。经验航海受限于人的视野，海洋知识的积累零碎、片面、僵化。海洋只是陆地交通线的简单延伸，海陆始终是两部分，也不会激励人们去探索更多的未知海域。拿着这样的海图，即使绕地球一圈，也只会认为自己是在平面上绕了一个圈。

如果只考虑船只能力和行驶条件，古希腊时代绕行非洲应该可以完成，但没能发生（有传说腓尼基人完成过这项壮举），就是因为受制于经验航海。欧洲的威尼斯、热那亚等海上强国，为了适应更加频繁的商贸和海战，对航线的复杂性、多样性、精确性提出了更高的要求，在13世纪制作出波特兰航海图。图中内容为海陆一体，从很多点位发散出多条等角线，纵横交错。点线面布局清晰，结构合理。每条线都表示一条航线，船只通过海图、星位、仪器实现定位后，就可以准确定向航行，能完全摆脱对陆地标志的依赖。使用这种海图，人虽身在海面，但脑海中的视野已经超过翱翔天际的雄鹰。海洋知识的积累系统、全面，并不断更新，如一张大网撒向远方，指引航海家向未知海域进发。由于实现了从经验航海

◎郑和航海图中印度到东非沿岸的一段。

◎ 1500 年欧洲制作的一幅非洲地区波特兰航海图，海岸线上写满了各种地点。

到理论航海的脱胎换骨，所以出现哥伦布式的人物只是时间问题。以波特兰海图为基础，欧洲在 16 世纪又逐步从平面推进到球面，覆盖上经纬度，制作出将二维球面投影到二维平面的海图。从此航海者不再玩拼图游戏，而改玩填空游戏了。随着天文学、制图学、测量学的迅猛发展，各种新仪器、新设备、新武器纷纷现世。地理大发现的科学性越来越强，进而促进了科学的诞生。

有的人曾经远航，却不清楚海洋的模样。有的人未曾远航，不仅心中已经装下宽广的海洋，还通过理论研究，准备去寻找更宽广的海洋。这就是航海家亨利王子留下的故事。

3.2 谈好价格就去发现新大陆

2008年欧洲杯足球赛，西班牙队继1964年后再次夺冠，媒体形容为王者归来。2010年世界杯足球赛，西班牙队首次夺冠，媒体形容为新王登基。西班牙国家足球队的表现在很长一个时期都充满悲情色彩：水平一直很高，赛前经常被认为是热门之一，但结果却不如意。如今有两个冠军撑腰，西班牙人在足球上的心态今后会平和许多，而且还有利于国家统一。连巴斯克分离主义分子上街庆祝夺冠时，也一反常态，被迫高举西班牙国旗，否则太不协调。在体育报道中，借用政治和军事词汇已经习以为常。足球上的王者诞生只是游戏，远不如现实中的王者诞生更有震撼力。

现代任何一部世界美术史的开篇部分，都会有西班牙的内容。这得益于该国北部某个山洞中，留有几万年前原始人类的美术作品。栩栩如生的野牛不逊于后世艺术家的创作，很容易让人联想到今天的西班牙斗牛。这些野牛沉默无语，但也许只有它们才了解新王者日不落帝国西班牙诞生的全部过程。

◎西班牙河尔塔米拉岩洞中的野牛壁画，创作于旧石器时代。

西班牙地处伊比利亚半岛，三面环海，在地理上是一个相对独立的区域，北部的比利牛斯山是半岛和欧洲大陆主体之间的屏障。地中海地区的农业文明由东向西传播，古希腊时期的零星遗存，记录了半岛起步阶段的状况。到罗马帝国时期，半岛的发展才开始提速。

伊比利亚半岛地处基督教和与伊斯兰教的交汇处，与巴尔干半岛相似，是一个主流文化经历过重大转换的地区。罗马帝国解体后，北方外族在该地区建立西哥特王国，同时引入基督教。半岛同欧洲其他地区同步，开始在中世纪的道路上缓慢前行。但是风云突变，伊斯兰教兴起，穆斯林从北非进入半岛，获得统治地位。倭马亚王朝被阿拔斯王朝取代后，倭马亚后裔逃至伊比利亚，建立了后倭马亚王朝。

穆斯林在经济、军事方面处于强势，但在半岛北部还是陆续出现了几个基督教小国。这一时期的伊比利亚半岛融汇了伊斯兰教、犹太教、基督教文化，是历史中难得的篇章。与拜占庭衰落、奥斯曼兴起，伊斯兰势力占领巴尔干半岛的进程正好相反，后倭马亚王朝分解成许多伊斯兰小王朝，实力大不如前。11 世纪，随着十字军东征的步伐，基督教势力在伊比利亚半岛开始反攻。最终在 1492 年，几个基督教王国通过共同努力，将伊斯兰教的政治势力赶出半岛。西班牙就是在这一过程中，由其中两个主要国家阿拉贡和卡斯蒂合并统一而成的。

合并不是通过战争，而是因为两国的国王和女王是夫妻关系，合成一家天经地义。阿拉贡的王子费迪南德和卡斯蒂的公主伊莎贝拉于 1469 年结婚，后来二人分别继承王位。为避免两地分居的尴尬，两国的领土和臣民作为彼此的彩礼和嫁妆只好统一管理，所以在 1479 年合并。其中伊莎贝拉登上宝座的过程并不顺利，是位女强人，让这段充满传奇的爱情故事很值得大书特书。通过婚姻关系建立统一国家，或者让国家解体，是欧洲在中世纪形成的一个传统，与商业传统密切相关。西班牙的建立堪称其中最完美的一例。

西班牙的建立同时伴随着对各种异教徒的驱逐杀戮，因为这样做不仅能巩固政权，也能得到教廷的支持。但随着穆斯林、犹太人带走财富和技术，西班牙的经济状况并不好。面对困难，西班牙解决问题的思路与葡萄牙相同，希望能够在对外贸易上获得更大利益。此时一个热那亚人正在伊比利亚半岛游荡，向国王们兜售他的航海计划。他已经过了不惑之年，一事无成却拥有坚定的信念。他心高

◎费迪南德和伊莎贝拉结婚时的画像。

气傲又心急如焚，极为渴望成功。他就是哥伦布（1451 ~ 1506），别看当时一文不名，但后来的功绩却足以让颇有作为的费迪南德和伊莎贝拉给他做历史的陪衬。

哥伦布出生于意大利热那亚，父亲是一名纺织工。与迪亚士、达·伽马、麦哲伦的贵族出身不同，家庭环境没能给他未来的事业提供太多帮助，哥伦布没有受过良好的教育。但热那亚共和国是当时地中海的海上强国，这一大背景让哥伦布从小受到航海氛围的熏陶，在十几岁的时候就独闯天下。他做过船工，当过海盗，迷恋大海，渴望通过远航发家致富。他来到当时欧洲的航海学术中心葡萄牙里斯本，刻苦学习。他享受着亨利王子创下的基业，掌握了诸多全新的航海知识，并且随船最北到过冰岛，最南到过黄金海岸。学识的扩展开拓着视野，哥伦布已经不会再回望地中海那一湾浅水了。

哥伦布喜欢阅读《马可·波罗游记》，相信书中对东方繁华的描述。他更喜欢研究托勒密的《地理学》，认为书中隐藏着他可以取得成功的路线图。由于天文学的进步，当时欧洲部分人开始相信从古希腊流传下来的地圆说。意大利佛罗伦萨的学者托斯卡内利（1397 ~ 1482）据此提出，如果一直向西航行，就能够到达东方，并且测算出距离值。托斯卡内利的观点在当时算不上不为人知的秘密，航海界的很多人都知道。不过因为其论据错误之处很多，尤其是数值计算荒谬，所以饱受质疑。哥伦布的与众不同之处，在于他对托斯卡内利的结论深信不疑。

哥伦布与托斯卡内利通信，获得资料，同时自己又收集各种资料，反复研究。通过一系列“精确”计算，哥伦布得出一个错误结论：从西非的加那利群岛出发，向西航行三千多英里，就可以到达东方。这比托斯卡内利算出的距离还短，而且比从冰岛到黄金海岸的航海距离短，所以对于哥伦布来说不是一个不能实现的目标。此时的哥伦布已经成为当时欧洲独一无二的特殊人物，具备了向西航行的理论基础和实践动力。尽管有诸多错误，但是对于历史而言，背后却隐藏着一个伟大的发现。

哥伦布已经做到万事俱备，只欠东风，所欠缺的“东风”就是资金支持。他向葡萄牙国王若昂二世提出了建议。若昂二世本人熟悉航海，于是召集一批葡萄牙的航海精英和地理学家讨论哥伦布的计划。最终的意见认为，到达东方的距离不可能这么短，投资风险太大；再加上葡萄牙此时正专注于探索绕过非洲到达亚洲的航线，无暇分心，所以哥伦布的计划遭到否决。

哥伦布并未心灰意冷，1484 年又来到西班牙，继续游说工作。与葡萄牙的情况不同，当时西班牙的航海人才匮乏，很少有人能够从理论和技术层面提出反对意见；而且部分上层人士看到葡萄牙已经通过航海在西非获益，所以对于哥伦布的计划非常感兴趣，还为他提供各种便利条件做前期铺垫，就差国王和女王资助了。但是当时，西班牙由两个国家合并不久，还要面对南方伊斯兰格拉纳达王国的最后一战，再加上部分反对意见，所以对于哥伦布的计划久拖不决。不过皇天不负有心人，经过多方努力，国王和女王终于同意了他的计划，出资支持。按照中国人的理解，哥伦布就可以准备行动了，但是在西方还不行，双方还要进行细节谈判。如果计划获得成功，哥伦布要求被封为骑士、任命为海军上将和总督，另外要分得总收益的 10%，并且免税。其要求包括荣誉、官职、财富三方面内容，国王和女王认为要价太高，没有同意。哥伦布不肯降价，谈判破裂。

学成航海艺，货与帝王家。哥伦布未作留恋，对未来依然信心百倍，收拾行装，准备转投法国或英国。此时峰回路转，西班牙的伯乐们做出了最后努力，国王和女王终于决定赌一把，答应了哥伦布的全部要求。1492年4月17日，双方签订协议；8月3日哥伦布率领三艘帆船、八十几人驶出帕洛斯港；8月12日到达加那利群岛；休整后9月6日出发，进入没有航海图的海域。向西，一路向西。10月12日他们登陆美洲巴哈马群岛中的圣萨尔瓦多岛。在新大陆闯荡一番之后，次年3月回到欧洲。

哥伦布共4次探访新大陆，并根据自己掌握的地理知识始终认为这里是印度，至死不改。他的发现曾令葡萄牙异常紧张，幸亏葡萄牙的航海水平更为精准，没有放弃向东寻找印度的努力。后世因此和哥伦布开了一个玩笑，新大陆被另一位意大利佛罗伦萨航海家亚美利哥确认，命名为亚美利加州，而他只被用来命名哥伦比亚。哥伦布获得了一定的社会地位，但是却没有找到梦寐以求的财富，也没有完成联络中国皇帝的使命，后来还因为达·伽马发现了真正的印度而被斥为骗子。第四次航海回来后，哥伦布疾病缠身，已经无力远航，两年后在屈辱和沮丧中去世。

◎哥伦布率领的船队在海中航行的想象图。前面体形较大的旗舰圣玛利亚号是克拉克帆船，后面体形较小的平塔号、尼娜号是卡拉维尔帆船。

◎哥伦布到达新大陆。

哥伦布死后，美洲成为西班牙探险家、冒险家、殖民者的乐园。原住民惨遭屠戮，异常血腥。强者的征服行为留下斑斑劣迹，哥伦布因此也难逃恶评。科尔特斯1521年灭亡北美墨西哥的阿兹特克王国，皮萨罗1533年灭亡南美秘鲁的印加王国。随后不久，美洲多处发现大型金银矿，远远超出马可·波罗对东方的描述，可惜哥伦布已经无福消受。西班牙开发美洲获利，实力大增。随之启动军事战车，一跃成为欧洲第一强国、历史上第一个日不落帝国，比以往那种纯粹以相连领土比拼大小的帝国模式上了一个档次。

谁在哥伦布之前到过美洲？这是一个有趣的话题。如果将各种不严谨的研究都罗列出来，似乎可以是很多地区的人。因为没有权威的考古发现支持，只能权当历史小说。有史可考的，只有北欧的维京人。因距离近，他们借助岛屿采用蛙跳方式，曾在10世纪到过今天加拿大的纽芬兰地区，但没能常驻，也就没有更多的历史意义。

◎回到西班牙，哥伦布向国王和女王介绍从新大陆带回的各种“宝物”。

在全人类认识和利用地球的过程中，探险家的功绩和影响是累加而成的。探险家，尤其是欧洲探险家，多如过江之鲫，通常不好评价谁最伟大。如果不存在美洲大陆，哥伦布很可能会壮烈牺牲，至多是一位勇气可嘉的好汉。但就是这个独自闯荡的普通人，凭借自己的知识和努力，外加一点运气，得到了历史的眷顾。随着时间的推移，哥伦布的功绩愈发突出，似乎可以享有最伟大的探险家称号。让后来者不得不感叹：只要方向对了头，错误风浪不用愁。

哥伦布在茫茫大海中，开出一条新航线，发现一片新大陆，成为冲破欧亚非三大洲地理限制的历史第一人。这是一个伟大的事件，从此开启全球化时代，为人类社会发展的诸多方面引入了无穷的增量和变量。历史翻开了新的篇章，人类也将以全新的视角认识世界、认识自己。

3.3 教会的服务质次价高

常听人说："在国内旅游看寺庙，在欧洲旅游看教堂。"这是对旅游过程中宗教建筑过多的一种调侃，不过圣彼得大教堂应该不在此列，因为它的地位过于特殊。中国恐怕只有藏传佛教的布达拉宫与之相似，但是影响力远远不及。

圣彼得大教堂前的广场被两边半圆形环廊开放式包围，与教堂合成完整的小建筑群。面对教堂，步入广场后，庄严肃穆的气氛逐渐增强，与在故宫内，面对太和殿时有近似的感觉，能够部分体会到设计者希望达到的效果。此时广场上游人不多，略显空旷，不过可以想象举行重要宗教活动时的宏大场面。

参观教堂没有门票一说，与中国存在很大差别。在中国能列为旅游景点的寺庙，

◎圣彼得大教堂及广场。

几乎都收门票，而且涉及到很多问题和很多部门。这就是目前的国情，也能反映出宗教的定位和地位。

教堂内游客众多，却非常安静。几个一两岁的孩童滚地打闹，也无人管。因为对天主教的很多细节不够了解，所以一圈参观下来最大的感觉就是看不明白。除了米开朗琪罗的雕塑《哀悼基督》见过图片以外，教堂里缺少熟悉的内容。走出教堂，我略微有些沮丧，后悔自己来之前没有做好准备，有点愧对这次机会，因为圣彼得大教堂可是天下第一教堂。

现在这座教堂如果名称更严谨一点，应该加一个“新”字，因为在它之前还有一座旧圣彼得大教堂。罗马帝国皇帝君士坦丁宣布基督教合法后，曾下令在圣彼得的墓地上建过一座教堂。基督教全盛之时，许多事件都在旧教堂及其附近发生。不过历经千年之后，教堂虽几经维修，还是出现了墙体倾斜、壁画污损等破败现象，与罗马教廷的神圣地位极不相符。1506 年教皇决定重建教堂，经过一百多年的修建，宣告落成。然后修钟楼、建广场，又是几十年，终于定型。

几代教皇希望将新圣彼得大教堂和广场打造成精品中的精品，成为与上帝距离最近的场所，因此除了功能性之外，艺术性也必须得到保证。幸运的是，当时意大利拥有欧洲最顶级的艺术工作者。教堂和广场的设计者是一群文艺复兴时期的巨匠，包括米开朗琪罗、贝尼尼等。但当时的教廷也面临一个和普通人一样的问题：缺钱。欧洲建造大型建筑周期长，除了施工难度外，还有一个重要原因就是经常缺钱，结果很多建筑都是几停几建。幸亏石质材料经得起百年风雨，每次停工后都会耐心等待下一笔资金投入，建筑最终不会成为真正的烂尾楼。

16 世纪初，随着欧洲多国君主制的逐渐形成，教皇的权威在逐步下降，收入也在同步下降。教廷如果理财得当，不增加大项开支，不会招致麻烦。恰在此时，教皇决定上马建造这样的大工程，资金方面立刻捉襟见肘。教皇拉不来更多的赞助，只好自己想办法。按照中国皇帝的通常做法，可以增加税收或者铸造大钱敛财。但是教廷的税收比例和范围都相对固定，另外欧洲主要用金银币，不易降低成色进行不等值兑换。教皇利奥十世冥思苦想，决定循着先辈的道路，发售赎罪券。

所有宗教势力都产生过赎罪券性质的物品，这是宗教活动的一部分。内容看似千奇百怪，其实大同小异。有时候它像一款款商品，设法让信众购买；有时候

©教皇签署和出售赎罪券。

它像一项项税收，强制信众缴费。其作用是产生心理安慰，能希望保佑美好的未来。世界上现存最早的赎罪券是古埃及的《亡灵书》，放在墓中，用来向神灵说明死者生前没有犯过各种罪状。《亡灵书》是有价商品，也是奢侈品，富人才能买得起。

欧洲的赎罪券起源于十字军东征。教皇宣布，所有军人的罪罚可以得到减免，并向每一位军人免费发放赎罪券，鼓励他们英勇作战。至14世纪，赎罪券演变为出售形式，不过初期没有滥发，还能维持较高的价格。利奥十世此次做出重大改革，决定大量发售。他宣布，只要购买赎罪券的钱一敲钱柜，就可以使购买者的灵魂从地狱升到天堂。结果赎罪券在短期内大幅贬值，虽然没有跌到白菜价，但天堂之路却由独木桥变成了康庄大道。众多底层民众梦想成真，因为可以花较少的钱，就能完成祖祖辈辈都不能完成的心愿，尽管这“较少的钱”对信众的收入来说并不是小数目。

教廷卖赎罪券，信众出钱买，而且有修建大教堂的神圣目标，这与一个老和尚化缘修庙并无二致，本不应该引发太大的社会动荡。但是兜售赎罪券的活动，在德意志遭到一位教士的激烈反对。此后事态的发展超出了教廷及很多人的预期，一场轰轰烈烈的宗教改革运动令欧洲人的精神世界发生了一次大震荡。

反对兜售赎罪券的教士是马丁·路德（1483～1546）——新教路德宗的创始人。路德天资聪慧，学习刻苦，1512年获神学博士学位，被聘为维登堡大学《圣经》学教授。在研究和教学过程中，路德逐渐形成自己的神学理论。其核心是人的灵魂得救，依靠个人的虔诚信仰就可以完成，不在于遵行教会规则，并反对教皇和神职人员的特权。路德看到部分底层信众为购买赎罪券倾家荡产，并引发了社会问题，出于自己对宗教的理解，进而对教皇权威提出质疑。他于1517年10月31日在维登堡教堂正门，贴出《关于赎罪券功能的辩论》。全文共95条，又称为《九十五条论纲》，公开反对兜售赎罪券，主张建立廉价教会。一石激起千层浪，《论纲》迅速传遍整个德意志地区乃至全欧洲，在社会引发激烈讨论。教廷对于蔑视其权威的行为依然采取老办法，准备通过在罗马的宗教裁判所，判处路德监禁或死刑。

借助宗教权威，依据宗教法律，教廷在13世纪设立了宗教裁判所，其后很多地区陆续效仿，一些君主也参与其中，甚至后来兴起的新教也有类似的机构。宗教裁判所起初只是为了平息天主教内部的教派争端，后来审判范围扩展至所有被认为有可能危害教廷的异端，并伴以各种酷刑和惩罚，其中最有名的当属火刑柱。宗教裁判所的斑斑劣迹罄竹难书，各种借上帝名义发生的惨绝人寰的事件让今天的信徒都会满脸错愕。路德的前辈捷克教士胡斯（1371 ~ 1415）也曾有过类似的宗教改革主张，结果被定为异端烧死，因此还引发过“胡斯战争”（1419 ~ 1434）。

路德如果早生一百年，会被烧死一百回。但是世易时移，此时教廷在西欧的政治控制力处于下降期，路德的言行得到德意志部分权贵的支持，人身安全受到保护，教廷的计划没有得逞。另外，路德在宗教改革运动中并不是孤胆英雄，多处都产生了独立的新教派别，如瑞士和法国的加尔文宗、英国安立甘宗等等。因为都是

◎1415年胡斯因异端罪名被烧死。

对抗罗马教廷，所以新教也被统称为“抗议宗”或“抗罗宗”。

此后多年，路德在将《圣经》译成德文的同时，连续发表维护《圣经》权威、抨击教皇权力、主张宗教与世俗权利分离的言论，不断为宗教改革提供理论基础。法国人加尔文（1509 ~ 1564）的后半生主要在瑞士活动，他的一些主张更为激进，直接否认教皇的权威，宣扬官员、商人和教士一样，都是受命于上帝。至16世纪下半叶，宗教改革成绩斐然，西欧的政治格局得到重新划分，教廷的权力加速衰落。

欧洲宗教改革中的新教与东方佛教中大乘佛教的兴起类似。前者借用原典经书的权威，宣扬普通信众可以跨过由教会主导的繁文缛节，直接与上帝沟通；后者宣扬佛有无数，大家互相帮助都可以成佛。二者都是后来者，认为之前上天堂或成佛的方法太昂贵或太繁琐，对普通大众不公平，所以必须降价。路德、加尔文等都是宗教人士，不忍底层信众受宗教势力敲骨吸髓式的盘剥，被迫支付高昂的宗教费用，一代人甚至几代人因此穷困潦倒；同时，教会某些群体的愚昧无知和道德败坏也令他们痛心疾首，所以提出改革。他们要通过争夺对《圣经》的解释权，进而争夺宗教权利，并顺势延伸至经济和政治领域。

◎15世纪末西班牙宗教裁判所行刑时的场景。

宗教改革的进步意义不在于宗教本身，因为新教的创立也只

◎路德

◎加尔文

是换汤不换药。当时的欧洲，削弱宗教势力的经济、政治权利，正是崛起中世俗政权的愿望。在此大背景下，宗教改革与世俗夺权同时进行。从前天主教和东正教分裂，这次新教和天主教分裂，都是在争夺谁更能代言上帝，这是说不清楚的糊涂账。但是从长远看，每次内部大分裂，都会重创宗教势力，获益者通常是世俗政权。所以宗教改革完成后，无论是疯狂反对新教的君主，还是默默支持新教的君主，都比之前获得了更大的权利，教会则逐渐淡出政界。此后，君主们肯定与上帝的距离变近了，至于底层民众生活的改善，或者他们是否真能得到上帝的眷顾，还需时日才能验证。

宗教改革不仅催生新教，也推动天主教内部发生变化。1535 年成立的耶稣会是抵抗新教影响的重要天主教组织。后来众多耶稣会士沿着新航路去世界各地传教，在东方产生过较大影响。明末清初，以利玛窦为代表的耶稣会士来到中国，是近代西学东渐的第一步，算是欧洲宗教改革与中国的间接联系。

经过宗教改革运动，原来欧洲的天主教版图被分成新教与天主教两大政治阵营。从地理上看，西北部多为新教，东南部多为天主教，有离罗马教廷越远，新教势力越大的趋势。爱尔兰是一个小特例，为了抗拒英国的统治，大部分爱尔兰人坚持信仰天主教，折腾多年的北爱尔兰问题由此而来。北爱问题是打着宗教旗号的政治问题，周期性爆发，英爱两国历届政府都很头疼。欧洲宗教分裂，与伊斯兰教分派一样，同样导致爆发了宗教战争。后来新教范围扩大，其内部也引发战争。不过自宗教改革后，军政大权已完全由君主们掌握；主教们沦为附庸，为君主鞍前马后的操劳，为信众熬制心灵鸡汤，慢慢连道德解释权都丧失了。

很多重大社会变革都受到技术进步的影响。宗教改革得以推进深化，从一百年前的反潮流变成一股主流，其中一项重要的技术支持是欧洲活字印刷术的成熟。要想建立廉价教会，首先要有廉价《圣经》；但拥有足本的《圣经》在中世纪并非易事，各种成本累加后，除了高级神职人员和王室贵族，其他人只能望书兴叹。广大文盲对《圣经》的需求并不迫切，但是很多识字的其他人士，如低层神职人员、普通学者，乃至商人就很渴望能自己拥有一本《圣经》，通过研读以便直接从上帝那里获得启示。

14 世纪时，雕版印刷技术已经从东方传入欧洲，但不适于印刷西文书籍。很多工匠都做出了不懈努力，其中德意志美因茨的谷腾堡是集大成者，地位类似后来蒸汽机发明大潮中的瓦特。谷腾堡（约 1398 ~ 1468）是一名制作金属器的商人，工匠与商人的双重身份，可能对他改进雕版印刷、发明活字印刷起到了重要作用。1455 年，首批印刷本《圣经》诞生。从此，《圣经》的市场价值大幅下降，越来越多的人有了直接阅读《圣经》的机会。

按照社会发展的传统套路，借助活字印刷术的普及，通常只是旧知识的“发扬光大”，让《圣经》可以更广泛的传播福音。这种场景在中国也不少见，例如宋朝雕版印刷术成熟之后。不过这次在欧洲产生了一个新现象。此时，几百年翻译古希腊、古罗马、伊斯兰学术经典的工作，经过几代学者的努力已近尾声，并借助活字印刷开始传播。部分学者通过学习思考，对上帝的认识与教会产生了严重分歧。不论是对天主教还是新教，他们越来越怀疑教会代言上帝对人、世界、宇宙做出的各种诠释判断。但是他们没有另立新教，也没有另立政治派别，只是著书立说，发表自己的见解。作为当时的异端，他们非常勇敢地开始了新的探索。

3.4 顶级“匠人”的知识水平

梵蒂冈除了圣彼得大教堂，还有很多其他建筑以前是教廷的办公地点，现在一部分改为博物馆。其中西斯廷教堂最为重要，是教皇的专用教堂。它和圣彼得大教堂的关系类似清朝故宫的养心殿和太和殿。教皇空位时，枢机团在此处选举新教皇。所以不难想象，在这里发生的故事要比圣彼得大教堂更复杂精彩。

梵蒂冈博物馆的文物多是靠自身积累起来的，与故宫博物院相似。这本是一个不应错过的景点，可惜我时运不济，经查询得知当日闭馆。我只能执着地绕行城墙，来到空荡荡的小广场上。站在博物馆门前，没有神迹出现，果然是闭馆。我望眼欲穿，幻想自己徜徉其间，欣赏藏品。这顿闭门羹令我更加饥肠辘辘，真想买张赎罪券，感动上帝放我进去。后来才知道，即使平日开放也是人山人海，通常要预约才有机会参观。我最想欣赏其中三幅大名鼎鼎的画作，分别是米开朗琪罗（1475 ~ 1564）的《创世纪》《最后的审判》和拉斐尔（1483 ~ 1520）的《雅典学院》。

《创世纪》是天顶画，约 580 平方米，300 多个人物，四年半完成。《最后的审判》是壁画，约 170 平方米，400 多个人物，六年完成。《雅典学院》也是壁画，约 30 平方米，50 多个人物，一年完成。三幅画皆享誉世界，这次错失机会，希望以后还有机会。两位艺术家再加上稍早的达·芬奇（1452 ~ 1519），被合称为文艺复兴中的美术三杰。三人所取得的成就是世界美术史上的一个顶峰，盛名至今不衰可为佐证。小时候我先看过达·芬奇和米开朗琪罗的大胡子形象，再比对拉斐尔的自画像，一度模糊地认为拉斐尔是一位女性，也是自己初识三杰时的一个小插曲。

文艺复兴是一个青春不老的话题，也是中国了解西方历史信息量较多的一个时期。但丁、彼得拉克、薄伽丘的文学作品现在已经很少有人去深究全貌，而直观的美术作品更容易把今人带入那个时代。把神画成人的微小突破，带来把神变成人、并让人成为人的历史巨变。蒙娜丽莎的恬静、年轻大卫的俊朗、西斯廷圣母的慈祥，画面和雕塑传递的信息无需太多的语言介绍，立体生动的场面大众都可以接受。

◎《雅典学院》，拉斐尔。

IONAS

中国的美术作品与欧洲除了艺术风格差异较大外，创作者的社会地位也有些不同。中国的创作者分为匠人与文人，有时候二者泾渭分明，有时候界限又模糊不清。中国早期并无匠人画、文人画之分，水平较高的宫廷画家是匠人的升级版，而且有官职。顾恺之、阎立本、吴道子、张择端等虽被尊为大家，但都是为宫廷官宦服务，匠气十足。魏晋南北朝时，豪门大族中的一些子弟开始有了创作文人画的追求及实践。宋朝时文化人口增多，苏轼、宋徽宗等人把绘画降为闲事，升为纯粹的精神追求，将浓郁的文人气质表现在绘画之中，把文人绘画从匠人绘画中彻底分离出来。也许这是一种至高的境界，可惜至高的境界不易延续，精神食粮不能替代五谷鱼肉，于是出现了画文人画的职业画家。明清的吴门画派、四僧四王、扬州八怪，直至近现代的张大千、齐白石等等。他们的作品都算是文人画，都可以明码标价，或者至少要以此来谋取社会地位。依然将绘画与铜臭分离的人也有，但是名气就不大了。金钱的力量在艺术创作中不可小视，毕竟画家也要吃饭，水平越高吃饭越容易。

美术是艺术的一个门类，属于造型艺术，可以分为绘画、雕塑（含雕刻）、建筑三种，在创作上有不同的技法要求。匠人只为谋生，作为群体，三种艺术类型都会涉足。中国的文人需要读经书、奔仕途，心怀家国天下，官本位色彩浓厚，为了保持姿态优雅，只在纸绢上绘画。画卷可以很长，但是画幅宽大的很少，因为不能登梯扶墙。匠人绘画类型多样，山西永乐宫的壁画、北京颐和园长廊的彩画、天津杨柳青的年画，异彩纷呈。在中国，大到亭台楼阁、石窟造像，小到糖人面人、雕虫小技，全是匠人所为。少有文人手拿锛凿斧锯将一块石头变成人头的事情发生，仅有的例外可能是一些文人拿着小刀自刻印章。

在中国评判美术作品时，习惯先分文人和匠人，再比较技巧和意境。将等级贵贱的社会条框延伸到评判作品水平高低上，带来的种种混乱难以理清。在欧洲美术史中，缺少文人和匠人的区别。作为专业人士，都靠卖艺为生，只有水平高低，包括米开朗琪罗和拉斐尔这样几乎被教皇和贵族终身雇佣的大家。古希腊、古罗马时代的美术作品多为雕塑与建筑，高级匠人就是艺术家，社会地位很高，很多

◎左图：《最后的审判》，米开朗琪罗。

◎《永乐宫壁画》，元。

人都有传记。文艺复兴时代名为复古，实为创新。造型艺术蓬勃发展，三杰是其中最耀眼的明珠，其下的三六九等被历史记载的很多。相比中国，匠人们多不为人知，有些幸运者在作品中留下张三李四的名号，后人也就仅仅知道名号，而不知其生平事迹。

文艺复兴时的很多艺术家都有驾驭多项艺术类型的才能。达·芬奇学识渊博，堪称鬼才，是那个时代百科全书式的人物。米开朗琪罗可能是历史上的唯一，他在绘画、雕塑、建筑三项均达到顶级水平。赞扬文艺复兴，不能就此妄下结论评判中西美术水平的高低；但有一点却很清楚，就是欧洲艺术家在美术上展现的知识水平比中国要高。当时的欧洲艺术家们为了工作，尤其在多领域工作，需要学习天文、代数、平面及立体几何、工程、机械、建筑等多种知识。这些知识与科学息息相关，知识水平越高，越有利于贴近现实的创作。中国主流文人正好相反，优秀的作品追求意境高远、闲情逸趣，经常是与现实越脱节，反而越容易获得赞扬。产量最大的中国写意画与西方传统的写实油画少有共同语言，却与现代抽象派更亲近，也是一件奇妙的事情。中国匠人的很多作品比较贴近现实的生产生活，但是主要靠经验积累，缺乏提升空间，一个突出的弱点是没能熟练掌握透视技巧。

如果仅仅在艺术的范畴内观察中国与欧洲艺术家的区别，优劣长短任人评说。但如果将视野扩大，问题就来了。近代解剖学的创始人维萨里是一位著名的医生，曾于1543年出版过一部影响深远的《人体构造》，其中配有很多精美的插图，极为逼真。距此不久，1601年明朝针灸学家杨继洲出版《针灸大全》，受到后辈同行的推崇，但其中的插图现在看来可谓是惨不忍睹，穴位图中的人形就如同蛤蟆精。幸亏经络本不存在，这针即使乱扎一通，也不会归咎于图像不准。

治病还有个体差异及寿命极限，天地对于人来说却是唯一永恒的，所以接下来的问题就更大了。伽利略、牛顿都不是艺术家，绘画水平应该很一般，可是他们的绘图技法与达·芬奇等人相同。伽利略观测月球表面的草图，与达·芬

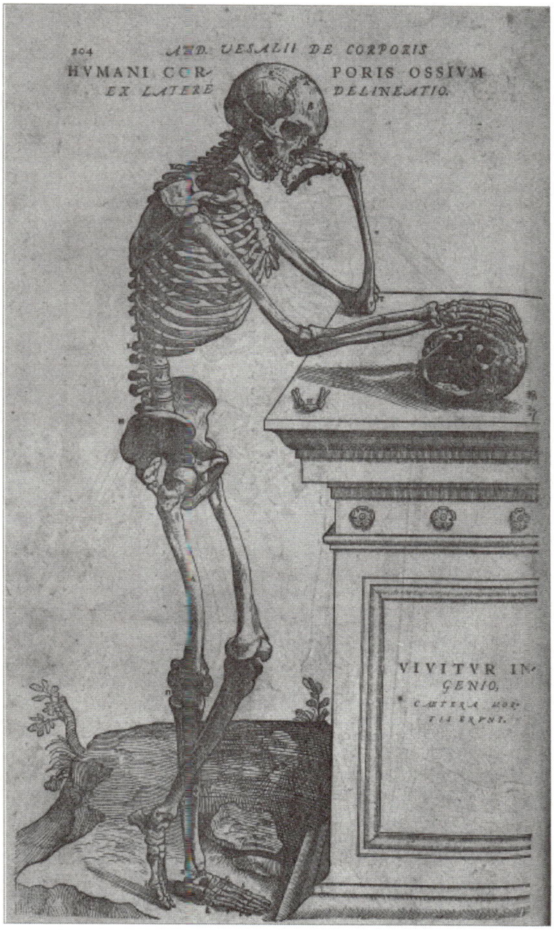

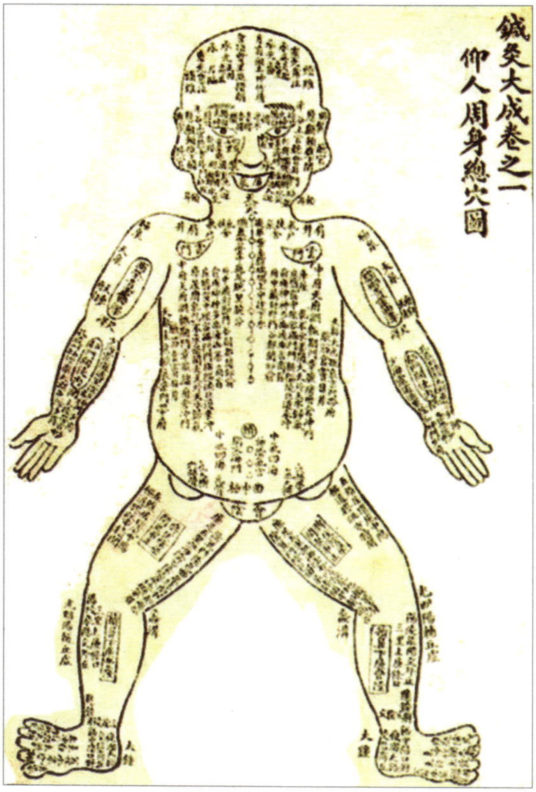

◎上图：《人体构造》中的骨骼和肌肉插图，由卡尔卡绘制，他是著名画家提香的弟子；左图：《针灸大全》中的总穴位图。

奇的很多设计草图就很相似，即使跟《蒙娜丽莎》相比，似乎驴唇不对马嘴，但是包含的透视原理和光影技法，却可以归为一个大类。反观中国，从各种美术作品到技术类书籍的插图，在技法上都很难看到与科学沾边的内容。所以东西方美术虽可以自成一派，但在艺术与科学的关系上，中国美术难窥门径。而在照相技术普及以前，透视绘画一直是很多学科科学家的重要基本功。

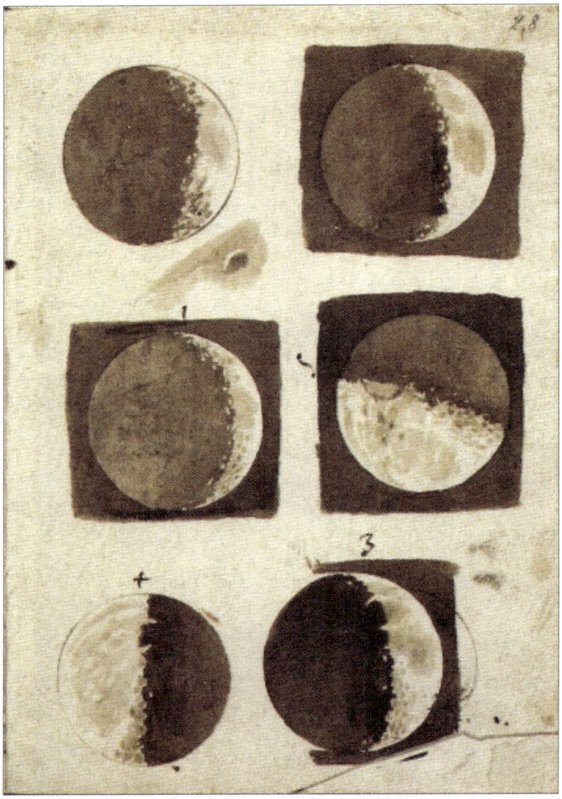
◎伽利略绘制的月球表面草图。

文艺复兴的成就不限于美术，文学、科学、宗教、政治、伦理等诸多方面都有突破。拜占庭衰落期间，一些希腊语学者已经带着古老的经典重返欧洲，十字军东征后收获更丰。欧洲人据此了解到本地区还曾经有过一个基督教以外的繁荣时代，延长了历史的跨度。商业中心人来人往，东方财富、域外奇闻都成为人们的谈资，撩拨着好事者的好奇心，拓宽了地域的广度。在历史和地域的双重扩展中，以意大利城市共和国为中心的欧洲人具有了全新的视野。人们开始淡化对神的迷恋，开始质疑神学；重新审视早期的古典学术，重新对人本身进行思考。当人文意识觉醒后，对现实社会的认识也随之发生了改变。

文艺复兴源于意大利，但当时的意大利和古希腊一样，并不是一个国家。这片土地同时存在教皇国、王国、公国、伯国和城市商业共和国，呈现出政治的多样性。商业共和国除了前面提到的威尼斯、热那亚，还有佛罗伦萨、锡耶纳等。佛罗伦萨根据意大利语发音也被译为翡冷翠，地处内陆，扼守亚平宁半岛的南北交通要道，

◎达·芬奇画的植物研究图。

早期军事地位较高。后来随着地区整体经济的发展，其商业中心的角色受到各方呵护，逐渐壮大，早期的重要支柱产业是羊毛纺织业。13世纪末期建立城市共和国，由贵族寡头统治。佛罗伦萨成为地区强国后，领土扩张动力不足，所以军事力量不如威尼斯、热那亚强大。经济方面的独特之处是改变了金融业依附于传统商业的模式，将其分离为单独行业，反过来影响商业。一个重要的结果是，15世纪靠金融业起家的美第奇家族取得统治权，建立僭主政治。

美第奇家族善于以钱生钱，甚至帮助罗马教廷理财。他们坐拥金山银山、生活奢华的同时，还以慷慨赞助文化事业著称于世，致使各路人杰很多都曾经驻足佛罗伦萨。文艺复兴的源头人物但丁曾在此生活创作，后继者更是英雄辈出，包括达·芬奇、马基雅维利、米开朗琪罗、拉斐尔、伽利略等等。文艺复兴是多点开花的产物，佛罗伦萨的地位更为突出，辉煌令后人瞠目。不过维持时间较短。随着欧洲经济中心向大西洋沿岸西移，佛罗伦萨和威尼斯等国一样，渐渐归于平庸。

意大利的几个城市共和国是当时欧洲的文化中心。文化中心不一定是政治中心，但必须是商业中心。因为人文精神不会从天而降，没有物质基础迟早喝西北风；所以要想文艺复兴，首先要商业复兴。当多个高度自治的商业中心同时出现，沉寂千余年的古希腊城邦，就会以一种全新的面貌得到重生，而几位大艺术家的作品不过是其中最吸引眼球的标志。

3.5 欧洲南北的风水轮流转

列车穿行在慕尼黑郊区，开往机场。轨道两旁的田园风光与意大利和希腊迥异，与中国北部的平原地带却很相似。旅游过程中三座主要城市雅典、罗马、慕尼黑，分别兴盛于欧洲历史的不同阶段。地理坐标的位置变化是，雅典到罗马是在地中海内部从东向西，罗马到慕尼黑是跨越阿尔卑斯山从南到北。慕尼黑在 12 世纪才建起小镇，繁荣始于 16 世纪以后。不仅是慕尼黑，巴黎、伦敦、莫斯科、柏林一些如雷贯耳的大城市都是在中世纪才陆续建立，并在文艺复兴后，渐渐夺走了罗马的光辉。这种南北转换是如何发生的呢？和中国宋朝时期出现的南北转换是否如出一辙呢？

欧洲大陆南北因地中海气候与温带海洋性气候、温带大陆性气候的差别以及

◎慕尼黑城市风光，远处是阿尔卑斯山。

其他地理差异，不仅造成早期的社会发展不同步，而且在漫长的中世纪也呈现出不同的景象。中世纪的前 500 年欧洲整体破败不堪。南方除了内乱，还受到拜占庭和伊斯兰势力的挤压，日子非常难过，经常要仰仗北方的军事支持。而北方尚处于蛮荒之中，除了开荒种地、封土建侯，还不能有更大的作为。11 世纪后情况有变，拜占庭和伊斯兰对南方的威胁减弱，地中海经济迅速恢复，南方经济实力胜过北方；加上罗马教廷取得崇高地位，南方又重新主导欧洲的政治走向，因此才会出现政教合一及十字军东征。但东征失败之后，欧洲北方的政治势力再次抬头，南北双方进入胶着状态。

将近两个世纪的十字军东征把欧洲搞得疲于奔命，之后的一段时期更是多灾多难。14 世纪上半叶发生大饥荒（1315 ~ 1322）和大瘟疫（1347 ~ 1349），尸骨遍地，哀嚎遍野，欧洲人口锐减三分之一，一片世界末日的景象。不过北方受害比南方还要严重。人们不清楚为何得罪了上帝，遭受如此惩罚。除了不断祈祷，就是迁怒弱者，犹太人、病人、残疾人、老妇人都可以被视为魔鬼处死。没有原因的惩罚之后是没有原因的奖赏，此后一个多世纪基本气候和暖、风调雨顺，粮食增产、人口增长，但主要受惠地区是北方。经过这样一番折腾，人们发现教会提供的各种消灾方法越来越不灵验，还是要靠自己的辛勤劳动才能克服困难。而教会在服务质量下降的同时并未减少收费，招致多方怨恨。

欧洲虽然没有出现信仰危机，但是教会的威望却在下降，至少王权已经蠢蠢欲动，加快向教会夺权的脚步。神圣罗马帝国皇帝腓特烈二世（1194 ~ 1250）先后与两任教皇公开冲突，在被开除、夺回教籍，胁迫、驱赶教皇的过程中，反复争斗。此后教廷希望借助法国国王的力量来对抗皇帝，没想到自食其果。1309 年教廷被迫迁至现在法国的阿维尼翁，沦为傀儡，直到 1377 年才重回罗马。后来称这一时期的教皇为“阿维尼翁之囚”。在此期间，自 1356 年起，神圣罗马帝国皇帝改由选帝侯选出，教皇的传统作用被排除在外。1378 年以后教会内部受多方左右，出现分裂，有时甚至同期存在三个教皇。乱象到 1418 年结束，教廷已经无力同新兴的王权抗争，世俗政权在经济领域逐渐蚕食教会的财富。这是顺应历史潮流的正常回归，因为此时宗教势力占有大量财富已经无助于社会发展。

在南方着重发展商业的同时，北方有一件事也在缓慢进行，就是农奴制度的衰落。封建制和农奴制经常被指为同一种制度，也可以合称为封建农奴制，只是关注重点不同。底层民众在农业社会的不同时期有不同的称谓，如奴隶、隶农、农奴、农民等等。用是否拥有土地或自由支配产品等作为划分标准，略显复杂。考虑到底层民众在早期农业社会作为生产工具依附于他人，而后期作为自由人存在，那么用一个标准，即“是否拥有人身自由”来划分，可能简单一些。不妨将农业社会简单分成两个阶段：农奴社会（包括奴隶社会）和农民社会。概念上一刀切之后，对农奴和自由民的界定也并不容易，因为“拥有人身自由”在漫长的农业社会是一个动态的概念，其外延是受到其内涵的递进限制的，主要取决于对农地的依赖度和迁徙的自由度。从人身不自由到自由，如果数量出现剧烈变动，以及自耕农、佃农、失地贫农三者间数量出现剧烈变动，一般都会引发社会变革。如果其中自由民向城镇转移数量巨大，引发的社会变革会更大。

当时欧洲的农奴主要在北方，严格说来是西欧北部。在这一时期发生了一次较大的人口流动和职业转换。人口数量的增长、农业技术的提高、高产作物的种植、新型的土地兼并、受纺织业带动的畜牧业繁荣，以及城镇新兴产业的发展、更多新职业的出现，这一系列的变化，共同导致的结果是农奴数量减少、自由民数量增加，农业人口比例下降、城镇人口比例上升。农民进城，无论是主动或被动，最后都摆脱了对农地的依赖。农民变身市民，极大丰富了城市社会的多样性，其中的优秀分子有了更多的发挥空间。正因为农业技术和工商业技术的同时进步，人口转移得以顺利完成。尽管转移数量占总人口的比例还不是很大，但对于欧洲北方来说却是重要的一步。

农奴变身为自由民之后，与商人、国王结成不稳定的利益联盟，经过长期孕育，通过各种流血或不流血的斗争，最终在中世纪末期，导致了巨大的社会变动。不过农奴制在西方社会彻底消亡的过程并非一日之功，而是依不同的综合情况从先进地区向落后地区蔓延，非常缓慢并且彼此关联。阿尔卑斯山脉以南农奴制削弱，以北兴起；西欧削弱、东欧兴起；欧洲削弱、美洲兴起。因为在农业生产实现机械化之前，在政治不统一的自由大市场里，农奴制下依靠人力生产的农产品，在价格上更具有竞争力，长期不可或缺。这与中国很早就实现政治大一统、周边地区农耕落后，逐渐形成的农民社会有很大不同。

◎马基雅维利

国王、新兴商人和自由民结成的联盟，除了从教会夺取权利，同时也向封建主发起进攻。这种进攻不是整体消灭，而是大吃小、小被吃的土地兼并。过程中由于火炮的使用效率大大提高，一座座小城堡被轰得灰飞烟灭，一个个小封建主与骑士制度共同消亡。以往因割据形成的农业低效、商业重税局面得到重大改观。自由民的人数大大增加，他们越来越热爱国王。虽然耕地在名义上可能还不属于他们，但是由于赋税相应减少，他们对收成拥有了更大的支配权。商人也越来越热爱国王，喜欢为国王服务，经常一起商量如何做大生意。国王不再是众多贵族中排名第一的那位盟主，而是逐渐成为国家不可或缺的绝对权威和领导。意大利学者马基雅维利（1469 ~ 1527）的名著《君主论》适时推出，为由国王主导的中央集权大唱赞歌。从实践到理论，再从理论到实践，更大的社会变革在欧洲已经不可阻挡。

英国和法国由于历史恩怨，爆发了百年战争（1337 ~ 1453），加快了欧洲变革的进程。1328 年法国卡佩王朝绝嗣，旁支瓦卢瓦王朝的腓力六世继位，英国金雀花王朝的爱德华三世认为自己也有继位资格，双方互不相让，为此大打出手。英格兰国王在欧洲大陆享有领地，为了这部分领土，两国断断续续打了一百多年，其中圣女贞德的矫健身影是最亮丽的风景。战争后期，英国越来越被动，认识到固守欧洲大陆的领地没有更多益处。战争结果以英国改变国策、法国获胜而告终，英国仅保留加来一地（于 1558 年被法国收复）。其实百年战争英法两国都是赢家——国家意识形成，王权扩大，贵族势力削弱——为两国后来争霸世界、称霸世界打下坚实基础。英国更是摆脱大陆领土的束缚，从此身轻如燕，专注于在大不列颠岛发展，终成正果。

不过欧洲北方发生的变化也不尽相同，德意志的北部地区就非常适时地扮演了另一种角色。凭借多条内河与波罗的海和北海的航运联系，当地贵族与商人联手在商贸领域大展宏图，与地中海经济圈相呼应，在欧洲北方构建了一个全新的波罗的海和北海经济圈。随着一座座新城市的建立和繁荣，为了垄断商业利益，该地区形成了类似古希腊城邦之间结盟的汉萨（德语意思为“会馆”）商业城市同盟。

◎《圣女贞德》，1505 年。

汉萨同盟在 14 世纪中叶至 15 世纪中叶的百余年间达到鼎盛，为欧洲北方的经济发展立下大功，为很多国家增强王权助一臂之力。不过汉萨同盟与意大利的城市共和国一样，随着大西洋沿岸经济的腾飞，都难逃衰落的命运。

1500 年前后欧洲出现的大航海、宗教改革、文艺复兴，因对后世影响巨大，令人啧啧称奇。几件大事几乎同时出现，又相互关联。大航海出现在欧洲西南角的葡萄牙和西班牙，起因是寻求商业利益。宗教改革出现在欧洲北方，起因是反对教廷、君主夺权。文艺复兴如果从先驱但丁（1265 ~ 1321）算起，在 14 世纪初已经发生，起因是意大利众多城市共和国商业繁荣，催生文化人口增加，人文意识觉醒。大航海扩展了生存空间，宗教改革推进了政治制度，文艺复兴收获了思想成果。

大航海、宗教改革、文艺复兴开花之地各不相同，最后获益最大的却全在欧洲北方，启蒙运动和工业革命是最终成果。再往上溯，两千多年来，南欧三大半岛从东到西顺次为欧洲带来能量和荣耀，古希腊、古罗马、教廷、意大利城市共和国、葡萄牙、西班牙一一登场。但文艺复兴却成为地中海最后的绝唱，将欧洲北方扶上马又送一程。西班牙帝国也是最后的辉煌，作为大航海的直接受益人，美洲金银却源源不断流向北方，到头来都是为他人做嫁衣裳。后来的历史进程表明南欧气数已尽，那么北方因何蒸蒸日上呢？

从罗马帝国灭亡到文艺复兴结束，在阿尔卑斯山脉南北差异的地理背景下，教权与君权、中央与封建不断缠斗，有一条南北彼此争权又相互依赖的路线图。大致情况是，前五百年北方军事优势明显，后五百年南方经济优势明显。但是这种此消彼长的游戏，在16世纪末、17世纪初接近尾声。北方经过千年成长，广阔的地域、可靠的农业、充足的人口，这些南方都不具备的优势，成为北方后来居上的坚实基础。从16世纪开始，北方对南方的依赖和崇敬在同步消退。西班牙强盛之时，挟教皇以令诸王，可是对北方的影响越来越弱。以英法为代表的欧洲北方厚积薄发、雄心万丈，自谋发展、另创新路的意味越来越强，而当时同属北方的德意志和俄罗斯，在历史导演的安排下，尚在候场热身之中。

欧洲从南到北，从地中海式气候到温带海洋性气候，再到温带大陆性气候，不同地域的社会发展过程，表现出的差异性和独立性非常明显。如果跟中国对比，简直是天壤之别。中国长江流域乃至珠江流域的社会发展，只是黄河流域的简单复制，是亚热带季风气候和温带季风气候的无缝联接。宋元明清没有孕育出有别于秦汉隋唐的重大新花样。人多地少的农耕困境循环往复，程朱理学不过是步孔孟之道的后尘，而且国家形成了北方军事强、南方经济强的格局。为了安全统一，南北相互制衡掣肘，道路越走越窄，创新活力渐失。而欧洲北方却没有继续中世纪的老路，完成了军事和经济共同超越南方的历史性转换，连天主教的精神统一都被抛弃了。

要想持续发展，最好还要借助大量资本提高全社会经济的运转活力，实现对各种资源的高效配置。同时，资本要摆脱以往对农业用地的过度依赖，才能发挥最大的能量。16世纪前后，欧洲发现了几处小型银矿，为活跃商业提供了帮助，但很快就陷入资源枯竭。恰逢其时，自16世纪40年代起，美洲几处大型金银矿陆续投产，金银持续增量流入欧洲，新鲜的血液让心脏澎湃跳动，欧洲彻底摆脱了钱荒的窘境。对于美洲金银在欧洲现代化进程中的历史作用历来评价很高，甚至有些观点视其为决定性作用。其实欧洲重要的社会变革基础在美洲金银流入前已经奠定，此后只是起到了重要的辅助作用，没有必要过分夸大。

◎美洲金银流入前，欧洲贵金属货币普遍小薄轻，此后大厚重。以西班牙的主币变化为例，左为16世纪初1里亚尔银币，重3.2克，直径2.4厘米，右为16世纪末8里亚尔银币，重27克，直径近4厘米。当8里亚尔升为主币后，1里亚尔降为辅币。

欧洲北方已经蓄势待发，照此路径发展下去，无非是大航海找到了新土地，增加了一些财富；宗教改革令君主扩大了权力，改变了一些社会结构；文艺复兴质疑了老上帝，出现了一些新思想。尽管有这些新花样，还是没能摆脱与前辈大富大贵相似的老套路。但这只是明修栈道，暗度陈仓是在无意中完成的。在大航海、宗教改革、文艺复兴的合力作用下，结出了一枚金苹果。自人类进入文明时代，这枚金苹果可谓来之不易，大约三千年才开花，两千年才结果。人类的知识体系因它要推倒重来，也因它引发了无休止的论战。

这枚金苹果就是科学。

3.6 求真，以科学的名义

台伯河是罗马市的母亲河，贯穿市中心。正值枯水季节，河水舒缓，河面较低，不时见到几人在悠闲地垂钓。我这个外乡人与周边的慢节奏极不协调，为赶往梵蒂冈，不时还要加快脚步。用中国效率在欧洲旅游，结果忙中出错，错过了一个叫鲜花广场的景点。它离台伯河很近，因广场上矗立着布鲁诺的雕像而闻名。

布鲁诺（1548 ~ 1600）出身于那不勒斯附近一个破落小贵族家庭。那不勒斯也是文艺复兴的重镇之一，布鲁诺青年时进该市教会的隐修院学习，因表现出异端思想，于1576年离开家乡，开始流浪生涯。此后十几年，布鲁诺周游列国，时而座上宾，时而阶下囚。他到过瑞士、法国、英国、德意志，最后回到意大利。布鲁诺继承和发展哥白尼的学说，提出宇宙无限论及多个世界论。他的异端思想既不容于天主教，也不被新教接受，最后落于教廷之手。由于死不悔改，关押七年之后在鲜花广场被烧死。为避免追随者纪念，骨灰被扔进台伯河，流入大海。

◎罗马鲜花广场上的布鲁诺雕像。

哥白尼（1473 ~ 1543）在临终前出版的《天体运行论》中，详述了自己主张的日心说理论，这在科学史中被称为“哥白尼革命”，也被视为科学革命的开端。布鲁诺对科学研究所下功夫不多，如果置身于古希腊，可以称为科学家，但是因为在哥白尼之后，所以他更像是

◎哥白尼在进行天文观测。

一位科学思想的传播者。正由于此，布鲁诺的言行非常容易被教会抓住把柄，再加上宁死不屈的性格，最终导致惨剧发生。相比之下，伽利略（1564 ~ 1642）更幸运一些。

依据当时的社会环境，布鲁诺和古希腊的苏格拉底一样，也是“罪有应得”。苏格拉底之死被民主人士释为一次失误，同样布鲁诺之死也被宗教人士释为一次失误。辩解都具有一定的合理性，因为雅典的民主制度没有毒死所有的思想家，罗马教廷也没有烧死所有的科学人士。布鲁诺在科学史中的地位没有苏格拉底在哲学史中那样重要，但他却是死于宗教势力的最著名科学人士。随着科学在人类社会中的地位上升，他的死就越发显得伟大。再加上鲜花广场的曼妙名称，烈火中永生的惨烈和悲壮，都极富艺术感染力，布鲁诺逐渐获得了万众敬仰的殊荣。

纵观世界历史，各地区的主流宗教势力剿灭异端思想是一种常见的行为，和政治斗争的道理一样。但是随着时光流逝，很多错杀滥杀已经没有斤斤计较的必要，而应该将事件置于历史环境中讨论，淡化道德层面的批判。不过布鲁诺之死有些特殊。事件本身像一个斗士还在坚持战斗，让天主教不时处于尴尬之中。这种尴尬，婆罗门教、佛教、伊斯兰教、东正教，甚至儒家都没有过。

除欧洲以外，世界其他地区是否产生过真正的科学，一直存在争议。要是严格与欧洲比较就不难看出，其他地区没有形成过系统的科学知识体系，只是产生过某些具有科学性的知识。如果据此认为各地区都有古代科学，则在欧亚大陆，可以分为欧洲、西亚（以伊斯兰为主）、南亚（以印度为主）、东亚（以中国为主）四个主要地区。古代西亚科学与欧洲科学的关系非常复杂，可以说是同宗同源，相互影响，共同发展，在欧洲科学的起步和低迷阶段都曾发挥过重要作用；类似基督教与伊斯兰教的关系，不过最终分道扬镳。印度与中国相对孤立，但是非常令人遗憾，对于科学发展而言，这种孤立并非好事。

◎伽利略向威尼斯权贵介绍如何使用望远镜。

具有好奇心是人类共有的天性，科学的诞生就是从人类对自然的好奇开始的。日出日落、万物兴衰，都能激发人类的求知欲，但是观察自然现象只是科学知识积累的第一步。两河流域、古埃及都有丰富的遗存。中国在这方面也是佼佼者，像一名善于做笔记的学生，有很多世界第一。例如哈雷彗星，中国春秋时期就有明确记载，之后连续记载多次。而英国天文学家哈雷（1656 ~ 1742）根据欧洲天文记录，发现彗星有每隔 76 年出现的规律，于是推测其为同一颗彗星。哈雷去世后，1759 年这颗彗星再次光临，证明了哈雷的预测。而在中国只是又多了一次扫帚星的记载。没有进一步的思考，再多的观测也看不到自己脚下的这个星星，更别说发现万有引力定律了。

哈雷向前多走这一步，看似简单，实际揭示出欧洲科学传统的另一面。积累知识在世界具有普遍性，但是科学方法的形成唯独出现在欧洲，最早出现在古希腊（从广义上说，科学方法也属于科学知识，不过在此有必要以示区别）。科学方法的关键之一是要把现象的成因和结果给出合理的解释，并必须做到自洽，而且越简单越好。这一方法可以称为逻辑论证。

世界其他地区，借助神话传说、宗教图腾、巫师哲人各种各样缺乏理性逻辑的方法来解释自然现象，成为共识后很少会有人再产生疑问。而古希腊人中的某些精英比较特殊，他们将大自然视为一个有规律可循的整体看待，把各种现象联系起来，由一个问题衍生出多个问题，希望能从自然本身找出答案；并且在每个问题得出答案后，还要看各答案之间是否有矛盾，再做进一步的逻辑论证；而每当发现一种新现象，又会挑战已有的认识。正是通过这样的循环往复，他们不断完善这套知识体系。以今天的标准看，古希腊的科学知识固然只能属于“小儿科”，科学方法在细节上也多有谬误；但是宏观层面的科学方法一开始就踏上了正确的道路，简单来说就是避开了怪力乱神，与巫学分道扬镳，用理性看待一切。科学方法在古希腊出现的原因讨论起来非常复杂，但答案也可以很简单。考虑到古希腊独特的商业、政治等等都与地理因素有关，那么科学方法可能也不例外。古希腊的一群有闲、有钱、有文化的人，面对妻儿思考不出什么科学问题，而面对以爱琴海为主的复杂地理环境，白天远眺大海，夜晚仰望星空，也许会有些灵感。

比如，观察太阳的升落是人类初期认识自然现象的共有经历，历法、天文、农业都与此有关。大部分地区的人们生活在内陆，只能看到太阳地升地落的景象，今天也是如此。古希腊人不同，海洋对于科学的诞生及发展似乎存在某种魔力。希腊城邦米利都和雅典都是当时的经济、文化中心，分处爱琴海的东西两端。在米利都地区可以看见太阳地升海落，在雅典地区是海升地落。不仅如此，在某个海岛上可以看见太阳海升海落，深入一点的陆地是地升地落。相对狭小的时空内可以观察到四种现象，如此复杂的局面，如果只给出一个神话般的解释，恐怕连神仙都不会满意。在继续钻研、寻找能够解释各种现象的过程中，以致于有人得出地球自转，同时围绕太阳运转的超前结论。而在其他地区，太阳的升落早已有各自标准的错误答案，无需再做进一步研究。一群古希腊人就这样交流讨论，寻找答案，还使用数学来测算、验证。在没有商业利益、战争硝烟、权力争夺的平淡过程中，一步步满足自己的好奇心，也炼就了神奇的科学方法。古希腊人见多识广，所提问题的质量非常高。没有答案，就将问题留给后人。反观中国，生活无忧的文化人闲暇时多醉心于琴棋书画、炼丹养生，虽生于天地间，也能悟到一些奇妙，但是很难形成科学方法。

古希腊衰落之后，经过希腊化时代，科学传统被罗马帝国继承，亚历山大港、罗马、君士坦丁堡都担当过科学中心的重任。中世纪开始，科学发展在欧洲出现停滞。通常认为这一时期的科学传统被拜占庭和伊斯兰继承，十字军东征和奥斯曼帝国兴起后，才回归欧洲，直到文艺复兴时期科学在意大利复活。这种认识的偏颇之处在于将科学传统仅限于科学知识，而忽视了科学方法。拜占庭和伊斯兰的科学成就不容否认，但在科学方法上其实是对古希腊的抛弃，否则现代科学更应该出现在亚洲，而不是欧洲。从大范围来看，科学传统中最重要的科学方法并没有离开地中海；从小范围来看，直接继承者就是基督教中的天主教。

基督教兴盛之后，抛弃了与宗教相悖的科学知识，但是由于和古希腊、古罗马地域相同，不免将部分科学知识吸收入神学知识体系，更重要的是不自觉地将科学方法应用于宗教理论。比如罗马帝国前期的科学家托勒密（90？～168）主张地心说，将其他恒星、行星都视为在某个轨道上围绕着地球运行。这个错误的结论在科学史中却具有重要地位，因为他能基于当时的观测水平，较好地解释了望远镜发明以前的各种天文观测现象，所以从某种角度看，其科学方法是正确的。托勒密的地心说与《圣经》中所描绘的宇宙景象有不谋而合之处，因此得到了基督教的重视，成为支撑神学知识体系的重要支柱。根据地心说理论构造的模型最初非常简单，但是随着观测资料的增多，神学家们不断添加轨道，改进地心说，到15世纪，轨道数已多达八十多条。此时的地心说理论和天文观测矛盾加剧，破绽百出。波兰天文学家哥白尼经过多年观测，化繁为简，提出日心说。他将太阳和地球的位置对调，实现乾坤大挪移，重创了上帝创造的完美宇宙。日心说离经叛道，新教领袖路德都斥责哥白尼愚蠢。但不能否认的是，哥白尼本人就是一名教士，观测地点是教会的天文台，他是天主教体系内的反叛者。地心说是错误的，但日心说也仅限于太阳系。可以说从托勒密到哥白尼，增长的是科学知识，不变的是科学方法。

天主教由于继承了科学方法，所以在构建宗教理论时比其他宗教要辛苦。因为一个谎言要用一千个谎言来遮掩，一个神迹要用一千个神迹来辅助，而且还要构造谎言和神迹之间的逻辑联系，甚至用严格的逻辑推理来论证上帝的存在。神学家们对于民间和自己提出的“十万个为什么”都希望能给出标准答案，不仅给许多名词下严格的定义，而且涉猎广泛，考证圣物（圣杯、裹尸布）的真实性，研究天使的大小重量，在结论、数字、年份方面留下一连串的荒诞。谎言和神迹重复千万遍，传承千百年也不能成真，但是天主教对于作茧自缚乐此不疲，艰辛论证的最终实际效果是在反驳和推翻自己的理论。

比如世界和人类起源的时间问题，世界其他宗教和哲人们大都回避具体年份，根本不思考或者用几句深奥的话轻轻带过。但是在天主教中，这是一个必须有标准答案的问题。他们依据《圣经》和其他历史文献，推算出各种上帝创世纪的具体年代，基本都处于几千年到一万年的区间内。因为答案各不相同，所以论证永无休止。认为地球的历史只有几千年，这样的结论现在看很无知，但当年却是学者辛苦之后的学术成果。

荒诞的知识只是一面，理性的方法是另一面。在 13 世纪十字军东征之后，拉丁世界最重要的学术进步是经过对大量希腊文和阿拉伯文著作的翻译，重新发现了亚里士多德。神学家兼主教大阿尔伯特（1200 ~ 1280）注释了亚里士多德的全部著作，极力调和神学与自然哲学之间的矛盾，认为信仰和理性可以并存。他的学生，另一位神学家阿奎那（1225 ~ 1274）著有《神学大全》一书，是宗教理论的扛鼎之作，被教廷钦点为经典。书中明确引入亚里士多德的理性逻辑思维，而在此之前亚里士多德的思想因为过于世俗，长期被禁止传播。古希腊的学术成就和天主教神学的结合，只能将荒诞的知识推向极致，而理性的思维无形中为现代科学的诞生埋下伏笔。最终在文艺复兴中，经过一批神学家兼科学家的努力，由科学知识和科学方法导出了广义的现代物理学。不过受时代所限，科学革命时期的科学家，不是在否定上帝，而是在完善上帝，或者说是推翻老上帝，塑造新上帝，区别的标志是构建出不同于神学的知识体系。所以在表面上，科学与神学还在一个上帝之下，实质上已经决裂，因为科学命中注定最终是要告别上帝的。

◎大阿尔伯特

天主教和科学有相关性，却无因果性，科学火种播撒的时间要比天主教早。二者因孕育于同一片地理区域，出现交集并产生纠葛是历史的宿命，冰与火的对抗远远超过其他宗教那些空泛的辩论。天主教设立神学院，建立大学，本意是希望培养有知识的信徒，没想到最后却培养出一批更有知识的“叛徒”。而经历过这一特殊岁月后，天主教从此和其他宗教无异。

◎阿奎那

文艺复兴时期在科学知识方面的成就有目共睹，但也只是科学大厦的一层基石，而科学方法中实验验证的完善才是创造性的核心内容。实验行为在很多地区的早期历史中都曾经出现过，但是方法简陋，也很难与逻辑论证有效结合。古希腊在科学上裹足不前，一个主要原因就是缺少实验验证。文艺复兴后期，由于重复观测和数学计算在天文学上的成功，学者们开始重视模拟研究对象并进行实验和计算。实验方法取得突破的关键性人物是伽利略。他开始尝试进行系统的实验，排除不相关因素的干扰、反复对照测量，从而获得某种发现。在这一过程中，伽利略把数学作为描述自然界的语言，并用数学语言来分析和描述实验的结果，通过数学和实验的结合，把抽象的科学知识和具体的事物现象做了有效连接。至此，实验验证已经不再是支撑科学大厦的另一根顶梁柱那么简单了，而成了戳破所有非科学知识体系的利器。正如伽利略在《关于托勒密和哥白尼两大世界体系的对话》一书中明确指出的那样：科学必须立足于观察和实验，不能依赖权威和传统。

自然科学的两大基石是数学和物理学。对于科学方法而言，逻辑论证的核心是数学，实验验证的核心是物理学。二者结合之后的效果惊世骇俗，牛顿于1687年出版的巨著书名就是《自然哲学之数学原理》。不过在实验验证尚不完备、科学知识尚在积累的初级阶段，科学与神学还能混在一起内斗。此后，科学则暂时被重新纳入哲学的范畴，公开与神学对抗。

科学进步离不开技术进步。文艺复兴前后，一批精密仪器被工匠们发明制造出来，并在科学家的指导下得到改进，如望远镜、显微镜、钟表等等。在这些仪

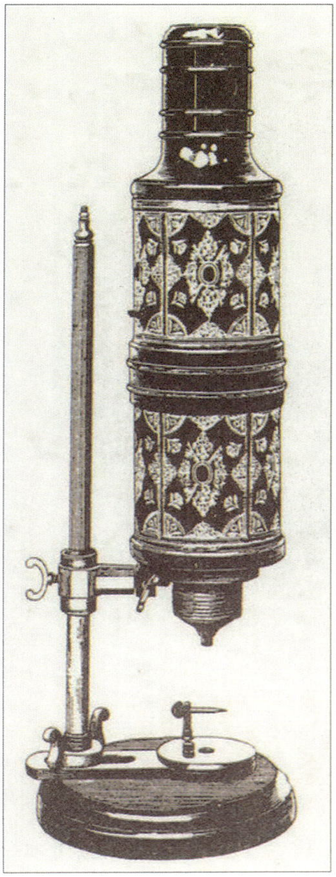

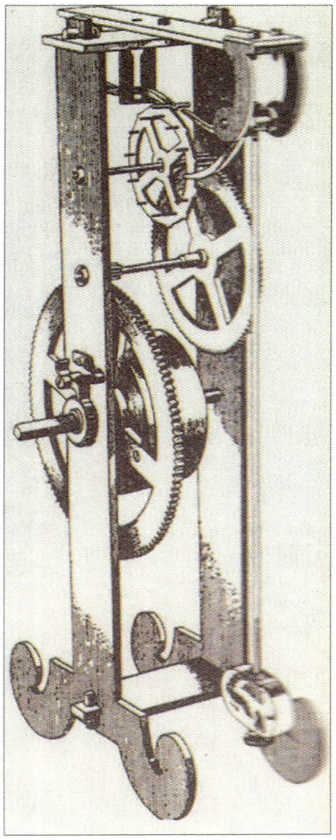

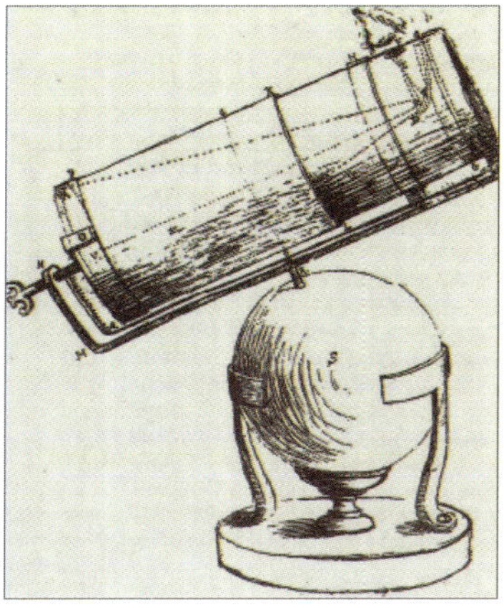

◎胡克的显微镜(左)、伽利略的钟摆擒纵机构(中)和牛顿的望远镜。

器的帮助下，科学家扩大了观测范围，测量更加精准。另外，航海业对科学一直有启迪、助推、验证的作用，从古希腊到文艺复兴都是如此。相比于南地中海沿岸的平缓，北地中海可谓百转千回，仿佛人的大脑拥有更多的沟回一般，在海上发生的故事也多。大航海之后，欧洲人地跨大西洋两岸，甚至绕着地球思考问题，比古希腊人更加见多识广，也更能促进科学的发展。

现在可以举出很多天主教压制科学的故事，其实当年科学只是多种异端中的一种。天主教也压制迷信、巫术等等，认为它们都是妖言惑众，在抢自己的饭碗。烧死布鲁诺是天主教犯下的大错，意大利统一后，政府为纪念这位科学人士，同时出于压制教廷的目的，于1887年为其建立雕像。教廷于1889年承认错误，为布鲁诺平反昭雪。一桩历史公案在程序上终于完结，但是宗教和科学的矛盾永远不会完结。

宗教是人类为缓解无知和愚昧发明的安慰剂、止疼片、麻醉药，科学是人类为战胜无知和愚昧，通过理性发现的超级武器。从经济的角度看，宗教的物“美”价廉是科学不能比拟的，因为理解科学更困难，花费更高。科学的魅力如果不经过现代教育加以强化，很多人无法享受，宗教则不然。

科学早期的发展虽然与质疑宗教有关，但更大的目标是求真，与世俗功利无关。“桃李不言，下自成蹊”，这句话用来形容科学最为恰当。客观世界的真相只有一种，虚假的描述何止千千万万，而人类的内心深处永远存在对真的渴望。科学一出，经天纬地，云游四方，神鬼皆惊。科学不死守经典，只完善知识和方法，并且天下一统，别无分号，真是非常神奇。

3.7 勒班陀海战后西欧转换战场

离开奥林匹亚，坐上开往科林斯的火车，闭目养神一段时间后，突然发现火车居然在离海岸线几十米处行驶。秀美的海景随着火车的移动不断变化，非常养眼。展开希腊地图，发现伯罗奔尼撒半岛与希腊半岛距离很近，西部的帕特雷湾和东部的科林西亚湾连成一道狭长的海湾。伯罗奔尼撒半岛北部的铁轨几乎都沿着海岸线铺设。能够这样建设铁路，除了陆地地质条件允许外，相邻的海洋必须温顺，否则就会上演水漫铁路的大戏。海湾连接伊奥尼亚海，是希腊和意大利之间的重要通道，在古代具有很高的商业和军事价值。我突然想起，奥斯曼帝国和欧洲联军打过一场名为勒班陀的海战，不知是否发生在这一海域。仔细查看地图，却没有发现叫“勒班陀”的地方。

◎马德里西班牙广场上的塞万提斯纪念碑及堂吉诃德和仆人桑丘的铜像。

旅游结束后查阅资料，证明自己没有猜错，1571年勒班陀海战就发生在帕特雷湾。战役的名称来源于海湾北部的一处奥斯曼军港，该地现在叫纳夫帕克托斯，估计是希腊独立以后改名的。我能模糊地记得这场海战，主要是因为一名西班牙的年轻士兵参加了战斗，还失去左手。对于文学史而言，损失不算大，因为写作凭一只右手就可以完成。年轻人叫塞万提斯（1547 ~ 1616），后来写过一部小说叫《堂吉诃德》。主人公堂吉诃德和他的仆人桑丘，还有那匹劣马和风车，都是文学史中的经典形象。塞万提斯讽刺腐朽的骑士制度，小说中也隐含对自己复杂人生的总结，其中勒班陀海战便是他刻骨铭心的记忆。奥斯曼和西班牙处于地中海的东西两端，相隔遥远，是什么原因让文学青年塞万提斯参加了这场战斗呢？

西班牙和葡萄牙开展海上探险活动后，都有殖民地入账。1494 年，两国得到教皇认可，在西班牙的托德西利亚斯签订条约。条约规定，除基督教世界外，以西经 46° 附近的一条经线为分界，将地球平分。西部为西班牙势力范围，主要是美洲；东部属于葡萄牙，主要是非洲和亚洲。这是一份非常夸张的条约，即使二战后美苏两霸也不敢如此明目张胆的合作。西班牙和葡萄牙作为两个最早的海上探险国，狂妄的同时，也表现出儿童般的天真与浪漫。现在众多的拉丁美洲国家都讲西班牙语，而巴西讲葡萄牙语，就是受这条经线的影响，因为巴西的位置在经线以东。不过其他各国崛起后，只承认有效占领，该条约必然作废。

《托德西利亚斯条约》的历史作用是避免早期两国爆发海上争端，让两国按区域各自发展。初期葡萄牙在与东方的贸易中获利丰厚，西班牙相形见绌。16 世纪上半叶，美洲发现大量金银矿，天上掉钱的奇迹瞬间改变了国家的命运，西班牙以火箭般的速度实现了财富增长。其实早在西班牙完成统一后，触角已经向外延伸。当美洲贸易的因素加入后，西班牙经济强国、军事强国、政治强国的级别跳跃式提高。卡洛斯一世（1500 ~ 1558）当政时期，借助哈布斯堡王朝复杂的婚姻关系，还成为神圣罗马帝国皇帝（查理五世）、西西里和那不勒斯国王，控制着德意志和意大利地区，变身为欧洲老大；并且和教廷联手，对内是维护天主教、镇压新教的急先锋，对外担当抗击奥斯曼帝国的重任。

1504 年起，西班牙开始派遣总督对西西里岛和那不勒斯进行管理。塞万提斯出身破落贵族，完成学业后到意大利来闯世界。他希望当一名战士建功立业，成就荣华富贵，其行动方向和哥伦布相反，于是有机会参加 1571 年发生的勒班陀海战。

引发这场战争的直接原因是塞浦路斯问题。塞浦路斯岛位于地中海东端，小亚细亚半岛的南面，在历史归属上曾几易其主。15世纪成为威尼斯共和国的属地时，居民主要是希腊人。奥斯曼与威尼斯不和，1570年出兵占领塞浦路斯岛，并向岛上大量移民，安置奥斯曼土耳其人，造成该岛希土两种文化并存。现在塞浦路斯依然分裂，也是希腊和土耳其两国和解的主要障碍，症结就源于1570年的冲突。

在奥斯曼帝国面前，欧洲军事实力较弱，一百多年来一直处于守势。1566年苏莱曼一世去世，标志着奥斯曼帝国最强大的时代结束。此次威尼斯利益受损，于是在欧洲经过一番煽动，由多国海军组成神圣同盟。部分战船还配备了先进的火炮和火绳枪，伺机向奥斯曼进攻，准备收复所有被占领的基督教世界。新兴的西班牙想树立威望，派出重兵。联军在帕特雷湾觅得战机，乘奥斯曼海军准备不足之际展开进攻，结果斩杀对方的总司令，联军大获全胜。

喜讯让整个欧洲沸腾，这是对奥斯曼人的首次重大胜利。基督徒们开始畅想如何与对手展开决战，何时能够收复圣城。但是理想很快破灭了，奥斯曼依靠雄厚的国力，迅速恢复海军力量，并且也配备了新型火器。第二年就重新控制了东地中海，同时利用外交手段瓦解欧洲联盟，与威尼斯签订了新的商业和约。随后

◎勒班陀海战中双方在狭小的帕特雷湾厮杀，绘于16世纪晚期。

几年，奥斯曼军队袭扰意大利、占领突尼斯、控制西地中海，欧洲各国又不得不与之恢复到不和谐的相持状态。而塞万提斯身残志不残，依然积极参与零星的战斗，结果寸功未立，还被海盗俘获。在阿尔及尔囚禁五年后，1580 年才被家人重金赎出。塞万提斯青春已逝，回国后的经历也不顺利，身为骑士精神的受害者，于是寄情文学创作，宣泄不满。

勒班陀海战没有改变当时地中海的政治格局，却具有重要的军事意义。战斗中，奥斯曼舰队遵循二千多年的海战传统，主要使用桨帆船，依然采用撞击和接舷战术。而欧洲联军主要使用风帆船，获胜的关键是多种火器配合应用，使远距离攻击成为可能。从此，海战场面大为改观，炮声越来越响，传统战术被抛弃，进而桨帆舰队被大三角风帆舰队逐渐取代。

勒班陀海战后，奥斯曼能够重新在地中海获得主动，另外一个更主要的原因是西欧各国对地中海早已兴趣大减。政治抱负抵不过经济利益，只要没有重大的直接威胁，根本无人恋战。像塞万提斯这样“不识时务”的人已非主流。他当初如果不是选择向东来战斗，而是向西去创业，说不定西班牙会多一位殖民暴发户。当然，人类的文学殿堂肯定会少一部巨著。

◎盖伦帆船是克拉克帆船和卡拉维尔帆船的改进型，更适宜在大洋中航行，16～18世纪被欧洲强国广泛应用于商业和军事领域。

当时的西欧各国，除了从亚洲和美洲的边缘地带向内进行深度开发，也在谋求如何布局全球以获取更大的利益。这是因为大航海的伟业并没有止步于哥伦布和达·伽马。能令冒险家们的心扉持续豁然开朗，乃至装下地球，主要得益于另一位航海家麦哲伦（1480 ~ 1521）五十年前的亲身实践证明。

◎麦哲伦

1522 年 9 月 6 日，葡萄牙航海家麦哲伦的西班牙探险船队完成了人类首次环球航海。对于这样的描述需要做进一步说明。麦哲伦出身于葡萄牙破落骑士家庭，热爱航海。他到过印度，参加过攻占马六甲的战役，并从印尼的班达群岛带回香料，积累了丰富的航海经验。他为国家作战，落下跛脚的残疾，当向国王提出晋级和加薪的请求时，却遭到拒绝。1517 年麦哲伦放弃葡萄牙国籍，转投西班牙。依照《托德西利亚斯条约》，西班牙不能同葡萄牙竞争东线的香料之路。于是麦哲伦向国王查理五世提议，率

◎维多利亚号帆船是麦哲伦船队中唯一完成环球航行的船只，该图绘制于 1590 年。

船队探寻西线到达印尼的香料群岛摩鹿加。国王随即应允，并订立协议。协议规定，如果成功，麦哲伦将获得荣誉、官职和财富。1519年9月20日，由5艘船组成的船队出发，历尽艰辛，绕过美洲，于1520年11月通过后来以麦哲伦命名的海峡，进入当时航海家所认为的“大南海”。因为在之后3个月的航行中风平浪静，所以此后“大南海”改称为“太平洋”。船队到达菲律宾，并使之成为西班牙在亚洲的立脚点和跳板。1521年4月7日，麦哲伦与当地人发生冲突，作战被杀。船队继续前行，终于到达摩鹿加，保证了这次远航是一次赚钱的生意。按照航海日志记载的日期，1522年9月5日，仅剩一艘帆船回到西班牙，完成壮举，而当地的日期是9月6日。人们知道产生时差的原因后，为避免混乱，于1884年将180°经线定为国际日期变更线。由于需要照顾一些岛国，变更线不是一条直线。

与其他载入史册的航海壮举相比，麦哲伦的环球航海最为惨烈：历时近3年，5艘船、260人最终只有1艘船、18人归来。麦哲伦本人也命丧途中，没能享受到与国王约定的各项待遇。但是他的信念与才能却将其置于历史高位，成就简单而伟大：送给人类一个全新的地球。他证明了自古希腊以来，很多先贤的正确猜想，使人们知道了地球的形状和大小，同时终结了地平、地方的谬论，让各种错误和偏见在此问题上从此收声。

西班牙在哥伦布和麦哲伦开拓的道路上前进，将美洲变成基督教世界，插上西班牙国旗，讲西班牙语，财富归西班牙。这一切有违上帝秉持的公平原则，西班牙的暴富犯了众怒，其中以英国为最。在欧洲历史中，经济强国加军事强国还是难以完成统一，西班牙也不例外，因此给其他国家留下了充足的反抗和反攻空间。英国后来成为霸主，起步阶段的动力就是来自同西班牙的斗争。大家都高举宗教大旗，占据着道德制高点。至于手段，可以无所不用其极。

欧洲人开始了新一轮的升级版内斗，在印度洋、大西洋、太平洋纵横驰骋。金银财宝太多，内战比外战更痛快，捡钱都来不及，根本无暇顾及没有油水的龙兴之地东地中海。从此威尼斯衰落了，亚历山大港萎缩了，伊斯坦布尔凝固了。而二百多年后，当英、法、俄的联合舰队再回到东地中海时，奥斯曼帝国的舰队，乃至整个帝国已是一根朽木。

3.8 妻妾成群和离婚再娶

2009年8月31日是英国前戴安娜王妃去世12周年纪念日。此前每逢纪念日，世界的戴妃迷们总有大型活动。如今随着时间逝去和金融危机，纪念活动的规模和影响力大不如前，新闻报道也越来越少。现在英国很少出现有价值的新闻，除了给美国当副手，就是八卦和足球。《太阳报》比《泰晤士报》更吸引眼球，不像中国，忙忙碌碌，迅猛的经济发展伴随着矿难、拆迁和污染，悲喜交加，每天都有大事发生。英国早已经走过这个阶段，普通民众可以靠娱乐资讯度日。不过中国在这方面也不甘人后，近些年娱乐报导、明星绯闻越来越占据版面，大有赶超之势。汉语在世界范围有局限性，中国发生的小事很难成为国际新闻。而英语是大英帝国最重要的遗产，是世界通用语言。非英语国家的英语人才很多，获取英语新闻比较便利，因此造成世界民众经常要跟随英国的狗仔队共同起舞。

◎《伊甸园》，丢勒，16世纪初。

戴安娜王妃最大的八卦是婚外恋后离婚，令王室蒙羞。离婚兴师动众，与一夫一妻的婚姻制度有关。婚姻是人类社会的重要内容，由此可以组成家庭，繁衍后代。人类社会经过早期的乱婚、群婚之后，逐渐演化出一夫一妻和一夫多妻两种主要的婚姻制度。在相当长的历史时期中，欧洲是一夫一妻制，中国是一夫多妻制，严格说是一夫一妻多妾制，也称妻妾制。

欧洲的一夫一妻制始于古希腊时期。虽然当时纳妾也很盛行，但在经济较发达的城邦，一夫一妻制则是主流。古罗马延续古希腊传统，一夫一妻制得到强化，不过对于纳妾并未禁绝。中世纪在基督教影响下，因为上帝只创造了亚当和夏娃，所以在道德层面不承认一夫一妻制以外的任何婚姻制度，后来又上升为法律，延续至今。需要注意的是，虽然古今都名为一夫一妻，但却差之千里；关键是女性的地位，在法律上是否男女平等。中国历史上的婚姻制度主要是妻妾制。有史记载，妻妾制可上溯至商代，一直延续到清末，并将黄帝等一些传说人物也追加为妻妾成群。民国时期是婚姻制度的过渡期。新中国于1950年颁布《婚姻法》，规定婚姻自由、男女平等、一夫一妻，与现代社会接轨。

婚姻制度是人口和资源关系的间接反映。在农业社会，几大文化区都有相对固定的婚姻制度，简单探讨其优劣，意义不大，因为彼此不同的主要原因是经济状况不同。以中国和欧洲为例，中国的妻妾制更多是自然经济的产物，欧洲的一夫一妻制则更多是商品经济的产物。

婚姻关乎子嗣，必然涉及财产继承。农业社会，财产的核心是土地及其衍生物。在中国，更突出财产的资源属性，强调生存的重要性。财产人人有份，被无限分割，只是多与少的差别。因为中国的地理环境能满足这种需求，结果就是多子多福。当资源不足时，通过饥荒、战争大幅减员，再重新来过。所以中国一直人口数量超大，波动幅度也超大，而妻妾制正好适应这种变化。长子可以继承世袭爵位、宗室地位、行业地位，但在分得财产上并无超额的特殊之处。在欧洲则不同，更突出财产的资本属性，强调收益的重要性。在强者越强、弱者越弱的马太效应作用下，不能轻易将财产过度分割。有时为了保证财产的完整、安全、延续，即使认养，都不愿亲生的低龄孩子继承。因为欧洲的地理环境不能满足人口过度增长，而一夫一妻制正好适应这种局面。因长子继承制的作用，连贵族的其他子嗣都会因缺乏财产，为谋生而沦为骑士。在欧洲，私生子地位很低，成长极为艰辛。而中国不仅是庶出，哪怕是始乱终弃，只要子嗣最后能认祖归宗，也有机会分一份财产。

不过双方的常态并不固定，人们经常随机应变，不会死守规则，有些方面还

◎《百子图》局部，多子多福是中国绘画的传统题材。

有特例。中国自大一统以后，皇家不能随便分家，三宫六院生多少儿子，最后只能一人继承；其他兄弟做富家翁最好，相煎太急也常见。而欧洲尽管实行了长子继承制，但很长一段时期，尤其是王权不强的时期，国王的儿子只要能活到成人，一般都能拥有一块实际上独立的领地，女儿也会得到一块领地作为嫁妆。但是随着社会发展，欧洲的封建制和中国的妻妾制都难以为继。演化到今天的主流是，国家统一反分裂，家庭一夫一妻制，子女财产继承依法行事，通常采取平均原则。这种东西融合、各取所需的过程，如果再推及到更早的群婚、无国时代，则能看出一条同源、殊途、再同归的复杂路线图。

欧洲的一夫一妻制，国王也不能例外。因此造成婚外恋由来已久，民众普遍不以为意，而且津津乐道。戴安娜王妃貌美如花，热衷公益，香消玉殒惹人怜。但她的结婚、离婚，再热闹也是俗事，不像先辈们会引发政治地震。

中世纪中期，国王在教会和贵族的夹击下，君权虚弱，领地变化频繁，王位继承问题不是头等大事。国王的头衔经常因为绝嗣而在贵族中转换，谁当都差别不大，只是传男不传女的传统基本保持不变。另外还有教皇作为最高领导起平衡作用，所以较少因王位问题引发大规模战争。

后来情况有变，王权地位上升，中央集权成为趋势，通过战争夺取王位的事件增加。此时再随便传位，会造成国家分分合合，不利于社会稳定，国王的后半生也不安宁，所以嫡传的重要性凸显。但是在高死亡率和一夫一妻制的双重制约下，想保证男丁嫡传并非易事，于是产生了一些变通的方法。弟弟或侄子继位古已有之，也最为常见。女儿成为女王的现象也出现了，例如丹麦的玛格丽特一世（1353 ~ 1412）、西班牙卡斯蒂的伊莎贝拉等。这种方式与王后当女王或皇后当女皇不同，不过应用得不多。另外还有一种过渡方式，即各国王室间通婚，王子娶公主，他们的孩子可以回到娘家继承王位。这种方式因继承人基数扩大，能够解决很多王位继承问题。重要的副产品是从北欧到地中海，从英国到俄国，欧洲王室都有八竿子打得着的亲戚关系。

由欧洲王室的通婚类比中国古代的和亲，略有些牵强，因为差别太大。中国的和亲政策也包括皇帝迎娶外族女子，但通常是专指公主外嫁，目的是中央与周边少数民族政权增进关系、缓解矛盾，以求政局稳定。昭君出塞、文成公主入藏都是千古美谈，也是因和番而远离故乡亲人的悲剧。不过王昭君并不是公主，文成公主也非唐太宗亲生，她们与呼韩邪、松赞干布的后代（文成公主没有生育的记载）也不可能有汉唐的皇位继承权。中国更广泛的政治婚姻是在皇家、权贵和大臣之间进行，“皇帝的女儿不愁嫁”“门当户对”等说法都与此有关。这一点和欧洲王室婚姻的相似度更高一些，但是不如欧洲复杂，以致影响政权。因为大一统的国家不需要在婚姻问题上体现出商人式的琐碎小聪明。

16 世纪英格兰崛起，挑战西班牙强势地位的前奏就是由一桩婚姻问题引起的。英王亨利八世（1491 ~ 1547）和王后凯瑟琳只有一个女儿玛丽，其他孩子都早夭，没有男嗣。既然已有一女，按道理王位继承没有问题。但亨利不这么想，因为欧洲大陆的先例不能取代英格兰的传统。英格兰立国以来，都是男性为王，现在国家正在兴盛之中，又不能轻易送人，所以亨利决定离婚再娶，一定要生个儿子。这个思路和中国需要男丁延续香火完全一致。

婚姻在中国一般听命于父母、长辈或权贵，可以受到迷信影响，却缺少宗教因素。但在欧洲，由于关乎财产继承，同其他各种权力一样，宗教和世俗曾经发生过对婚姻管理权的争夺。现在看，在教堂举行婚礼是很浪漫的事，不过在中世纪，这是宗教干涉婚姻、妄图实现垄断管理的体现，也意味着缺少教会认可的婚姻是不合法的。

◎右图：《昭君出塞》，冷枚，清；下图：《文成公主入藏》，拉萨大昭寺壁画。

中世纪的婚姻有宗教约束，离婚率很低，但也不是比登天还难的事。由于结婚是经教会同意的，所以离婚也必须经教会同意，只是要履行比较繁琐的程序。亨利结婚由教皇尤里乌斯二世恩准，但想离婚时教皇克莱芒七世却没有同意，原因是他的妻子大有来头。王后凯瑟琳是西班牙公主，父母就是费尔南多和伊莎贝拉，不过此时都已去世。她原是亨利的嫂子，亨利的哥哥早逝后，老国王为维持同西班牙的关系，声明凯瑟琳与亨利的哥哥没有同房，特意请教皇批准让凯瑟琳再嫁给亨利。这桩“夫兄弟婚”的婚姻，最后在伊莎贝拉女王求得教皇训令的特殊情况下才得以完成。教皇克莱芒七世不同意离婚，不是宗教原因，而是害怕得罪凯瑟琳的外甥查理五世，因为这位身兼神圣罗马帝国皇帝的西班牙国王曾经差点废黜他。

亨利原是一名虔诚的天主教徒，曾亲自撰文反对路德的宗教改革。另外，为了对抗宿敌法国，保持着与西班牙友好的外交政策，但这一切都因为亨利的离婚申请遭拒而发生逆转。儿子必须要有，宗教程序也必须遵守，于是亨利将英格兰几百年来受教会压迫的怨气全部发泄出来。与其他地区多自下而上、循序渐进的宗教改革不同，亨利主导了一场自上而下、狂风暴雨般的宗教改革：没收教会财产，解散修道院，拒绝向教廷交税，将所得财产分给服从王权的人。此举令英格兰的天主教会脱离罗马教

◎亨利八世（右图）和他的先后六位妻子（下图）。

廷，置于王权控制之下，并宽待新教。亨利让被他新任命的主教宣布解除婚姻，教皇得知消息后将他驱逐出教。亨利八世对此的反应，既不像11世纪神圣罗马帝国皇帝亨利四世那样请求宽恕，也不像13世纪腓特烈二世那样武力夺回，而是不屑一顾。这种蔑视甚至无视教廷的态度，表明欧洲已经变天了。

亨利兴致勃勃地迎娶新妻，结果又生一个女儿，名伊丽莎白。没过几年他将第二位妻子以通奸罪名处死，接着迎娶第三位妻子。终于生个儿子，名爱德华。可是第三位妻子产后几天去世，他又娶第四位……直到第六位，再无结果。亨利一生在婚姻上非常忙碌，死时国家也乱哄哄。在文学家笔下他更像个浪子，而不像个领袖。但是他的历史作用不能低估，因为在对抗教廷的过程中，亨利建立了以王权为中心的高效管理制度，为群雄争霸时期的英国崛起打下基础。他于1536年合并威尔士，1541年成为爱尔兰国王，在与苏格兰的斗争中取得优势。王权扩大期间，尤其是在国家安全受到西班牙威胁时，议会只能流于形式，《大宪章》非常识趣和通情达理，正处于二百年的休眠期之中，没有成为英国前进的绊脚石。

亨利临终前将继承人的顺序定为爱德华、玛丽和伊丽莎白，希望爱德华能长大成人，延续香火。爱德华继位后，继续倡导新教，可是体弱多病，几年后去世。玛丽在成为女王以前的岁月非常不幸，因为是凯瑟琳的女儿，曾被父亲软禁。乖戾的性格外加天主教的信仰，促使她推翻亨利和爱德华的改革。玛丽血腥恢复天主教在英国的统治地位，为得到西班牙的支持，甚至不顾英国民众反对，执意嫁给当时的西班牙王储腓力二世——表哥查理五世的儿子、她的侄子。两人聚少离多，没有子嗣。几年后玛丽在郁闷中去世，由妹妹伊丽莎白继位，随之上演了一场巾帼统领须眉的恢宏大戏。英国因此要大变天了。

3.9 当海盗吧，一个最有前途的职业

现任英国女王伊丽莎白二世在 2007 年曾纪念钻石婚 60 周年，是英国王室中婚姻的楷模。1947 年她与远房表兄菲利普结婚，他也是伊丽莎白的高祖母维多利亚女王的后代。两人能够结婚要遵从许多中国人难以理解的条件。菲利普作为希腊王子必须放弃希腊王位的继承权，改东正教信仰为英国圣公会，并加入英国国籍。面对婚姻，不是讨论房子、车子、票子，而是王位、宗教、国籍，确实复杂。但是英国国王中也有婚姻简单之人，伊丽莎白一世居然终身未嫁。

伊丽莎白一世（1533 ~ 1603）于 1558 年继位，在此之前她表面信奉天主教，得以逃过异母姐姐玛丽的迫害。但由于其父亨利的婚姻问题，天主教视她为私生女，所以她的王位合法性一直受到天主教的质疑，也是宿敌西班牙挑衅的借口。伊丽莎白继位初期，对天主教比较宽容。但压力逼迫她成为一名更加坚定的新教徒，随之强势恢复新教。她确立英国特有的圣公会（安立甘宗）为国教，并且超出宗教范围，使之成为反抗西班牙的精神力量，西班牙则鼓动英国天主教徒反对她。两国的对抗无可避免，但是英国没有实力直接攻击西班牙本土或者去争夺殖民地，只能从小事做起。这一时期，英国人重拾祖先诺曼人的海盗传统，激情迅速燃烧，连女王都为之亢奋。

◎少女时代的伊丽莎白一世。

海盗在欧洲是一个古老的职业，伴随着海上贸易和战争共同成长，水平一直很高；还形成了独特的海盗文化，是欧洲历史中不可或缺的内容。英国人在大不列颠岛从事种地和畜牧之后，海盗活动并不突出，反而曾经长期受到他国海盗的侵袭。但随着发展，英国海盗又登场了。亨利八世时期，颁发私掠许可证，英国海盗奉旨打劫，当时的主要对象是宿敌法国。伊丽莎白一世时期，西班牙已经在欧洲、非洲和美洲之间建立了成熟的三角贸易，视美洲为禁脔，不许他国进入，否则意味战争。英国人目睹西班牙财富暴增，尤其是整船的金银从美洲运回，既羡慕又嫉妒，而自己辛辛苦苦生产的商品，只能换回少许金银。因为按照西班牙制定的贸易规则，外人获利有限。仇富的心态在英国蔓延，视《托德西利亚斯条约》为废纸一张。有人把目光转向大西洋，开始铤而走险，劫掠西班牙商船。向当时的头号海上强国动手，风险很大，同时收益也很大。失败者无人提及，成功者的故事被放大，鼓舞着所有想一夜暴富的人。父子、夫妻齐上阵，甚至整个渔村统一行动。伊丽莎白将抢劫西班牙的利益上升到国家战略高度，公开支持，大量发放私掠许可证，制定奖励政策，鼓励贵族和民间投资参股，并且以身作则。当然，所有战果都要分给女王一份。如此“开明”的君主旷世少有，伊丽莎白一世也因此获得了“海盗女王”的称号。如果说当时的英国全民为盗有点夸张，但是全民间接为盗应该差不多，因为女王就是一个不出海却参与管理和分赃的海盗头。海盗是当时英国最有前途的职业，小海盗富甲一方，荣耀乡里；大海盗则是国家英雄，会被授予爵位，封妻荫子。

西班牙起初对英国的劫掠行为并不在意，因为美洲出产的贵金属数量庞大，据说占当时世界的80%以上，再加上其他物资和商品，西班牙忙都忙不过来。可是后来海盗越来越多，其他各国也纷纷加入，西班牙不得不加强护航行动。但是私掠船小快灵，不易应对，于是西班牙向英国施压，称如果劫掠行为不收敛，将采取军事行动。英国上下见西班牙动怒，顿时从欢娱中惊醒。因为当时西班牙非常强大，是欧洲大陆的主宰。不过英国依靠海盗，劫掠获利已经成瘾，不能收手。1587年，因伊丽莎白处死了信奉天主教的前苏格兰女王，教皇颁布诏书，号召对英国进行圣战。西班牙组织舰队积极响应，向英国宣战。英国只好准备应战，可是有些力不从心。主和派还是希望通过外交谈判做出让步，避免战争。政府的犹豫不决激怒了一位叫德雷克的爵士，他公开反对和谈，并且坚决主张与西班牙开战。

德雷克（1540 ~ 1596）是英国历史中的传奇人物。他 13 岁到海船上当学徒，成为水手，然后一路晋升：商船船长、海盗船长，最后是海盗船队的领袖。1572 年德雷克在美洲巴拿马地峡一次堪称完美的劫掠行动让他名扬英国，受到女王的赏识和资助。财富和荣誉让德雷克的境界发生了变化。虽然职业还是海盗，但是国家利益与个人利益一旦高度结合，他从此就脱离了低级趣味和小富即安，成为了一名爱国主义战士和探险家。

1577 年 12 月，德雷克带着政治任务出海，寻找美洲西海岸的居民，希望与之结盟对抗西班牙。在麦哲伦海峡遭遇风暴，德雷克的旗舰金鹿号与其他船只失去联系，只好独自行动。他穿越了后来以他命名的德雷克海峡，证明了麦哲伦海峡以南不是大陆，探明了美洲大陆的南端界限。西班牙在美洲西海岸设防不严，德雷克如神兵天降，一路抢劫。盟友没找到，沉甸甸的财宝却把船压到吃水线以下。为防止回程中遭到西班牙人堵截，德雷克大胆提出一路向北航行，希望能找到绕过美洲的北方航线。到达今天的加拿大后，严寒成为无法逾越的障碍，伟大的设想夭折。德雷克又决定横穿太平洋，循着麦哲伦的道路回家。1580 年 9 月 26 日，德雷克回到普利茅斯，完成了人类第二次环球航海，尽管不是出于本意。整个英国为之震动，人们羡慕满船的财宝和香料，崇拜德雷克的英雄壮举，包括抢劫和航海。在泰晤士河口，女王亲自登船慰问，赐予德雷克爵士头衔；又在王宫中听他滔滔不绝地讲述航海经历，了解海外情况。德雷克 1581 出任普利茅斯市长，但是荣誉、官职、财富没能冲淡他与西班牙战斗的豪情，此后又多次在大西洋抢劫西班牙船队。他是英国的英雄，同时是西班牙的头号通缉犯。

此次面对西班牙无敌舰队的威胁，德雷克毫不畏惧。他率领自己的船队虎口拔牙，突袭西班牙加的斯军港，重创敌舰并且全身而退。这是英西两国第一次大规模海上冲突。胜利让英国人的士气受到极大鼓舞，迫使西班牙把进攻时间推后一年。1588 年 7 月，无敌舰队进攻英国。德雷克出任舰队副司令，身先士卒，勇猛作战，最终以极小的代价，击败无敌舰队。

无敌舰队的覆灭除了英国以逸待劳、精诚团结外，还有狂风天气和海岛易守难攻等原因。在装备和战术方面，西班牙还停留在勒班陀海战的水平上。船大、载人多、火炮射程近，战船是在商船基础上发展起来的。英国则相反，战船本身就是海盗船。英国战船的小快灵相比西班牙的大慢蠢占据一些优势。多年举国为盗的经验积累一朝结出硕果，居然打败了强敌西班牙，连英国人自己都大感意外。随后，英国当仁不让地引领潮流，开始谋取霸主地位。

◎德雷克

德雷克为抢劫而生，为英国而战。1596 年他最后一次出征，攻击西印度群岛西班牙的领地；但因船员暴发传染病，没有成功，自己也染病身亡。据说德雷克临死前郑重地让船员帮他穿好铠甲，趟在甲板上，看到冉冉升起的朝阳才闭上双眼，预示着看到了新日不落帝国的诞生。

英西海战的结果具有转折性，是此长彼消过程中的重要一战。另外葡萄牙王国由于绝嗣，在此阶段正处于被西班牙吞并的时期（1580 ~ 1640），因此也被拖入战争，实力严重受损。从此，其他国家陆续染指亚洲和美洲。西班牙的绝对优势已不复存在，它依然沉迷于主要依靠金银维持贸易，因为换取所需商品非常容易，反而抑制了本国新兴工商业的发展，没能主动向现代社会演化。英国继续抢劫战斗，但是富裕之后没有仿效西班牙，而是主张国家干预经济活动，推行重商主义，限制金银流出，采取贸易保护，着力发展新兴的制造业；“羊吃人”的圈地运动进行得如火如荼，羊毛出口转为羊毛加工后再出口。伊丽莎白时期还制定了专利制度，鼓励技术创新。英国对外抢劫金银，对内保护发明，新技术不断涌现，社会发展蒸蒸日上，也催生出新文化和新思想。

当塞万提斯在嘲讽西班牙的腐朽时，莎士比亚（1564 ~ 1616）却在热情讴歌伊丽莎白一世的时代，赞美明君圣主，宣扬新兴资产阶级的人文主义思想。“是生

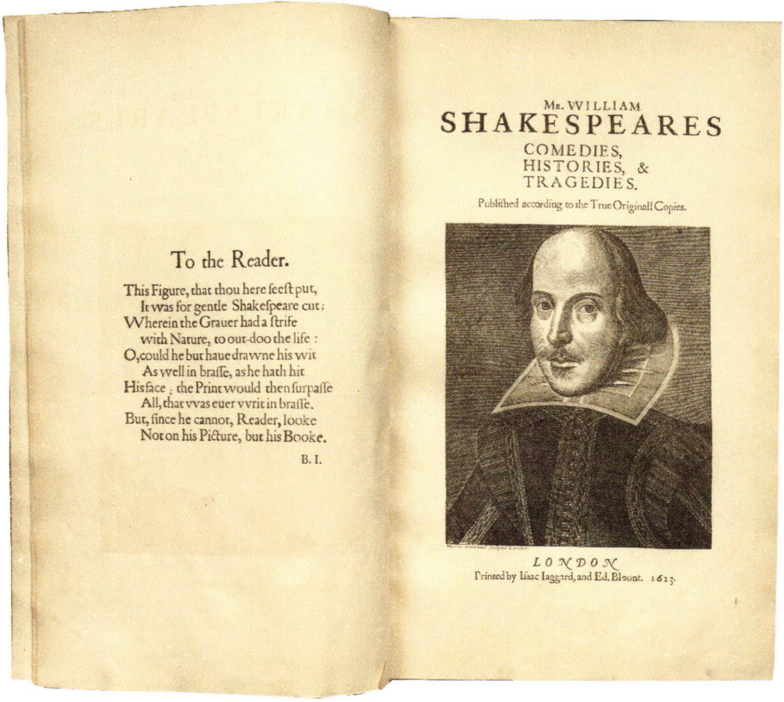

◎莎士比亚剧本作品集的最早版本。

存还是死亡，这是个问题。”这句台词深入人心。后来一千个读者能有一千个哈姆雷特，是因为当初一万个海盗都有一个相同的目标。同时期的英国学者培根（1561 ~ 1626）在很多领域都有建树，其中一个口号式的结论尽人皆知：知识就是力量。培根本人不是科学家，却推崇科学实验，倡导并广泛宣扬定性的实验归纳法。从塞万提斯和莎士比亚判断不出当时西班牙与英国的差距，培根式的人物才是关键，因为他的身后将是哈维、波义耳、胡克、牛顿、哈雷等一大批科学家。

◎培根

伊丽莎白统治后期，内外问题成堆，专制的弊病也凸显出来，臣民开始厌倦这个老太婆。可当她离去后，人们又开始怀念她。伊丽莎白一世的时代被历代英国人反复赞颂，其程度甚至超过日不落帝国时期。可能是因为后来英国长大成熟，越来越绅士，连抢劫都要遮遮掩掩打扮得冠冕堂皇，缺少青年人的率真和激情、烦恼和乐趣。在一个青春的时代，有一位伟大的女王，有莎士比亚，还有成群的海盗；海盗抢劫的对象是另一个强盗西班牙，不抢白不抢，不受道德谴责，完成原始积累，促使国力跃升。英国从此再无伟大君主，却开始拥有一个绵长的伟大时代。

欧洲各国的私掠许可证制度延续近三个世纪，于1856年经《巴黎海战宣言》被废止。因为争夺利益的方式和制度已经升级，道德水平只好随之提高。海盗在欧洲消失，走进了博物馆，骷髅旗、独眼龙眼罩偶尔还能出现在孩子们的游戏中。现在又有索马里部分渔民继承了这项非物质文化遗产。他们不想理解国际公约，只想生活得更好。他们采取小快灵的战术，同各国商船海军周旋，以自己的实际行动向海盗文化致敬。他们的行为更原始、更纯粹，让今天的人们有幸看到历史的影子。不过从发展的眼光看，现在当海盗肯定不再是一个有前途的职业。不知何时，他们的后代才能变成医生、律师、文学家、科学家等等。

相比欧洲王室之间复杂的婚姻关系，伊丽莎白一世滑向另一个极端。她终身未嫁，史称“童贞女王”，因此也生出了各种历史八卦。其实这不失为一个明智的政治选择——当她宣称自己已经嫁给了英格兰时，获得了民众更广泛的支持。伊丽莎白一世将英国引入黄金时代，也是女权主义者的最爱。在她去世之前，英格兰和苏格兰的社会融合进一步提高；而此前苏格兰为对抗英格兰，曾长期与法国结盟。伊丽莎白一世指定当时的苏格兰国王为英格兰国王，于是两国联合；再加上威尔士和爱尔兰，英国实现了统一。国王詹姆斯一世（1566 ~ 1625）带领国家继续前行，但直到1801年，大不列颠及爱尔兰联合王国经过立法才被正式确认。

英国走向富强之后，各层民众感觉这个国家不再需要中央集权，《大宪章》的精神逐渐复活，议会的力量重新提升。强权削弱，积蓄已久的各种社会矛盾又一次爆发，导火索是宗教冲突。新教中的一支清教在英国也很有群众基础，但长期受到国教圣公会的压制。1642年两派爆发战斗，结果清教徒中的温和派领袖克伦威尔（1599 ~ 1658）取得胜利。他在处死国王查理一世后，建立了徒有共和

◎查理一世（左）和克伦威尔（右），一个身为国王被斩首，一个身为护国公死后被暴尸。

之名的英格兰共和国。克伦威尔大权在握，实行独裁统治，1653年自封“护国公”，打击教会和贵族势力，将各种阻碍英国成为现代国家的障碍扫荡一空。克伦威尔去世后不久，英国的神奇之处再次显现。尽管国王回归，但《大宪章》和议会的地位又得到恢复，并不断加强。最终，1688年爆发了不流血的光荣革命，实现了君主立宪制，废除了君主专制。英国在政治制度上正式向现代化迈进。

此后世界各国，如果能出现类似伊丽莎白一世和克伦威尔这样大权独揽、杀伐决绝的人物，则预示该国正在叩响现代化的大门。如法国的路易十四和拿破仑，德国的腓特烈二世和俾斯麦，俄国的彼得大帝和斯大林等等。但后来者大多没有英国的自然禀赋，世事艰难百转千回，至于能否顺利迈进或耗时长短，还要看各自的造化。不过这条规律只适用于历史包袱沉重、文化底蕴深厚的国家，一些新生儿，如美国又得另当别论。

有了伊丽莎白一世和克伦威尔的强权铺垫，英国的政治现代化得以顺利前行。在工业革命前就能完成这项伟业，着实令人惊叹。不过大不列颠岛这块宝地，此时不过是让英国刚刚成为历史的主角，更大的伟业还在后面。

3.10 国家利益至上，国家主权至上

纳夫普里翁的夜晚喧嚣而有序。吃完晚饭，半凉半热的西餐让我的中国胃有些不适应，于是顺着街道遛弯消食。走进一家商店，碰到一家三口。丈夫是瑞典人，太太原是中国人，怀里抱着可爱的混血小宝宝，他们现常住上海。在这里能遇见家乡人，彼此都很高兴，大家畅聊了一会儿。望着一家人远去的背影，我衷心祝他们幸福美满，为中瑞两国的友谊再添佳话。爱情无国界，如果“愿天下有情人终成眷属”的范围涵盖了全世界，那将是多么巨大的进步。

我对瑞典的印象极佳。瑞典是最早与新中国建交的西方国家（1950年），关系较好。不仅于此，瑞典与中国在历史上也发生过一些故事，难得的是似乎没有留下劣迹。18世纪瑞典商船哥德堡号曾三次远洋广州（1740、1742、1745），最后沉没在瑞典哥德堡港沿海。2006年7月哥德堡号的复制品驶抵广州黄埔古港，受到市民的热烈欢迎。欧洲人很喜欢复制古船航行，但是其他国家的船难来中国，因为记忆太惨而积怨太深。哥德堡号可以顺利成行，是因为瑞典人能够光荣地宣布：他们的东印度公司从未向中国贩运过鸦片。这足以令后人惊讶和感动。

另外，20世纪上半叶在中国积贫积弱的年代，两名瑞典考古学家斯文·赫定（1865 ~ 1952）和安特生（1874 ~ 1960）对中国极为友善，毫无霸气。他们西北考察、仰韶考古不仅成绩斐然，而且为中国培养了大批专业人才，就像考古界的白求恩。他们与中国同行的平等合作被视为典范，与斯坦因、伯希和等人的道德水准堪称两个世界。在近现代史中，瑞典留给中国的印象非常另类。同样是日耳曼人的后代，他们和其他一些欧洲人有很大差别。而今天的瑞典，包括理论和实践，好像正走在通往共产主义社会的康庄大道上。

北欧处于北纬60°左右，气候寒冷。现在包括瑞典、挪威、芬兰、丹麦和冰岛五国。历史上几个国家分分合合，但是过程比较简单。全部欧洲历史如果有一百页，北欧可能只占一页。该地区农业基础较差，贫民出身，海盗起家；人口稀少，经济发展缓慢，长期落后于欧洲大陆；9世纪引入基督教。1397年由丹麦主导，和挪威、瑞典成立联盟。大航海时代的成果惠及北欧后，经济提速，中央集权加

◎斯文·赫定

安特生

强，皈依新教。1523 年瑞典（包括现在芬兰）脱离联盟，与丹麦展开竞争。其后在 17 世纪积极参与新教与天主教的战争，一跃成为欧洲强国。瑞典的这段辉煌是北欧历史中值得浓墨重彩的短暂篇章。

欧洲宗教改革历经百年涤荡，小规模冲突从未间断。17 世纪初，因农业歉收，各方利益减少，为弥补损失，新教与天主教的口舌之争升级为政治对抗。这时需要通过军事手段来解决矛盾，重新划分各自的势力范围。在 1618 ~ 1648 年间爆发了一系列的大规模军事冲突，史称“三十年战争”。

零星的冲突在前几年已经出现，但通常认为爆发的时点是 1618 年，直接起因是在波西米亚的公职岗位任命上，神圣罗马帝国皇帝费迪南德二世排挤新教徒。当地愤怒的新教徒将两名钦差从窗户扔出，坠入二十米深的壕沟。两人命大，没有摔死。于是皇帝派兵镇压，随后欧洲新教国家纷纷声援波西米亚，冲突全面爆发。依据欧洲的宗教版图，西北对东南，战事打打停停，延续三十年。西至英国，东至俄国，北至波罗的海，南至地中海，宛如欧洲版的世界大战。几组核心的对立双方是新教对阵天主教，波旁王朝对阵哈布斯堡王朝，众多新国王对阵神圣罗马帝国皇帝。各类角色轮番登场，其中瑞典国王古斯塔夫二世（1594 ~ 1632）是最耀眼的明星。

瑞典不具备长期成为军事强国的条件，只是在某个阶段得到历史的眷顾，与当年马其顿的兴起有些相似。瑞典有较为丰富的铜矿和铁矿，古斯塔夫继位后制定优惠政策，吸引外国人来投资，投资者以最没有政治立场的荷兰人居多。古斯塔夫优先发展军工产业，大量制造各式火枪、火炮。欧洲当时主要还是雇佣兵制，瑞典国穷，古斯塔夫就推行义务兵役制，将为钱当兵变成为国当兵，士兵的组织性和纪律性大为改观。忠于国王而非金钱，首先保证了中央集权的力量。同时，古斯塔夫拉拢贵族，分享利益，鼓励他们与自己同心协力为国而战。在国家机构改革中，设立最高法院、财政部、海军部、陆军部等，并且推进地方政府也进行专业化改革。这些措施使得瑞典政府的行政效率远远高于其他国家，也成为大家学习的榜样。

瑞典的战略目标是控制整个波罗的海。战争初期，瑞典只是与宿敌波兰交手。随着天主教集团取得胜利，德意志北部的新教地区受到威胁。在法国的鼓动支持下，古斯塔夫率领精锐部队南下，全面介入。1631 年 9 月，以瑞典为主力的联军与对手在德意志的布莱滕菲尔德展开激战，瑞典大获全胜，威震欧洲，获得“北欧雄狮”的称号，并顺势将几乎整个波罗的海沿岸纳入势力范围。

这是一场在军事史上具有重要意义的战争。双方在技术水平相似的情况下，古斯塔夫将火炮兵、骑兵、步兵三个兵种的协同作战能力调配到艺术性的高度，将各兵种的优势发挥得淋漓尽致，并打破了以往火炮在战场上表现笨重的传统认识。从此，强调攻击性和机动性的火器配置体系引领军事潮流，各种战术及防御体系随之改变。古斯塔夫堪称军事艺术家，加之其他各项军事革新，被誉为欧洲近代军事之父。他喜欢御驾亲征，1632 年 11 月在另一场大战中不幸战死沙场。失去国王的将士化悲痛为力量，不怕牺牲，再次击败对手。古斯塔夫像亚历山大一样，没能完成他预期的伟业，但是他的军事思想、理论、战术、制度迅速传遍欧洲。古斯塔夫是一个时期的战神，最著名的崇拜者当属拿破仑，他在崇拜之余也实现了超越。

三十年战争的最后阶段，法国从幕后走到台前，加入新教一方。法国的国教是天主教，但当时采取宗教宽容政策，国内有大量的胡格诺（属于加尔文宗）教徒。法国参战，使战争的性质发生了改变。从最初的维护宗教秩序变成了攫取国家利

◎古斯塔夫二世在布莱滕菲尔德战役中取得胜利。

益，对决的主力也从新教和天主教变成了波旁王朝和哈布斯堡王朝。法国与瑞典联手，击败了奥地利和西班牙。最终两大阵营、欧洲各国共同签署《威斯特伐利亚和约》，结束了这场耗时已久的混战。

和约以法律形式废除了教皇和皇帝的绝对统治地位，教皇国和神圣罗马帝国与其他国家无异。以教皇为宗教领袖，以皇帝为世俗领袖的观念被抛弃，各国王权得到彻底解放。自古希腊以来，欧洲无论对内还是对外，无论是为扩大收益还是减少损失，都有通过和谈签订和约的传统，但是缺少统一的操作标准。以《威斯特伐利亚和约》为标志，一整套成型的处理国际关系的法律体系开始建立，奠定了现代国际法的基础，同时开创了欧洲国家通过国际会议解决多方争端的先河。当然，这套解决问题的机制并不会带来永久的和平，只是等着新问题产生后先谈，谈不拢才打，打不下去或打完了再谈，如此循环往复。

自文艺复兴至三十年战争之前，欧洲南北地区的综合实力已经渐趋平衡，所以这场战争才打得如此胶着。但此战过后，南部一蹶不振，北部独领风骚。西班牙承认荷兰独立并失去在西欧的主导地位，将大航海以来积累的强势挥霍一空。教皇所在的意大利地区一盘散沙，文艺复兴的光辉尽失。法国是最大的赢家，路易十三（1601 ~ 1643）和首相黎塞留配合默契，外交、军事、商业多领域屡屡得手，为迎接路易十四时代奠定了基础。英国参与程度不深，主要是练内功和打内战，是世界范围的最大赢家。此后二百年，法英两强成为世界主角。也正是此时，20世纪的两大巨人苏联和美国开始了萌动。

欧洲北方并非全是赢家，神圣罗马帝国的中心德意志地区作为主战场，境遇最惨痛，人口削减一半，胜者不胜，败者更败。奥地利的哈布斯堡王朝开始萎缩，影响力大减。帝国名义上还存在，但内部各成员都要享有主权，原来三百多个松散的诸侯国一起变身为独立的邦国。此后，周边强国则尽可能地肢解瓜分这个老大帝国，或者找寻代理人划分势力范围。致使德意志地区作为一个整体，因此而丧失了二百年的大好光阴。这种获利的套路与直接建立殖民地有些不同，后来在欧洲侵略亚洲、西方主导世界的过程中被反复运用。追根溯源，第一个试验品兼牺牲品居然是神圣罗马帝国。

古斯塔夫二世的努力和牺牲得到了回报，瑞典如愿以偿地控制了波罗的海地区，并在之后近百年的时间里保持强国地位。但终因综合条件不足，难以长期保持优势，瑞典在18世纪初的大北方战争中败给俄国后，回归平淡。瑞典称霸不行，自保却没有问题。而且由于不处于战略性的地理位置，也无丰厚的自然资源，从此远离欧洲战火；在两次世界大战中均保持中立，羡煞多少在硝烟中挣扎的平民大众。

三十年战争被认为是欧洲最后一场宗教战争，教派范围基本得到固定。其后的战争中，宗教因素越来越弱，国家因素越来越强。在欧洲，宗教利益让位于国家利益的变化过程很漫长。马基雅维利在《君主论》中曾提出，国家利益必须放在首位，为了国家利益，宗教派别及道德底线都可以放在一边。他的主张顺应了社会发展，在实践中逐渐被认可，其中国家利益至上的观点促成了现代主权国家概念的形成。主权国家不能是孤立的，只有在一群国家中，这一概念才有意义。另外，主权国家也不能是独大的，否则主权的概念难以形成，或者会被削弱。《威斯特伐利亚和约》承认信教自由，国际间无论国家大小，主权一律平等。这也是该地区发展的必然结果，因为欧洲实现政治统一非常困难。此后，单一主权国家

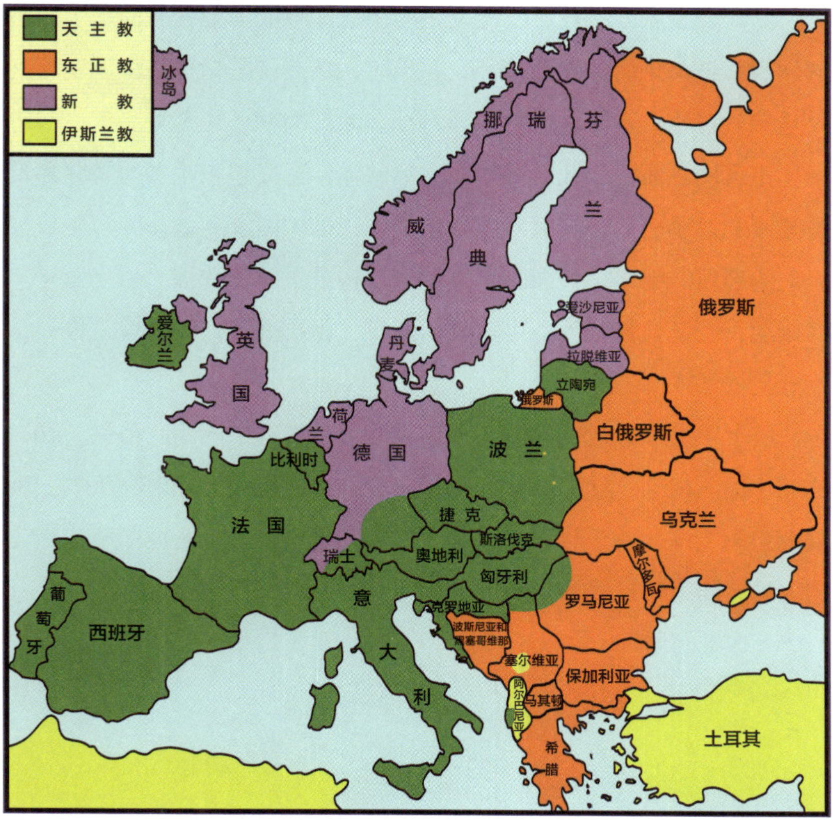

◎现代欧洲宗教分布简图。

成为国际政治的基本单位，欧洲还因此形成了反对强权统一的观念。但现实是残酷的，这仅仅是观念，一旦出现强权，就会为争取利益而蹂躏观念。

主权国家的概念在古希腊城邦时期已有类似的雏形。其后罗马帝国一国独大，与古代中国一样，无所谓主权。基督教统领欧洲时期，上帝排名第一，国家至少在观念上是可有可无的。人的个体差别主要是宗教派别，宗教认同排在首位，国家认同排在次要地位。宗教改革以后，个体的宗教身份转换巨大，派别对立日益严重，不利于社会稳定；于是国家认同发挥的稳定作用开始彰显，以王权为代表的国家夺取宗教权力的进程加快。而个体的国家认同逐渐超越宗教认同的重要时段，就在三十年战争中。

当时各方的雇佣军都常常收不到酬金，只能以战养战，烧杀淫掠，祸害当地百姓，哪怕同属一个教派。自从义务兵参战后，各方逐渐发现，由国家出面组建的义务兵，比花钱招募的杂牌雇佣兵战斗力要强。进而还发现，同一国家的民众比信仰同一教派的教徒，所能发挥的综合军事能力要强。而军事力量强大是实现群体利益最大化的保障和捷径，在当时，瑞典就是楷模。欧洲发展到此，表明不仅是宗教理论，甚至连宗教认同对社会的影响都已经不复当年。与十字军东征的时代不可同日而语，此后宗教在欧洲的政治意义越来越弱。与之相反，群体利益与国家利益重合后，国家认同得到强化，维护国家利益和国家主权被抬举到至高无上的地位。于是主权国家越来越多，构成了新的欧洲。后来有了“西方世界”的概念，“基督教世界”可以仅指宗教。相比之下，“伊斯兰世界”所具有的政治意义依然浓厚。

三十年战争进行的同时，欧亚大陆另一端的中国明亡清兴（1644）。与复杂的三十战争相比，过程很简单，中国完成了最后一次古代王朝的轮替。在此期间，欧洲引领全球化的进程正在深化。最先来到中国的不是使团和枪炮，继商人和白银之后，还来过传教士和新知识。

3.11 大学毕业生利玛窦来中国工作

在罗马旅游，很容易为其两千多年的超长历史跨度而感到震撼。一座城市只要自然条件允许，可以长期存续，不过想一直保持较高的综合地位却很难。罗马城能够享有这份殊荣，得益于作为罗马帝国首都、天主教教廷以及意大利首都的无缝连接。简单比较，罗马城的地位在中国至少要分解成西安和北京两座城市，各代表一千年左右，中间还隔有一段五代和北宋的过渡期。在古代，虽然东西方远隔千山万水，但著名的都城之间还是可以找到一些快捷的联系方式的。丝绸连起西安和罗马，传教士连起罗马和北京。

我在罗马囫囵吞枣式旅游时，根本没有想起利玛窦。直到离开后，闲暇时追想罗马和北京的关系，才想到此人。一查资料，有一处旅游点还真与利玛窦有关，就是圣依纳爵教堂。

依纳爵·罗耀拉（1491 ~ 1556）是西班牙人，当过兵负过伤。后来刻苦钻研神学，据称在神迹异象的感召下，立志要当一名基督的精兵战士。面对新教的逼人态势，他坚决维护罗马教廷的神圣地位，反对新教。他以身作则，清苦修行，与志同道合者创办了耶稣会。耶稣会在实行军事化管理的同时学习新知识，培养宗教精英，为天主教挽回不少名声。1540 年耶稣会得到教皇认可，依纳爵去世后也被封圣。耶稣会作为天主教的新兴力量，各种组织曾经遍布世界多地，但因过于维护教廷的政治权威，试图恢复天主教的世俗权利，最终在君主们的压力下，于 1773 年被解散。后虽恢复，影响已大不如前。现在的圣依纳爵教堂附近，原来有一所罗马学院，是耶稣会士修行、学习、生活的地方。耶稣会士的整体素质在基督教世界非常高，并且意志坚强，利玛窦就是其中一员。

利玛窦（1552 ~ 1610）出生在距离罗马二百多公里的马尔凯区马切拉塔城，家境富裕。他先入读于耶稣会开办的中学，16 岁来到罗马，入圣汤多雷亚学院学习预科；1571 年正式加入耶稣会，后入罗马学院学习。1577 年利玛窦获准赴东方传教，抵达葡萄牙在印度的殖民地，一边传教一边学习。他的领导罗明坚（1543 ~ 1607）先到澳门，苦于中文难学，对传教不利，所以将更年轻好学的

◎利玛窦

利先玛窦招来中国。1582 年利玛窦抵达澳门，1584 年获准在肇庆居住。他的姓名中文直译应为玛提欧·利奇，跟许多现在来中国留学工作的外国人一样，利玛窦是他起的中国化名字。

自从海路打通之后，西方人直接来到东方已经很容易，传教士的积极性不亚于商人。中国对于外来宗教和僧侣并不排斥，有佛教等传入的先例，基督教可以等同视之。因为多几个神仙在中国社会实在是小菜一碟，更何况基督教并不是初来乍到，只要不扯旗造反即可。对于必然导致的文化、宗教冲突，引发教案也不觉稀奇。但这一次极具新意，因为利玛窦等人不同于以往的职业僧侣。

利玛窦天资聪慧，不仅迅速掌握中文，还对中国的官场和文化有了一定了解。他深知，如果直接表露传教的目的或者过分强调一神论，那么他在中国的事业将立即结束。为了传教，利玛窦做了很多违反基督教规矩的事情：学习四书五经，留须蓄发，穿儒生服装，行中国礼仪，甚至让仆人称他为“老爷”。利玛窦的表面文章很有效，他从异域僧侣逐渐变身为“泰西儒士”，声望越来越大，结识的官员层级越来越高。活动地点也不断变化，从肇庆、韶关、南昌、南京一路北上，最后于 1601 年来到北京，直到去世被皇帝赐葬在北京。

利玛窦的曲线传教方法首先是保证他能在中国活动，所以仅从信教人数等指标来衡量，传教业绩并不突出。他希望通过与儒家经典结合来传播基督教，虽然招收徐光启等官员入教，但是形式远大于内容，后来的发展证明此路不通。利玛窦既没有佛教中达摩祖师、鸠摩罗什等人的地位和影响，也没有把中国皇帝感化为教徒，令基督教中国化。作为中西交流史中的重要人物，他能获得较高的历史地位和赞誉，主要是与宗教无关的科学原因。利玛窦也因此成为历史进程中，又一个目标与结果严重错位的典型代表。

利玛窦在中国的敲门砖不是《圣经》，而是三棱镜、自鸣钟等令人感到新奇的物件。他以进贡的名义来到北京，众多贡品中万历皇帝非常喜爱自鸣钟。按照惯例，外国朝贡者不能常驻北京，礼部照章办事，多次奏请让利玛窦离京。负责给自鸣钟上弦的太监怕钟出毛病，不能修复，希望利玛窦留京。万历以荒政闻名，对礼部奏折不予理睬，因此利玛窦得以留下。

◎中译《几何原本》中利玛窦和徐光启的插图。

能够常留北京不能仅凭几样物件，利玛窦还带来了当时欧洲的科学知识，令徐光启、李之藻等一些官员大开眼界、为之着迷，深感其中的精妙之处是中国未有，于是倾情帮助利玛窦翻译《几何原本》，制作《坤舆万国全图》，并加入天主教。但是，更大量的靠儒家经典进阶的官员不需要上帝来指点迷津，“日三省吾身”等修身教条的执行更不需要向神父做忏悔，祭祖、纳妾等习俗也不能轻易放弃。只是求知乃人之天性，利玛窦的知识体系奇货可居，吸引了众多好奇的目光、好学的人士，由此开西学东渐之始。

利玛窦的科学知识都是在各种学校步步进级学习得来。罗马学院就设有算术、几何、地理、天文等学科，包括《几何原本》、实用算术、地球仪、古观测仪、行星论、透视画法、钟表等具体科目。除了必须以神学为总纲，很多神父掌握这些知识在当时已经非常普遍，否则无法正常工作。教会建立教会大学、创办耶稣会，也是改过自新、与时俱进的举措。这种从被动到主动的转变，更大的背景是因为

◎自 1584 年起，利玛窦绘制过多幅中文世界地图，1602 年在李之藻的帮助下，制印《坤舆万国全图》，当时还没有发现澳洲。上图是后人以此图为底本，制作的一幅彩色版《坤舆万国全图》。

欧洲的知识结构在16世纪日新月异，教育制度向全社会渗透的步伐加快，其中大学教育广泛开花结果，所以知识型社会精英的比例大幅提升。古希腊的学术先驱们如果能穿越到16世纪，估计连上大学的资格都成问题，更别说当老师了。

现代大学最早出现在11世纪末的意大利地区。博洛尼亚大学被公认是欧洲最古老的大学，被尊称为“大学之母”，现在确定其建校时间是1088年。十字军东征前后，欧洲商业活动在萧条几个世纪之后迅猛发展。博洛尼亚地处意大利北部的交通要道，商业的繁荣对法律人才的需求倍增。传统经院的神学不能应对这种局面，于是由各路商人组成的商业行会牵头，组织一些人探讨罗马法，为商业提供服务。随后，研究、教学活动应运而生，老师、学生循环往复，毕业生在社会上崭露头角，能有用武之地。进而欧洲各路人要想掌握最好的法律知识，就要到博洛尼亚来求学。

1158年神圣罗马帝国皇帝颁布法令，承认博洛尼亚大学的特殊地位，此后学校和学生的特权不断增加。至此，大学地位确立，与教会经院区别开来。另外12世纪，意大利南部萨莱诺大学的医学同样负有盛名，其诞生背景与博洛尼亚有些类似，因为这里气候宜人，利于康复，很早就建有医院，所以医生和病人较多，

◎现代意大利博洛尼亚大学的校园风貌。哥白尼曾在此学习天文学。

教学活动随之展开。

大学的诞生是欧洲中世纪后期重大的社会事件，跳跃式地继承了古希腊柏拉图等学园的教育传统。著名的巴黎大学、牛津大学、剑桥大学都创建于这个时期。早期大学的社会功能并不显山露水，很多方面受制于教会。但是它们的出现和发展与经济活动较为密切，后来地方世俗权力也参与进来，这些都使教会越来越难以控制。而作为一种制度储备，一旦遭遇文艺复兴、大航海、宗教改革带来的社会变革，就会冲破以往的知识框架，丰富学科种类。知识大爆炸的结果是大学和学生数量爆发式增长，正向作用摧枯拉朽，与社会基础完美结合后推动社会全面加速发展。

回看中国，诸子百家创办私学和战国时期齐国建立稷下学宫，是中国教育制度民办与官办的早期雏形。此后历经两千多年，中国逐渐形成从私塾到书院的教育体系，为官后还可以入翰林院深造。仁义礼智，有教无类，曾经堪称完美。汉唐的官学吸引过众多异域学子，儒家六艺（礼、乐、射、御、书、数）与古希腊七艺（逻辑、语法、修辞、数学、几何、天文、音乐）也有几分相似。但是自宋朝后，强调理学，以学解四书五经为主，内容越来越窄；几大书院变成了儒学的水陆道场，带领整个汉文化区的学术水平整体陷入停滞。知识体系逐渐被限制成以经史子集为框架的固定套路，清朝编纂的《四库全书》就是代表。新学变为旧学非常正常，而旧学固化为死学，催生不出一颗新苗才是最恐怖的。反观欧洲，从中世纪后期开始，新学不断涌现，由七艺扩至百科全书，门户大开，无所不包，没有最全，只有更全。

中国古代学术研究和教育制度走向僵化，不过是社会发展走向僵化的又一个缩影。基础不发生变化，把“学术创新”“教育救国”喊破嗓子，也不会有任何效果。中国在安逸感中搜罗已有，走向封闭；欧洲在好奇心下探求未知，走向开放。放眼世界历史，一旦经书成为社会的主要学习内容，就是在为旧知识体系提前超度。结果，在东西方的一收一扩中，中国古老的教育制度，最终被西方的现代教育制度取代。

利玛窦只是欧洲永续培养的千千万万个学子之一，后来的德国人汤若望（1592 ~ 1666）、比利时人南怀仁（1623 ~ 1688）等耶稣会士也是如此。他们都是普通的毕业生，成绩较为优秀而已。他们的到来对中国产生了一些影响，却未能立即发挥巨大作用，因为面对一片死水，难起几波微澜。《几何原本》没有激活儒生的死脑筋，《坤舆万国全图》也没有改变天朝的世界观。利玛窦不是科学家，而并未超越利玛窦的徐光启、李之藻在中国却被认为是古代科学家。这种评价的差异反映了某个阶段东西方的差距。从全球化的角度看，中国社会精英的知识结构，直至清

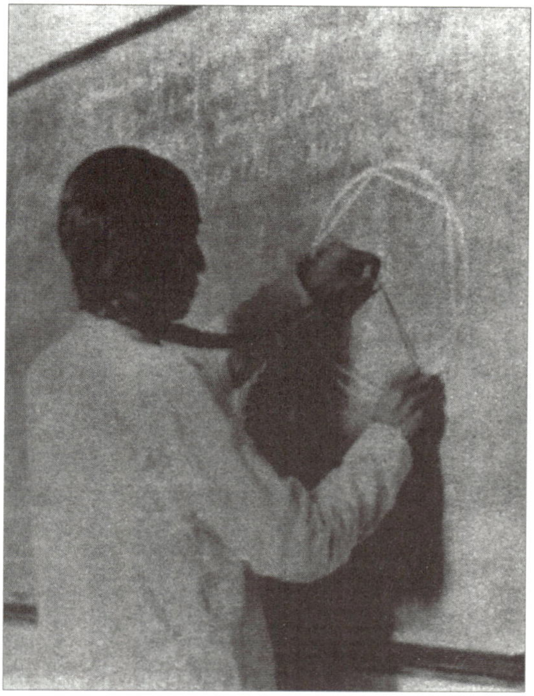

◎上图：岳麓书院大门，对联为清嘉庆年间所撰。意思为只有楚地才是出人才的地方，而岳麓书院更是人才荟萃。上联出自《左转》，下联出自《论语》；下图：清末新学堂中上几何课，用辫子当圆规绘图。

末，仍然徘徊在极低的水平。

各种新知识在中国的境遇大多是默默无闻，但是其中的历法部分却节外生枝，引发过一场公案。天文历法在中国被认为关乎社稷安危、王朝兴衰，容易产生不利的暗示谶语，所以一直被官方垄断，民间不得从事。康熙初年，官员杨光先上书斥责汤若望等人编纂的历书荒谬犯忌。辅政大臣鳌拜借机清除传教士的影响，汤若望在重病中去世，南怀仁入狱，多位通晓西学的汉人官员被斩杀，史称“康熙历狱”。旧历废止，杨光先等人编纂的新历并不好用，却百般狡辩，还妄称“宁可使中夏无好历法，不可使中夏有西洋人。”1668 年康熙主政，鳌拜倒台，南怀仁复出，在历法测算较量中击败对手，杨光先被革职判罚。

1666 年是物理学上的一个奇迹年，就在牛顿研究万有引力定律，为科学革命收尾的时候，利玛窦等人带来的科学知识第一次在中国遭受水土不服，同时也产生了第一批表现愚昧的伪爱国者。杨光先算得上是清末清流派及今天阴谋论的鼻祖，和其徒子徒孙共同上演了可笑、可悲、可恨的三部曲，绊脚石的作用越来越大，也越来越多地被钉在了历史的耻辱柱上。

比起后辈的遭遇，利玛窦是幸运的。他去世前后，一切都非常平静，还为欧洲传教士在北京争取到一块墓地，至清末已经安葬近百位传教士及相关人员。1900 年义和团运动中墓园被毁，《辛丑条约》签订后清政府出资重修，还多立了一块道歉的石碑，此后安葬人数猛增。新中国成立后，传教士离开中国，墓园中其他传教士的墓葬被迁出，仅保留利玛窦、汤若望、南怀仁三块墓地。文化大革命期间，有识之士事先将三块墓碑埋在地下保护，后墓园再次被毁，1979 年又得到修复。80 年代，部分其他传教士的墓碑也陆续寻回重立。

折腾墓地是中国的传统，后面有很深的社会背景。利玛窦等人之墓被毁是由于宗教衍生的政治、文化原因，最后被复立主要是因为传播科学知识的历史贡献。用墓碑的存废来见证不同时期，中国对待西学东渐的态度变化，也是科学革命中，首批来到中国的欧洲毕业生利玛窦等人去世后发挥的余光余热。

3.12 百年平静下的于无声处听惊雷

1650到1750的一百年间，世界大局与前后的时段比较，相对平静。欧亚大陆作为全球的中心区域，发展到此，呈现出很大的东西差别。亚洲静得像一潭死水，只是不时在自己的地盘上扑腾；欧洲则是暗潮涌动，水流持续向四面八方漫延。

日本德川幕府（1603 ~ 1867）结束战国时代后，由统一带来的短暂兴盛已经结束，闭关锁国，转向停滞，暮气沉沉中等待各种矛盾爆发，以迎接明治维新的到来。

中国清朝（1644 ~ 1911）经过平定内乱，休养生息，迎来康乾盛世，有效疆域面积创历史纪录，圆明园也越修越漂亮。期间于1685年与俄罗斯进行雅克萨之战，清军胜。不久签订《尼布楚条约》，定出两国边界，暂时避免了北方外患。

由穆斯林建立的印度莫卧儿王朝（1526 ~ 1858），虽然名义上拥有广阔的疆域，但总是起起伏伏，无力把四分五裂的帝国进行有效整合。它的新主人不再是亚洲人，新命运是沦为英国的殖民地。

伊朗萨非王朝（1502 ~ 1736）摆脱了伊斯兰逊尼派的束缚，恢复相对独立的文化传统，将什叶派教义定为国教，成为伊斯兰世界的异类，与莫卧儿和奥斯曼长期进行零星战争。后来王朝解体、更替，向今天的伊朗演变。

奥斯曼帝国（1299 ~ 1922）开始衰老，转为守势，从威胁欧洲逐步变成受到欧洲威胁。但即使近距离受到刺激，也缺乏引发重大变革的动力。奥斯曼帝国等待着国家解体，瘦身成今天的土耳其。

亚洲在停滞中享受安逸，欧洲国家的表现各不相同。南方总体平静，北方辛辛苦苦，忙个不停。

意大利亚平宁半岛的城市国家黯然褪色，地中海经济萎缩，无力再支撑欧洲文化中心的地位。教皇失去了号令君主的权威，已经养不起最顶级的艺术家，好在还有教皇国这块固定资产。

葡萄牙的军事实力出现停滞，无法保障早期的利益独享，被各国先后成立的东印度公司逐渐瓜分。葡萄牙从领跑者变为跟随者，重归平淡。

西班牙家底殷实，是各国眼中的肥肉，却不善经营，挥霍无度，甚至经常欠债；

先后败给英法，殖民地慢慢丢失。18世纪初爆发的王位继承战争，令西班牙在欧洲的地位加速下滑，不仅丧失了本土以外的所有欧洲领土，连自己的军事要地直布罗陀都被英国占据了。西班牙从哈布斯堡王朝的领袖沦为法国波旁王朝的旁支，再也无力参与高强度的竞争，不过依然能凭借美洲殖民地的收益减缓衰落的速度，直到19世纪初拉丁美洲独立战争打响。

英国在克伦威尔死后，有过几轮纷争。1688年议会政变，赶走詹姆斯二世，从荷兰请来威廉三世，史称"光荣革命"。次年通过《权利法案》，确立君主立宪制。从此英国议会权力大于王权，国王统而不治，逐渐放弃世俗权力。为获取最大利益，英国对欧洲大陆长期奉行见缝插针、挑拨离间的政策，效果极佳。同时，在海战中击败其他海上强国，殖民地面积疯狂增长，英国取代西班牙成为新的日不落帝国和世界海洋霸主。

法国经过多个世纪的孕育之后，突然崛起。源于波旁地区的王室贵族于1589年成为国王，取代瓦卢瓦王朝，建立波旁王朝。有了三十年战争胜利的基础，在太阳王路易十四（1638 ~ 1715）长期执政期间，法国被打造成欧洲大陆的新霸主，具备了与英国争霸的实力。法国在宗教问题上长期摇摆不定，路易十四出于集权统治和对抗英国的考虑，1685年决定禁止新教，倒向天主教。随着经济军事强盛，法国成为新的文化中心。法语流行于欧洲上层社会，用来谈论宫闱秘闻和启蒙思想。

当时的荷兰比现在的荷兰王国面积要大，其身世极为复杂。16世纪初成为西班牙哈布斯堡王朝的一个省，宗教改革后，1579年北部七个靠近沿海洼地的地区，在反抗西班牙的过程中组成一个松散的政治联盟，建立联合省共和国，并在三十年战争后完全获得独立。荷兰凭借对商业利益的疯狂追求，占有大量殖民地，获得"海上马车夫"的称号；它是现代金融诸多领域的先驱，其中就有著名的郁金香泡沫。但是荷兰始终都不像一个真正的主权国家，更像一个拥有武力的商业行会，经济强大转换不成政治强大。荷兰逞强的时间并不长，因为严重侵犯英法的利益，与两国轮番交战。商业联盟无力对抗政治强权，荷兰在海上陆地先后败北，此后将国家安全轮流置于英法的保护之下，只需多交些保护费。

神圣罗马帝国留下的一盘散沙在慢慢重新聚拢，其中南部的奥地利和北部的普鲁士最具实力。奥地利顶住了奥斯曼最后的进攻，扩大了在东南欧的势力。不

◎路易十四

◎腓特烈二世

◎彼得一世

过由于先天不足，在各方夹击下，无法坐大。1740 年爆发的王位继承战争令其利益受损，富饶的西里西亚地区因此割让给普鲁士。普鲁士在诸侯国的纷争中崭露头角，成为德意志北部地区的强者。腓特烈大帝（1712 ~ 1786）是欧洲典型的开明君主，吐故纳新，建功立业，将普鲁士提升为欧洲诸强之一。

俄罗斯在 16 世纪彻底清除蒙古钦察汗国的势力，开始统一的进程。罗曼诺夫王朝的建立，使俄罗斯的中央集权得到加强。虽然起步晚，但是成绩大。俄罗斯通过各种手段，加上对寒冷气候的适应，拥有了广阔的疆域。彼得大帝（1672 ~ 1725）这位身高 2.05 米的巨人沙皇，年轻时游历欧洲，后进行各项改革，通过武力解决诸多陈年顽疾。彼得在位期间，对外扩张加速。1721 年迁都圣彼得堡，国家重心西移，拉近与其他强国的距离，便于斗争，也便于吸收新知识。因康熙皇帝与彼得大帝同期，所以中国人喜欢将二人作比较。其实二人一旧一新，多云泥之别，少雷同之处。

在这一百年中，不幸降临在美洲人和非洲人身上。美洲的阿兹特克、玛雅、印加三地的辉煌已成如烟往事；印第安人随着殖民者入侵加剧，因疾病、战争、流离失所而大量死亡，人口锐减。同期随着美洲种植业的兴起，大批的非洲黑人作为奴隶被贩卖到美洲，总量远远超过前一百年，因为他们被当做获取暴利的商品。印第安人和黑人的结局对比异常残酷，原来的美洲主人消失殆尽（现存的印第安人多为混血），而奴隶们最终迎来解放。他们的不幸成就了白人的幸福，来到美洲的欧洲移民数量迅速增长，其中从英国来到北美的移民最吸引后人的目光。

地理探险的时代并没有结束，新发现的地域都被欧洲收入囊中。欧洲、非洲、美洲之间人员迁徙，流动加速，新的经济模式成为推动该区域的主要发动机。首先是欧洲生产的军火、纺织品等运到非洲，主要换取奴隶后运到美洲，再换取农产品和矿产品运回欧洲。如此循环往复的贸易过程被称为“三角贸易”，其本质与古希腊的商业模式没有区别，但是范围与规模不可同日而语。间歇性的集市升级为永久开放的市场或交易所，各项交易制度不断改进以适应远洋大宗贸易，具备了全天候、全球化国际经济的雏形。欧洲在全球的主导地位得到进一步确立，英国和法国霸气外露，普鲁士和俄罗斯蓄势待发。列强的影响注定不限于欧洲本土，全球都将被波及。

亚洲的贸易数额也在增长，但是由于欧洲的壮大，以及美洲和非洲南部的加入，亚洲的地位在下降。尤其是陆路贸易的衰落，显露出亚洲致命的软肋。丝绸之路在蒙古帝国消亡之后已经失去往日的风采，敦煌洞窟的开凿就是止于元代。此后三百年，尽管政局并非空前混乱，但是因海上贸易的繁盛，亚欧大陆东西贸易双方都在逐渐摆脱陆路。17世纪全球贸易兴起后，丝绸之路上中亚地区的广阔土地归于沉寂。

◎欧洲、非洲、美洲的三角贸易线路及区域图。

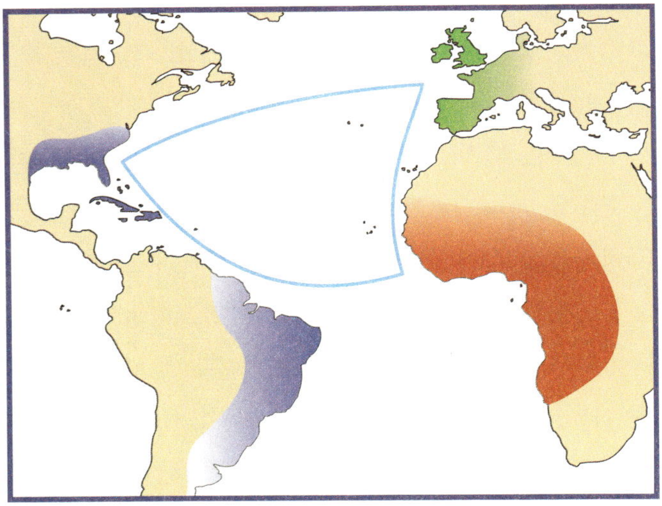

1750年的世界政治版图已经具有今日世界的基本轮廓。除南部非洲和大洋洲以外，种族、语言、宗教的分布范围开始基本定型，大航海时代的余晖将要散去。

地球就这么大，陆地就这么多，人口却在增长。

全球贸易带来的不止是商业繁荣，人口的变化也不仅限于个别地区数量的增减。美洲的高产农作物玉米、甘薯、土豆经过引进推广，已经在欧亚适宜的地区广泛种植。粮食供应量的增加造成人口增长，在中国尤为突出。高产作物借助高效农业，令更多人享受到多子多福的快乐，人口从清初的 1.6 亿达到乾隆全盛时期的 3 亿。可惜超量的人口不能改变低效的社会，只是在测试中国土地的承受力。欧洲的新增人口农业吸收较少，更多的人转向新兴的工商业和服务业。众多行业得到细化，工程技术、金融、法律、教育的从业人员增加较多，最为重要的是欧洲社会的财富分配发生了重大变化。

农业文明最主要的财富标志是土地，其次是贵金属等稀缺商品。欧洲国王、教会、贵族对土地的争夺是中世纪斗争的主旋律，但是随着美洲金银的大量流入，格局被打破，土地的重要性在下降。这并不是说大家会放弃对土地的争夺，而是土地在经济活动中不再具有至高无上的地位，比如不能提供新增税收。高产农作物虽增加了粮食供给，而人的饭量不会大幅度增长，造成粮食价格停滞不前。金银本身只是交易媒介，不能像土地那样可以生产粮食。如果没有其他变量，金银供给增加，等于货币供应量增加，按常理应该造成土地价格上涨。但是欧洲在这一时期，农业用地的价格却呈下降趋势，相反城市的土地价格一直上涨。因为金银的主要流向是促进工商业发展，制造的丰富商品以满足人们的新需求。金银的交易信誉高于上帝，不受天灾人祸影响，长期是城市人口的主要财富标志，对城市综合发展的助推作用最为明显。各国比以往都更重视金银的储备，信奉重商主义，通过出口其他商品换回金银，在国内流通发展工商业，英法最为成功。

欧洲还涌现出一批科学家，足以令其他变化都为之逊色。从哥白尼到伽利略，再到牛顿（1643 ~ 1727）；从《天体运行论》到《关于两种世界体系的对话》，再到《自然哲学之数学原理》。科学革命完成，现代科学创立，为人类的文明史添加了一项重要内容。虽然有前辈的积累，但是科学的金苹果能够砸中牛顿，依然被认为是一个横空出世的奇迹。由他创立的经典力学，实现了对客观世界在物理层面进行计算和推导，尽管其中的不足最终由相对论弥补，可是已经功绩非凡。因为牛顿，人类的知识体系出现了一次质变，模糊的世界逐渐变得清晰，描述方式也随之改变。

◎这幅作品概括了牛顿的主要科学成就，内容包括拉丁文封面的《自然哲学之数学原理》、反射式望远镜、三棱镜色散实验、星际之间的万有引力、海上生明月的潮汐现象，还有那颗传说中的苹果树和树上成熟的红苹果。

当时的世界处于早期全球化时代，欧洲社会经过前期积淀，完成了南北综合实力的强弱转换。资本主义形成，各项事业蓬勃发展，其他地区的经济正在不自觉地被纳入欧洲的轨道，政治变局也将随之发生。

如果只是延续上述的变化和发展，那么欧洲也仅是在农业文明里转圈，兴盛过后，一切都有被打回原形的可能，就像古希腊一样。于无声处听惊雷，历史的进程没有重复老路。欧洲先是借助大航海，在农业文明的角逐中取得优势；随后借助科学的力量，在 18 世纪下半叶发明出蒸汽机，引发工业革命。从此，欧洲及全球之前所做的一切都被赋予新意，因为人类迎来了一个新的文明类型：工业文明。